工商管理经典译丛 BUSINESS ADMINISTRATION CLA

MANAGEMENT
FIFTEENTH EDITION

罗宾斯《管理学（第15版）》学习指导

[美] 斯蒂芬·罗宾斯 (Stephen P. Robbins)
玛丽·库尔特 (Mary Coulter) 著

刘 刚 郑云坚 唐 寅 费少卿 译

中国人民大学出版社
·北京·

工商管理经典译丛

出版说明

随着中国改革开放的深入发展，中国经济高速增长，为中国企业带来了勃勃生机，也为中国管理人才提供了成长和一显身手的广阔天地。时代呼唤能够在国际市场上搏击的中国企业家，时代呼唤谙熟国际市场规则的职业经理人。中国的工商管理教育事业也迎来了快速发展的良机。中国人民大学出版社正是为了适应这样一种时代的需要，从1997年开始就组织策划"工商管理经典译丛"，这是国内第一套与国际管理教育全面接轨的引进版工商管理类丛书，该套丛书凝聚着100多位管理学专家学者的心血，一经推出，立即受到了国内管理学界和企业界读者们的一致好评和普遍欢迎，并持续畅销数年。全国人民代表大会常务委员会副委员长、国家自然科学基金会管理科学部主任成思危先生，以及全国MBA教育指导委员会的专家们，都对这套丛书给予了很高的评价，认为这套译丛为中国工商管理教育事业做了开创性的工作，为国内管理专业教学首次系统地引进了优秀的范本，并为广大管理专业教师提高教材甄选和编写水平发挥了很大的作用。其中《人力资源管理》（第六版）获第十二届"中国图书奖"；《管理学》（第四版）获全国优秀畅销书奖。

进入21世纪后，随着经济全球化和信息化的发展，国际MBA教育在课程体系上进行了重大的改革，从20世纪80年代以行为科学为基础，注重营销管理、运营管理、财务管理到战略管理等方面的研究，到开始重视沟通、创业、公共关系和商业伦理等人文类内容，并且增加了基于网络的电子商务、技术管理、业务流程重组和统计学等技术类内容。另外，管理教育的国际化趋势也越来越明显，主要表现在师资的国际化、生源的国际化和教材的国际化方面。近年来，随着我国MBA和工商管理教育事业的快速发展，国内管理类引进版图书的品种越来越多，出版和更新的周期也在明显加快。为此，我们这套"工商管理经典译丛"也适时更新版本，增加新的内容，同时还将陆续推出新的系列和配套参考书，以顺应国际管理教育发展的大趋势。

本译丛选入的书目，都是世界著名的权威出版机构畅销全球的工商管理图书，被世界各国和地区的著名大学商学院和管理学院所普遍选用，是国际工商管理教育界最具影响力的教学用书。本丛书的作者，皆为管理学界享有盛誉的著名教授，他们的这些著作，经过了世界各地数千所大学和管理学院教学实践的检验，被证明是论述精辟、视野开阔、资料丰富、通俗易懂，又具有生动性、启发性和可操作性的经典之作。本译丛的译者，大多是国内各著名大学的优秀中青年学术骨干，他们不仅在长期的教学研究和社会实践中积累了丰富的经验，而且具有较高的翻译水平。

本丛书的引进和运作过程，从市场调研与选题策划、每本书的推荐与论证、对译者翻译水平的考察与甄选、翻译规程与交稿要求的制定、对翻译质量的严格把关和控制，到版式、封面和插图的设计等各方面，都坚持高水平和高标准的原则，力图奉献给读者一套译文准确、文字流畅、从内容到形式都保持原著风格的工商管理精品图书。

本丛书参考了国际上通行的MBA和工商管理专业核心课程的设置，充分兼顾了我国管理各专业现行通开课与专业课程设置，以及企业管理培训的要求，故适应面较广，既可用于管理各专业不同层次的教学参考，又可供各类管理人员培训和自学使用。

为了本丛书的出版，我们成立了由中国人民大学、北京大学、中国社会科学院等单位专家学者组成的编辑委员会，这些专家学者给了我们强有力的支持，使本丛书得以在管理学界和企业界产生较大的影响。许多我国留美学者和国内管理学界著名专家教授，参与了原著的推荐、论证和翻译工作，原我社编辑闻洁女士在这套书的总体策划中付出了很多心血。在此，谨向他们致以崇高的敬意并表示衷心的感谢。

愿这套丛书为我国MBA和工商管理教育事业的发展，为中国企业管理水平的不断提升继续做出应有的贡献。

中国人民大学出版社

目录

CONTENTS

CONTENTS

CONTENTS

CONTENTS

CONTENTS

第 I 篇

管理导论

第 1 章 工作场所中的管理者和你

Managers and You in the Workplace

学习目标

1.1 阐释谁是管理者，他们在何处工作。
1.2 解释为什么管理者对组织很重要。
1.3 描述管理职能、管理角色和管理技能。
1.4 描述重塑和重新定义管理者工作的因素。
1.5 说明学习管理学的价值。
1.6 描述就业技能矩阵的优势。

本章概要

1.1 谁是管理者，他们在何处工作?

你会发现管理者总是身处各种不同的环境之中。他们经营着大型企业、中型企业或者创业型企业；他们供职于政府部门、医院、非营利组织、博物馆、学校甚至是非传统意义上的组织，例如音乐之旅；他们在全球范围内从事着管理工作，他们有可能是女性，也有可能是男性。

1.1.1 谁是管理者?

1. 随着组织和工作性质的不断变化，非管理岗位的员工可能也要参与管理活动。无论学生想要在哪个组织中工作，想要从事什么样的工作，学习管理技能总是大有裨益的。今天的员工需要进行多岗位和多任务训练。

2. 我们如何定义谁是管理者？管理者是协调和监管其他人的工作，以使组织目标能够实现的人。然而，需要记住的是，管理者也有与协调和监管无关的工作职责。

3. 可以根据所在组织层级的不同对管理者进行分类。这种分类尤其适用于具有传统结构的组织，这类组织常常是金字塔形（见图表 1－1）。

（1）基层（一线）管理者对一般雇员所从事的工作（直接生产产品或服务顾客）进行管理。基层管理者通常处在管理的最底层。

（2）中层管理者包括处在组织基层和高层之间各个层级的管理者。他们可能拥有地区经理、店铺经理或者部门经理的头衔。

（3）高层管理者处在组织最高层，他们负责为整个组织作出决策，制订影响整个组织的计划和目标。

1.1.2 管理者在何处工作？

1. 组织是为了实现某个特定目的而对人员的精心安排。所有的组织都有三个共同的特点（见图表 1－2）：有一个明确的目标；由人组成；都演化出一个精密的结构，使得组织成员能够完成工作。

2. 尽管这三个特点对于组织的定义而言具有重要意义，但组织的定义也是在不断变化的。这些变化包括：灵活的工作安排、工作团队、开放的沟通体系以及供应商联盟。组织正变得更加开放和灵活，可以更快地对变化作出反应。

1.2 管理者为什么重要？

管理者对组织和在其中工作的员工都有着重要影响。原因如下：

1. 在不确定、复杂和混乱的时期，组织比以往更需要管理者的管理本领和能力。

2. 管理者对于完成任务非常重要。

3. 管理者对于组织绩效至关重要。盖洛普公司调查了数百万员工和数万名管理者，发现员工和直接上级的关系质量是决定员工生产率和忠诚度的最重要因素（见图表 1－3）。

1.3 管理与管理者

1.3.1 管理是什么？

管理涉及协调和监管他人的工作活动，从而使他们的工作可以有效率且有成效地完成。

1. 协调和监管别人的工作是区别管理职位和非管理职位的特征。

2. 效率是指以尽可能少的投入或资源获得尽可能多的产出。效率常常被说成“正确地做事”。成效常常被称为“做正确的事”，即做那些可以实现目标的工作活动。具体见图表 1-4。

1.3.2 管理者要做什么?

1. 管理职能。亨利·法约尔，20 世纪早期的一位法国企业家，认为所有管理者都执行着五大职能：计划、组织、指挥、协调和控制。

(1) 随着时间的推移，五大管理职能已经被精简为四种：计划、组织、领导和控制。今天的大多数管理学教材都将这四大管理职能奉为标准（见图表 1-5）。

1) 计划包括设定目标，确定实现目标的战略，并制订方案以整合和协调各种活动。

2) 组织是指安排和设计员工的工作以实现组织的目标。

3) 领导是指与别人一起工作，通过人来实现目标。

4) 控制包括监管、比较和纠正工作绩效。

(2) 在实践中，管理者并不总是按照计划、组织、领导、控制的顺序进行管理。由于这四大管理职能已经被整合到了管理者的日常工作当中，所以它们应该被看作一个连续统一的过程。

2. 管理角色。亨利·明茨伯格是一位著名的管理学者，他对工作中的管理者进行了细致的研究。他认为管理者具有十个互不相同但又高度相关的角色。

(1) 管理角色是特定管理行为的一个集合（见图表 1-6）。

1) 人际关系角色包括名义领袖、领导者和联络员。

2) 信息传递角色包括监管人、宣传人和发言人。

3) 决策制定角色包括企业家、危机处理者、资源分配者和谈判者。

(2) 许多后续研究证实了明茨伯格角色类型的正确性，所获得的证据大体上支持管理者——不论组织是什么类型或在组织中是何层级——扮演相似的角色。管理的职能方法是广为接受的描述管理者工作的方法，明茨伯格的角色方法为我们了解管理者的工作提供了深刻的洞见。在这十个角色中，有些角色无法被归类到四种管理职能当中，因为所有管理者都会从事一些非管理性的活动。

3. 管理技能。管理者需要特定的技能来完成和参与具有挑战性的任务和活动。罗伯特·卡茨在他的研究中发现，管理者需要三种关键的管理技能（见图表 1-7）。

(1) 技术技能是熟练完成工作任务所需的特定领域的知识与技术。

(2) 人际关系技能涉及与他人及团队良好合作的能力。

(3) 概念技能是管理者用来对抽象、复杂的情况进行思考和概念化的能力。

图表 1-7 展示了已被确认的重要管理技能。每章末的“技能练习”专栏将会对这些技能进行重点介绍。

1.4 当前和未来的管理挑战

当今社会，管理者要应对许多挑战，我们简要地关注其中的六个方面：技术、颠覆性创新、社交媒体、道德问题、政治不确定性以及顾客。

1.4.1 聚焦技术

管理者在工作中遭遇的挑战越来越多，因为技术一直在改变人们的做事方式。云计算、人工智能、机器人都是技术进步的代表。让员工紧跟技术进步的脚步对许多管理者来说是一个挑战。因此管理者需要与员工共同工作，帮助其理解为什么新技术是对当前经营方式的改进。

1.4.2 聚焦颠覆性创新

几乎没有什么管理挑战比应对颠覆性创新更关键了。无论企业身处哪个行业，无论它们是颠覆性创新者，或者是颠覆性创新者的竞争者，它们都会有很好的机会。

1.4.3 聚焦社交媒体

你或许很难想象在曾经的某个时期，员工在工作时没有智能设备、电子邮件、应用程序或者是互联网的辅助。然而就在约 25 年前，当这些工具在公司中已经逐渐普及时，管理者仍然要应对指导组织内成员使用网络和电子邮件的挑战。如今，几乎所有组织都要用到的工具就是社交媒体，它是一种人们用于分享观点、消息、私人信息以及其他内容的电子化交流方式。员工在私人时间和工作时间都要依赖社交媒体，这也是为什么管理者需要知晓并管控社交媒体的力量和风险。

1.4.4 聚焦道德问题

组织的长期成功取决于与消费者、委托人、供应商和雇员建立的信任。组织领导者有责任制定组织的道德标准和建立富有道德感的工作环境。在第 6 章，我们将讨论道德挑战。而且每章章后都有一个“道德困境”专栏，帮助你关注道德行为的重要性，应对道德挑战。

1.4.5 聚焦政治不确定性

过去十年，我们见证了朝向不确定性的重大转变。面对管理领域涌现的新挑战，以美国为例，其进行了重大的营业税改革——此举大幅降低了公司税率，但也限制了利息支出的扣除；与加拿大和墨西哥就《北美自由贸易协定》重新展开谈判；对某些工业品征收贸易关税，导致外国对美国产品征收报复性关税；不断重新界定移民政策；影响企业医疗保健计划的联邦法律发生变化。

1.4.6 聚焦顾客

今天，发达国家的大多数工作者都从事诸如教师、护士、技术支持代表、餐饮服务、管家、顾问、理财规划师等服务性质的工作。没有顾客的支持，大部分企业将不复存在。因此，管理者必须创建一个响应顾客需求的组织，在这个组织中，员工友好礼貌、平易近人、知识渊博、能及时响应顾客需求，并愿意做必要的事情使顾客满意。我们将在其他章节中关注顾客服务管理这一话题。

1.5 为什么要学习管理学?

在今天这个动态的全球环境下，学习管理学的原因主要有四个方面：管理的普遍性、工作的现实、作为管理者的奖励以及获得关于工作生活的洞见。

1.5.1 管理的普遍性

我们可以绝对肯定地说，各种类型和规模的组织、所有组织层级、任何组织工作领域、任何地方的组织都需要管理（见图表 1-8）。

1. 我们每天都会与组织互动。我们使用的每一个产品都是由组织生产的，我们的每一个行动都会受到组织的影响。管理良好的组织培养了忠诚的顾客基础，从而能够不断成长，甚至在具有挑战性的时期都能繁荣。

2. 通过学习管理学，学生将有能力识别和支持好的管理，同时也能够识别并纠正差的管理。

1.5.2 工作的现实

学生毕业之后，要么成为管理者，要么被人管理。通过学习管理学，学生将会对管理者的行为以及组织的内部运营有更深入的理解。一个人即使不想成为管理者，也能从管理学课程中学到很多有用的东西。

1.5.3 作为管理者的奖励

作为管理者的奖励详见图表 1-9。

（1）管理者有机会创造一个工作环境，在这个环境中，组织成员可以最大限度地发挥自己的能力，从而帮助组织实现目标。

（2）管理者通常从组织和社区获得认可和地位；影响组织绩效；获得可观的收入。

（3）当管理者意识到自己的努力、技能和能力正是组织所需要的，会感到极大的满足。

1.5.4 获得关于工作生活的洞见

理解管理理念和管理者的思考方式有助于你在工作中获得更好的成果，并改善你的职业生涯。

1.6 就业技能

掌握知识是一回事，能够应用这些知识是另一回事。我们希望通过帮助你学习和实践招聘经理认为在各种组织环境中（小型企业、大型企业、创业型企业、营利性组织和非营利组织）对成功至关重要的关键技能，为你在工作领域的职业生涯做准备。以下是我们将关注的技能和简要的定义：

1. 批判性思考技能是指采用目的性的、目标导向的思考方式来定义和解决问题，作出决定，或者在各种情形下作出判断。

2. 沟通技能被定义为能够有效地使用口语、书写以及一些非语言的技能，并有效地倾听他人观点，通过技术传递信息和认识。

3. 合作技能是指个体可以与他人就某项工作一同工作，协商分歧，并产出反映他们共同和相互配合行动的最终成果。

4. 知识运用与分析技能被定义为学习某项概念，并将其运用到另一环境中以实现更高层次理解的能力。

5. 社会责任技能包括与道德行为和企业义务相关的技能。道德包括为个体和组织的行为设定指导性原则。企业义务是道德的一种形式，主要是指要求企业理解、识别、消除不道德的经济性、社会性及环境性行为。

选择题

1. 管理者是______。

A. 不需要报酬的员工

B. 协调和监管其他人的工作，以使组织目标能够实现的人

C. 经理

D. 销售人员

2. 区域经理、项目经理和部门经理属于______。

A. 基层管理者　　B. 非管理人员

C. 中层管理者　　D. 高层管理者

3. 玛丽的主要工作任务是监督手下工人的生产活动，她是一名______。

A. 基层管理者　　B. 中层管理者

C. 高层管理者　　D. 一线工人

4. 负责在组织范围内制定决策、设立目标并制订计划的人是______。

A. 高层管理者　　B. 中层管理者

C. 基层管理者　　D. 非管理人员

5. 管理岗位最突出的特征是______。

A. 管理工作薪酬丰厚　　B. 拥有成熟的技术技能

C. 是否启动新项目　　D. 以协调工作为主要职能

6. 比安卡注重减少浪费，她更像是一名______管理者。

A. 有效率的　　B. 有成效的

C. 目标导向的　　D. 拥有技术技能的

7. 成效通常被描述为______。

A. 工作活动有助于组织实现目标　　B. 赋予尽可能多的责任

C. 由自己来管理过程　　D. 用资金状况来评估一个项目的结果

8. ______与完成任务的方式有关，而______与结果或者组织目标的实现有关。

A. 成效；经济　　B. 成效；效率

C. 效率；成效　　D. 经济；效率

9. 计划包括______。

A. 监督并激励他人

B. 对活动进行监管，以确保工作得到完成

C. 决定由谁来做某事

D. 设立目标，制定战略

10. 当一名管理者在决定做什么、怎么做时，他是在______。

A. 计划　　B. 组织

C. 领导　　D. 控制

11. 将实际绩效和之前设立的目标进行对比属于______的一部分。

A. 计划　　B. 组织

C. 领导　　D. 控制

12. 珍妮弗的主管要求她跟进一个全新的项目，并注意修正项目执行中显现出的问题。主管在行使的管理职能是______。

A. 计划　　B. 组织

C. 领导　　D. 控制

13. 为组织成员选择最有效的沟通渠道属于的管理职能是______。

A. 计划　　B. 组织

C. 领导　　D. 控制

14. 下列选项中反映了管理者的决策制定角色的是______。

A. 启动新项目，并对其进行监督　　B. 对信息共享进行监管

C. 雇用新员工，并对其进行培训　　D. 充当工作团队之间的联络人

15. 管理者应该关心员工间的矛盾与纠纷，这反映了管理者的______角色。

A. 决策制定　　B. 组织领导

C. 人际关系　　D. 信息传递

16. 根据明茨伯格的管理角色理论，管理者的人际关系角色包括______。

A. 领导者　　B. 监听者

C. 发言人　　D. 资源分配者

17. 技术技能对于一名______来说是最为重要的。

A. 中层管理者　　B. 总经理

C. 基层管理者　　D. 高层管理者

18. ______包括自己单独或在团队中与其他人和睦相处的能力。

A. 人际关系技能　　B. 决策技能

C. 概念技能　　D. 技术技能

19. 对于管理者来说，想要扮演好人际关系角色，______是至关重要的。

A. 人际关系技能　　B. 决策技能

C. 概念技能　　D. 技术技能

20. 对于高层管理者来说，______是最重要的。

A. 技术技能　　B. 人际关系技能

C. 财务技能　　D. 概念技能

21. 一言以蔽之，组织应该是______。

A. 只有人的团体

B. 为实现某些特定目标而进行的精心的人员安排

C. 在国家证券交易所上市的公司

D. 注重社会问题的非营利组织

22. 下列关于组织的说法正确的是______。

A. 很少用自己的资产冒险进行投机

B. 以短期目标的实现为导向

C. 有明确的目标，由人员或者成员组成，具有某种精细的结构

D. 会经历由错误和失败所导致的困难时期

23. 下列选项中是传统组织所没有，而现代组织具有的特征的是______。

A. 团队导向　　B. 等级关系

C. 永久性职位　　D. 命令导向

24. 管理的普遍性是指______。

A. 所有管理者的风格相同　　B. 有一种最佳的管理风格

C. 所有的组织都需要管理　　D. 管理是不重要的

25. 组织结构图中出现了诸如一线经理、工厂经理以及运营副总裁一类的职位。该组织最有可能是采用了______。

A. 传统委员会结构　　B. 传统金字塔结构

C. 现代矩阵结构　　D. 弹性组织结构

26. ______拥有诸如执行副总裁、首席运营官或首席执行官一类的头衔。

A. 主管　　B. 中层管理者

C. 基层管理者　　D. 高层管理者

27. 下列不属于中高层管理者的是______。

A. 总经理　　B. 董事长

C. 地区经理　　D. 值班经理

28. 本是一名生产工厂经理，他向总经理丹汇报工作。本是______。

A. 高层管理者　　B. 中层管理者

C. 主管　　D. 基层管理者

29. 安德鲁正在审查下周的订单，他将订单分配到不同的机器，并分配人员来操作这些机器。安德鲁正在进行______活动。

A. 计划　　B. 组织

C. 领导　　D. 控制

判断题

1. 在许多组织中，组织和工作性质的转变已经使得管理者与普通员工之间的界限变得模糊。（　）

2. 首席运营官或者部门经理最好由管理经验丰富的人担任。（　）

3. 中层管理者要负责设立并制定影响整个组织的目标和计划。（　）

4. 协调和监管别人的工作是区分管理职位和非管理职位的特征。（　）

5. 成效是指“正确地做事”。（　）

6. 对于管理者来说，效率是很重要的，因为投入是极为有限的。（　）

7. 效率的基本定义是：正确地做事。（　）

8. 控制是用于确保组织行为与计划相一致的过程。（　）

9. 安排各项工作，以实现组织的目标，这是管理者组织职能的体现。（　）

10. 管理者正在招聘新员工，这体现了管理者的人际关系角色。（　）

11. 对环境进行监测、为组织外部主体提供信息并成为专家，这体现了管理者的决策制定角色。（　）

12. 明茨伯格的管理角色理论包括人际关系角色、信息传递角色以及领导者角色。（　）

13. 后来的研究基本上证实了明茨伯格的观点，即无论身处哪种类型的组织当中，无论处在组织的哪个层级上，管理者都扮演着相似的角色。（　）

14. 明茨伯格的人际关系角色包括名义领袖、领导者以及发言人。（ ）

15. 明茨伯格所说的角色有很多是与一项或多项职能结合在一起的。例如，资源分配就属于组织工作的一部分。（ ）

16. 对于中层管理者来说，技术技能是至关重要的。（ ）

17. 对于营销部门的员工来说，最主要的责任是以顾客为中心。（ ）

18. 创新的风险太大，不从事创新活动的公司通常比从事这类活动的公司更为成功。（ ）

19. 成功的组织可能具备以下三个特征：特定的目标、严格的财务管理以及技术。（ ）

20. 技术变革带来的一个结果是更加灵活的工作安排。（ ）

21. 传统组织通常包括横向关系和网络化关系。（ ）

22. 在非营利组织中，管理通常不是那么重要。（ ）

23. 在工作场所，大多数人不是进行管理，就是被管理。（ ）

24. 成效是指以最小的投入实现最大的产出。（ ）

25. 决定谁向谁汇报工作是管理控制职能的体现。（ ）

26. 当管理者晋升到更高的管理岗位时，技术技能的重要性随之下降。（ ）

27. 当管理者行使管理控制职能时，他必须对活动进行监督和评估。（ ）

28. 名义领袖是明茨伯格人际关系角色中的一个。（ ）

复习和讨论问题参考答案

1. 谁是管理者？管理者与非管理者有何不同？

定义谁是管理者曾经是一件非常简单的事：在组织中指导别人做什么以及如何做的成员就是管理者。过去，这个问题的答案是一目了然的。然而，由于更多的员工开始承担起此前由管理者承担的任务，管理者与非管理者之间的界限变得越来越模糊。为了防止问题变得过于复杂，最好的方法是围绕以下事实来组织答案：管理者的职责在于帮助公司内的其他人完成工作。

2. 为什么管理者对组织而言很重要？

回答这个问题，我们主要关注三个方面。首先，在不确定、复杂和混乱的时期，组织比以往更加需要管理者的管理本领和能力。当组织应对当今的挑战，如不断变化的劳动力、全世界的经济环境、革新的科技等时，管理者在识别关键问题和巧妙回应上发挥着重要作用。其次，管理者对于完成任务非常重要。他们创造并协调工作场所的环境和工作系统，以使其他人能够执行公司任务。最后，管理者对于组织绩效的影响至关重要。大量的研究数据都证明了这一点。

3. 效率和成效有什么区别？

效率是指以尽可能少的投入或资源获得尽可能多的产出，其目标是尽可能减少资源的消耗。效率常常被说成“正确地做事”。成效常常被称为“做正确的事”，即做那些可以实现目标的工作活动。

4. 你的课程讲师是管理者吗？讨论管理职能、管理角色和管理技能。

通常来说，授课教师（与拥有系主任等头衔的个体不同）不能被划分为管理者。如果以管理职能作为参考标准，那么在大多数情况下，授课教师与管理者的定义不符，因为学生更像是客户而不是员工。然而有时教师会对课程内容和教学方式作出细微的调整，在这种情况下，教师作出了少量的管理决策。

就管理角色而言，授课教师可能在某种程度上扮演了人际关系、决策制定和信息传递的角色。具体来说，授课教师可以被看作一名联络员（人际关系角色）、监管人或宣传人（信息传递角色）以及危机处理者或谈判者（决策制定角色）。

在管理技能方面，授课教师确实需要技术技能，他们需要对某个具体学科领域内的最新研究成果和概念发展历程了如指掌。同时，为了与学生进行互动，他们还需要丰富的人际关系技能。此外，在进行课程规划，或者与其他教师商讨本系的课程安排时，教师会在一定程度上运用概念技能。

5. 举出一个关于管理者未来可能不得不应对的颠覆性创新的例子。

当前，我们已经进入了智能时代。部分企业通过结合人工智能、大数据与物联网技术等新兴技术，成功开发出智能制造技术，推动了智能制造行业的发展，并在业务上与传统工业企业开展竞争。智能制造技术对于传统工业技术而言就是一次明显的颠覆性创新，它动摇了原有的工业技术格局。因此对于传统企业的管理者而言，智能制造技术的出现是需要引起重视的重要颠覆性创新案例。

6. 为什么管理者关注顾客很重要？

首先，管理者关注顾客需求才是成功的关键。没有顾客的支持，大部分企业将不复存在。其次，在大多数国家，服务业已经成为主导产业，管理者只有关注顾客需要，提供始终如一、质量上乘的顾客服务才能帮助组织走向成功。最后，关注顾客需要对于提升顾客满意度成效显著，有助于企业维系客户关系，强化客户黏性，建设优质品牌。

7. 解释为什么管理概念的普遍性在今天仍然适用或不适用。

管理的普遍性依然适用。无论在哪个行业，无论管理者的水平如何，公司若想又好又快地开展经营活动，就必须遵循管理原则。对于当今的组织而言，这更是一条颠扑不破的真理。在全球化的背景下，组织面临着激烈的竞争。管理上的失败和不足最终将会导致市场份额的丢失，甚至是组织的消亡。此外，如今员工的要求越来越高，员工对其合法权益的保护意识也逐渐增强，管理者想要“糊弄”员工的日子已经一去不复返了。当然，在一些特殊的条件下，管理工作并不普遍。

8. 学习管理的原因哪一个对你最重要，为什么？

尽管许多人并不把“管理”视为一项发明，但毫不夸张地说，如果没有管理原则和管理者在组织中的指导作用，我们的社会将无法达到如今这样的发展水平。管理是一门完成任务的艺术。如果没有组织和管理者，人类历史也无法取得这么多的成就。无论是农业、医学、科学还是制造业领域，都必须依靠管理者运用完成任务的艺术来对他人的工作进行协调和监督。因此你可以从各个角度出发来思考这一问题。

案例应用参考答案

案例应用 1

与人工智能一同工作

1. 机器以何种方式融入了管理者和员工的工作？

在案例中，该问题主要表现在不同方面。例如：第一，机器作为数据储存的工具，可以及时向员工提供有关顾客的消费数据。第二，机器作为生产活动的检测者，可以帮助企业检测产品的质量是否合格。第三，机器作为服务的协助者，可以及时处理顾客的预订、咨询以及投诉等需求，帮助员工提升工作效率。第四，机器作为未来工作的预测者，可以更加精确分析未来市场的需求情况，预防可能出现的问题。

2. 到 2030 年，人工智能可能会怎样改变管理者的工作？

回答该问题时，可以引导学生从管理的基本职能入手。例如：在计划方面，人工智能的运用能够帮助管理者更广泛地收集、筛选、分析信息，形成更加科学合理的计划。在组织方面，人工智能的运用有助于减少行政性工作的数量，使组织进一步“扁平化”，帮助管理者更加直观地了解基层员工的工作情况。在领导方面，人工智能通过自动化，可以把领导者从耗时费力的“重复劳动”中解脱出来，把更多的精力放在激励和指导工作上。在控制方面，人工智能通过更加先进的方式分析工作数据，可以及时反馈工作问题，形成解决方案。

3. 你认为在未来什么类型的工作最不可能被机器或者是计算机取代？

回答该问题时，应将注意力集中在工作性质上。具体而言，工作可以分成创造性工作与重复性工作两种。对于创造性工作，如文学艺术、体育运动、医疗健康等，由于需要结合专业技术与现场判断，因此极大考验工作者的创造力与判断力，难以被计算机取代。而对于重复性工作，如流水线工人、客服人员、司机等，更多关注技能的熟练度与精确度，因此容易被机器取代。

4. 你觉得你可以通过什么途径使自己更有价值，让公司需要你而不是机器来完成工作？

该问题本质上是员工的未来成长问题。因此，回答该问题可以从不同角度引导学生。例如：在知识储备方面，应该建议学生聚焦新技术的发展方向，了解技术应用场景，融入全新的智能时代。在工作技能方面，应该建议学生保持开放的心态，积极应对工作中面临的挑战，提升自身的问题解决能力。

案例应用 2

耐克：将顾客关注提升到新的高度

1. 是什么让耐克对顾客的关注与大多数公司不同？

根据案例内容可知，耐克将顾客需求放在首位，并与粉丝构建密切的关系。和大多数公司相比，耐克没有将注意力放在“产品—营销—顾客”的传统流程上，而是塑造了“需求—生产—取货”的全新流程，从生产导向走向消费导向，实现定制化服务。

2. 如果你负责将耐克对顾客的关注提升到一个新的水平，你会怎么做?

回答该问题时，应先注意分析顾客。首先，应注意分析顾客需求产生的影响因素。耐克需要思考地域文化、民族种族、受教育程度、消费习惯等多方面因素，以更好地确认消费需求。其次，应考虑信息收集的方式。耐克应该注意扩展信息收集的渠道，结合线上与线下两方面，综合收集信息。最后，应该提升用户信息分析的精度。对于耐克而言，其用户群体十分庞大，应该对收集到的信息开展细致的分析和整理，最大限度发挥需求识别职能的作用。

3. Nike Live 商店尝试结合网购和线下购物的哪些优势? 你认为它为什么会成功?

回答该问题时，可以为学生提供相应的材料，帮助学生理解线上与线下的区别。同时，应从线上与线下两方面出发思考该问题。例如，耐克的线上设计环节不仅有助于满足顾客的定制化需求，也有助于提升顾客购物的趣味性，可以说是兼顾了商品实用性与购物的体验感。而在线下环节，耐克采用箱柜取货，节约了销售的步骤，减少了顾客等待的时间，提升了顾客消费的满意度。因此，耐克线上与线下相结合的模式最终促成了经营的成功。

4. 你认为 2025 年公司对顾客的关注会是什么样的?

该问题较为开放，可从多个角度切入。例如：第一，未来公司可能会更加强调顾客的体验。一方面，优质的服务容易提升顾客的消费欲望；另一方面，服务可以提升用户的黏性，形成牢固的消费习惯。研究发现，只要与一家公司有一次糟糕的互动体验，大多数顾客就不会再信任该品牌，而转向其他选择。第二，未来公司也可能会更加强调个性化设计。在互联网时代，公司可以借助海量数据描绘用户画像，因此定制化将会成为趋势。

选择题和判断题答案

选择题答案

1. B	2. C	3. A	4. A	5. D	6. A	7. A	8. C	9. D	10. A
11. D	12. D	13. C	14. A	15. C	16. A	17. C	18. A	19. A	20. D
21. B	22. C	23. A	24. C	25. B	26. D	27. D	28. B	29. A	

判断题答案

1. √	2. √	3. ×	4. √	5. ×	6. √	7. √	8. √	9. √	10. √
11. ×	12. ×	13. √	14. ×	15. ×	16. ×	17. ×	18. ×	19. √	20. √
21. ×	22. ×	23. √	24. ×	25. ×	26. √	27. √	28. √		

附加模块　管理史

Management History Module

在这一模块，我们将要回到过去看看被称为管理学的研究领域是如何演化的。你将要看到的是，当今管理者仍在使用的许多元素来自以往管理学的方法。当你阅读和学习这个模块时，关注下面的学习目标。

学习目标

1. 描述早期管理的一些例子。
2. 解释古典方法中的各种理论。
3. 讨论行为方法的使用和发展。
4. 描述定量方法。
5. 解释当代方法中的各种理论。

自现代管理学理论在 20 世纪初诞生以来，管理学专家已经提出了许多理论，以帮助组织与其管理者更有效率、更有成效地对工作活动进行协调和监管。在展示现代管理史时，这个模块将会关注管理思想和实践在 20 世纪的发展历程。通过学习管理史，学生能更好地理解当前的管理实践，以避免犯历史上曾有的错误。

模块概要

早期的管理

历史上有许多有趣的例子，这些例子反映了几千年来的管理实践。

1. 组织和管理已经存在数千年之久。埃及的金字塔和中国的万里长城都是规模惊人的浩大工程，这些工程需要数以万计的人来完成。如此大规模的工程，如何保证其成功完成？答案就是管理。无论管理者在历史上被赋予什么头衔，在实践中，总得有人站出来，制订相应的计划，明确应该完成的任务，组织好人力和物力，领导员工完成工作，并施加控制以确保一切按照计划进行。

2. 威尼斯的兵工厂是另一个早期管理的例子。几个世纪前威尼斯兵工厂中使用的流程与方法，如装配线、会计系统以及人力资源管理方法，在今天的组织中依然非常普遍。

3. 亚当·斯密出版了古典经济学著作《国富论》，他认为组织和社会可以从劳动分工（将工作分解为细小和重复性的任务）中获得经济优势。

4. 在 20 世纪以前，工业革命对管理实践产生了极为重要的影响。随着机器开始取代人力，加之劳动分工开始变得普遍，大型、高效的工厂逐渐成为可能。计划、组织、领导和控制成为必不可少的活动。

5. 图表 1 对管理学的主要方法进行了描述。

古典方法

科学管理理论

科学管理是指用科学的方法确定完成一项工作的最佳方式。

1. 弗雷德里克·泰勒是公认的“科学管理之父”。他在米德维尔钢铁厂和伯利恒钢铁公司的经历激发了他改进效率的欲望。

（1）泰勒试图通过为生产活动提供清晰的指导原则，从而提高生产效率。他还提出了四条管理原理（见图表 2）。

（2）最有名的关于泰勒科学管理的例子可能是生铁实验。

（3）通过应用科学管理原理，泰勒能够为每一项工作找出最佳的完成方法。

（4）泰勒使产量提高了 200%。他为管理者和工人划分了工作职责，管理者负责计划和控制，而工人负责实施计划并完成任务。

2. 受到泰勒的启发，弗兰克·吉尔布雷斯和莉莲·吉尔布雷斯继续对科学管理进行研究，并提出了自己的科学管理方法。

（1）弗兰克最著名的可能是他的砌砖实验。

（2）吉尔布雷斯夫妇首次采用精密的计时装置来研究工人手部和身体的动作，以减少不必要的动作。

（3）他们还设计了一种分类方法，归纳了 17 种基本的手部动作，这些动作被称为动素。

3. 当今的管理者如何运用科学管理。泰勒和吉尔布雷斯夫妇设计的许多用以提高产出效率的指导原理和技术在今天的组织中仍有采用。然而，今天的管理实践不仅仅局限于科学管理。如今仍被采用的科学管理要素如下：时间和动作研究；招聘资格最符合的员工；设计以产出为基础的激励系统。

一般管理理论

一般管理理论学者以整个组织为考察对象，关注管理者做什么以及什么造就了好的管理，他们提出了更为一般化的管理理论。

1. 法约尔与泰勒是同一时期的人，他曾在法国一家采矿公司担任总经理。

（1）法约尔关注管理者的共同行为。

（2）法约尔将管理行为描述为与会计、金融、生产、分销及其他典型的企业职能不同的事物。

（3）法约尔提出了 14 条管理原则（可以应用于所有组织并可以在学校中教授给学生的管理的基本规则，见图表 3）。

2. 马克斯·韦伯是德国社会学家。

（1）他提出了权力结构理论，并以权力关系为基础对组织活动进行描述。

（2）他描述了一种理想的组织类型——官僚组织，这种组织以劳动分工、清晰界定的等级、详细的规章制度以及非人际关系为特征（见图表 4）。

3. 当今的管理者如何运用一般管理理论。现代的一些管理理念和行为可以直接追溯到一般管理理论的贡献。管理者工作的职能观来自法约尔。韦伯的官僚组织的很多特点在今天的大型组织中仍然存在——即使在拥有创造性专业人员的灵活组织中也是如此。在高度创新型的组织中，官僚机制对确保资源的高效利用是必不可少的。

行为方法

研究工作中人的行为的领域被称为组织行为学。当今对管理者在管理人时做了什么的研究大多来自组织行为学，如激励、领导、建立信任、团队工作、管理冲突等。

1. 组织行为学的早期倡导者。组织行为学的四位早期倡导者分别是罗伯特·欧文、雨果·芒斯特伯格、玛丽·帕克·福莱特以及切斯特·巴纳德。他们的研究为员工选聘程序、激励计划以及工作团队等管理实践奠定了坚实的基础。图表 5 总结了他们每个人最重要的思想。

2. 对组织行为学领域的最大贡献来自霍桑实验。

（1）霍桑实验即在伊利诺伊州西方电气公司霍桑工厂进行的一系列研究。这些研究从 1924 年开始，最初为西方电气公司的工业工程师设计的科学管理实验。他们想要检验各种照明强度对工人生产力的影响。

（2）1927 年，西方电气的工程师请哈佛大学教授埃尔顿·梅奥和他的同事作为咨询师参与研究。这项研究持续到 1932 年，包括工作的重新设计、每天和每周工作时长的改变、休息时间的引入以及个人与群体薪酬计划的无数实验。研究者总结指出，社会规范或团体标准是个人工作行为的关键决定因素。

（3）尽管实验过程、分析和结论都存在争议，但重要的是霍桑实验激起了人们对组织中人类行为的兴趣。

3. 今天的管理者如何运用行为方法。

(1) 从管理者如何设计岗位，到他们如何与员工团队开展工作，再到他们如何交流与沟通，我们都可以看到行为方法的内容。

(2) 行为方法为我们今天的激励、领导力、群体行为和发展以及大量其他的行为方法奠定了基础。

定量方法

定量方法（有时也称为运营研究或者管理科学），是指运用定量技术改进决策制定。这种方法运用统计学、最优模型、信息模型、计算机模拟及其他量化方法来为管理实践提供参考。

1. 重要贡献。

(1) 定量方法从用于解决第二次世界大战中军事问题的数学和统计学决策发展而来。

(2) 第二次世界大战结束后，很多用于军事问题的策略被应用在商业领域。例如，一个被称为“神童”的军官群体，在 20 世纪 40 年代中期加入了福特汽车公司，着手使用统计模型和量化模型来改进决策。

2. 全面质量管理。

(1) 全面质量管理是一种致力于持续改进并回应顾客需求和期望的管理理念（见图表 6）。

(2) 全面质量管理由少数几位质量管理专家发起，其中最著名的是爱德华兹·戴明和约瑟夫·朱兰，他们是全面质量管理的主要倡导者。

(3) 此前的管理理论认为低成本是提高效率的唯一方式，全面质量管理对这种观点作出了反驳。

(4) 全面质量管理的目标在于打造一个致力于在工作中进行持续改进的组织。

3. 今天的管理者如何运用定量方法。

(1) 定量方法对管理决策的贡献直接作用在计划和控制领域。

(2) 已开发的专门软件使得管理者可以自由、方便地应用这些技术。

当代方法

1. 系统理论。

(1) 20 世纪 60 年代，管理学研究者开始根据物理科学中的系统理论来对组织进行研究。系统是由相互联系、相互依赖的部分以特定方式组合起来的一个整体。封闭系统和开放系统是两种基本的系统类型。封闭系统不受环境的影响，也不与环境互动。相反，开放系统受到环境的影响，并与环境产生互动（见图表 7）。

（2）在系统理论的指导下，管理者将组织视为一个由许多互相依赖的要素所组成的整体。其中每一个要素对于整体都具有重要意义。管理者需要对组织中各个部分的工作进行协调，管理者在某个组织领域的决策和行动会影响到组织的其他领域。系统方法认为组织不是独立的，它们依赖环境，同时也会受到环境中不同因素的影响。

2. 权变方法。权变方法认为组织是不同的，面对不同的情况，需要采用不同的管理方法。权变方法认为组织应该识别不同的情境变量，并对这些变量进行回应。图表8列出了四种常用的权变变量。

3. 技术视角。如果认识不到技术和计算机化在定义当前管理实践中所发挥的重要作用，当代管理史将是不完整的。今天的工厂高度计算机化，要求员工具备操作复杂设备的技能。技术使计算机化制造成为现代工厂的支柱。因此管理当前的技术人员不同于管理一群赚取最低工资且无技能的工人。同时技术使组织能够创建虚拟团队——人们一起工作，但在地理上处于分散状态。而且，越来越多的组织，无论规模大小，都依赖大数据来帮助管理者作出决策。大数据是指大型数据集，对于传统软件来说，这些数据集太过庞大和复杂。因此，关注技术的变化过程也是研究当代管理发展过程的重要视角。

选择题

1. 对劳动分工的最佳描述是______。

A. 将工作细分为范围较窄并且具有重复性的任务

B. 将劳动力分成小组

C. 由上级分配任务

D. 对整体劳动力进行分析研究

2. ______出版了《国富论》，在该书中主张劳动分工会给组织和社会带来经济优势。

A. 泰勒　　B. 韦伯

C. 亚当·斯密　　D. 法约尔

3. 下列事件中发生在工业革命期间的是______。

A. 机器代替了人力　　B. 商品生产从家庭转移到了工厂

C. 对管理者的需求上升了　　D. 以上各项均是

4. 群体道德观念的提出者是______。

A. 泰勒　　B. 韦伯

C. 玛丽·帕克·福莱特　　D. 法约尔

5. 弗兰克和莉莲所设计的分类体系，标示了17种基本的手部动作，这些动作被称为______。

A. 楔子　　B. 把手

C. 动素　　D. 莉莲

6. ______提出了14条管理原则，并且认为这些原则普遍适用于所有的管理系统。

A. 玛丽·帕克·福莱特　　B. 韦伯

C. 亚当・斯密　　D. 法约尔

7. ______是一种组织形式，其特征包括劳动分工、清晰界定的等级、详细的规章制度以及非人际关系。

A. 官僚组织　　B. 学习系统

C. 矩阵　　D. 电子企业

8. 第二次世界大战期间，数学和统计学决策大量应用于解决军队问题，这促进了______的发展。

A. 定量方法　　B. 学习型组织

C. 电子企业　　D. 官僚组织

9. 与科学管理的追随者不同，______提出了以人为本的观点，并认为组织应该建立在道德准则的基础之上。

A. 雨果・芒斯特伯格　　B. 切斯特・巴纳德

C. 玛丽・帕克・福莱特　　D. 罗伯特・欧文

10. 霍桑实验分析了______。

A. 工人的安全需求　　B. 被替代的家庭生产者的心理需求

C. 各种照明强度对工人生产力的影响　　D. 公司高层管理人员的自尊需求

11. 泰勒对组织管理产生的最深刻影响在于______。

A. 高层管理承诺的重要性

B. 组织中个人行为的作用

C. 使管理者运用科学管理原理

D. 组织可以通过许多方式来应用官僚管理原则

12. 今天，我们把组织描述为一个______系统。

A. 开放　　B. 封闭

C. 全面质量管理　　D. 全球

13. 史蒂夫正在对公司用于生产商品的人力资源、资本和技术进行考察。以开放系统的观点来看，史蒂夫正在考察系统的______。

A. 投入　　B. 产出

C. 转换过程　　D. 要素的相互依赖

14. 权变方法又称______。

A. 情境方法　　B. 动态方法

C. 概念学习方法　　D. 评估性愿景研究

15. 吉姆的公司雇用了15名员工，并以合作小组为单位来制定公司目标。茱莉亚的公司雇用了150名员工，公司的目标先由高层管理团队制定，然后再向其余的员工作出解释。下列权变因素中导致吉姆和茱莉亚以不同的方式来制定公司目标的是______。

A. 组织规模　　B. 任务技术的常规性

C. 环境不确定性　　D. 个体差异

16. 下列各项中不属于当代管理发展特点的是______。

A. 系统理论　　B. 权变方法

C. 技术视角　　D. 控制思维

17. 戴明和朱兰对______的发展作出了贡献。

A. 贫乏型管理　　B. 目标管理

C. 全面质量管理　　D. 重组管理

18. ______是一种管理理念，它包括持续改进以及对顾客需求和期望的回应。

A. 权变方法　　B. 系统方法

C. 知识管理　　D. 全面质量管理

判断题

1. 劳动分工的概念最早是由亚当·斯密在《国富论》中提出的。（　）
2. 在工业革命期间，机器取代人力的现象屡见不鲜。（　）
3. 在大型组织的管理上，古代中国的管理者贡献了重要的管理智慧。（　）
4. 泰勒被认为是“科学管理之父”。（　）
5. 弗兰克和莉莲是管理权变理论的两个主要贡献者。（　）
6. 法约尔的管理原则包括劳动分工、职权、纪律、统一指挥和公平。（　）
7. 玛丽·帕克·福莱特发展了职权结构和关系理论，并对“理想的官僚组织”作出了描述。（　）
8. 霍桑实验由几项不同的实验组成，并且持续多年，这项研究为组织行为学的发展作出了最为重要的贡献。（　）
9. 霍桑实验的结论促使人们开始重视组织管理和目标达成中的个体行为因素。（　）
10. 系统必须通过封闭自身的方式杜绝环境造成的影响，否则会危及组织的生存。（　）
11. 系统观点帮助管理者将组织视为一个个独立的单元，从而可以将出现问题的部分隔离起来。（　）
12. 管理行为、员工工作以及技术的应用出现在开放系统的转换阶段。（　）
13. 管理权变理论决定了在某个特定的情境下运用哪些原则更为合适。（　）
14. 全面质量管理是由一名美国人提出的，他在20世纪50年代将该方法首次传播给日本企业。（　）
15. 技术的进步已经极大地影响了管理活动的发展，需要引起管理者的重视。（　）

复习和讨论问题参考答案

1. 解释为何学习管理史如此重要。

在阅读管理史时，我们回顾了历史上管理学专家的思想和理念。从实践方面来看，我们对公司目前使用的管理技术的起源和发展有了更深刻的理解。例如，在一些制造业组织当中，科学管理原理仍然发挥着重要的作用。吉尔布雷斯夫妇等管理学先驱为现代组织中的装配线布局、工作流程和薪酬计划作出了不可磨灭的贡献。韦伯、法约尔和戴明的工作也同样具有极其重要的价值。今天的组织管理理论并不是一蹴而就的，而是各种理论长期不断演变的结果。

2. 工业革命的意义是什么?

工业革命是机器动力取代人工动力的开端，也是现代管理学的重要推动力量。从消费角度出发，工业革命提升了商品种类的丰富度，能够在更广的层面满足消费者的需求。从生产角度来看，工业革命实现了高效资源配置，极大提升了企业的生产效率。但对于管理本身而言，工业革命催生的大型企业才是现代管理理论出现的最本质原因，因为管理者需要完成预测需求、确保储存足够的物资来生产产品、向人们分配任务、指导每天的活动等复杂的任务。

3. 什么是官僚组织? 官僚组织今天还存在吗?

马克斯·韦伯在 20 世纪早期的著作中提出了权力结构理论以及基于理想组织类型的关系，他称这种理想组织类型为官僚组织——以劳动分工、清晰界定的等级、详细的规章制度以及非人际关系为特征的组织形式（见图表 4）。韦伯认为，这种“理想的官僚组织”在现实中并不存在。但是这种强调理性、可预见性、非人格化、技术能力以及权力主义的组织结构思想仍然描述了很多当代组织，因此可以说官僚组织在现实中是存在的。

4. 组织行为学方法的早期倡导者对我们理解管理作出了哪些贡献?

组织行为学的早期倡导者让管理者更加深刻地认识到，人对于组织的成功是至关重要的。通过学习科学管理和定量研究，管理者能够更好地利用员工的努力，然而员工努力的根本原因到底是什么，这个问题仍然需要探索。这些早期倡导者还引入了影响组织绩效的各种新变量，如群体道德、员工态度、冲突管理等。

5. 霍桑实验对管理史为何如此重要?

虽然泰勒和韦伯试图发现如何才能更有效率地进行工作，但是他们没有关注人的因素。霍桑实验揭示了一个事实，那就是无论是出于偶然，还是出于有意的设计，人总是比工具和机器更为复杂。即使一名员工被安排在一个可以发挥最高效率的工作岗位上，也不意味着这名员工就愿意发挥最高的效率。

6. 解释定量方法对管理学的贡献。

仅仅使用定量方法，可能无法解决“人”的问题，但是数学技术可以在这些问题上为管理者提供有价值的参考。统计方法、信息模型、计算机模拟和其他定量技术旨在帮助管理者作出更好的决策。这些方法可以帮助管理者更好地应对在工作场所中遇到的人的问题。

7. 描述全面质量管理。

全面质量管理是一种管理理念，这种理念致力于持续改进以及对顾客需求和期望作出回应（见图表 6）。顾客包括在组织内部和外部与组织的产品或服务进行互动的任何人。顾客包括员工、供应商以及购买组织的产品或服务的人。全面质量管理还倡导持续改进，这需要组织利用统计技术来对组织工作过程中的每个关键变量进行测量。在这之后，将测量结果与标准进行比较，从而识别出问题所在，并作出纠正。

8. 技术如何影响管理者在今天的工作场所使用量化方法?

首先，技术使计算机化制造成为现代工厂的支柱，故而要求管理者了解复杂设备的相关知识。其次，越来越多的组织，无论规模大小，都依赖大数据来帮助管理者作出决策，也要求管理者具备相应的知识。

9. 系统方法和权变方法如何使得管理者更加胜任工作?

回到科学管理的观点，泰勒试图寻求一种“最好的方式”来完成工作。然而根据系统理论和权变理论，在组织中做任何事情都无法找到一种最好的方式。许多内部和外部因素都会影响员工和组织的绩效。管理者必须明白，工作场所是复杂和动态的。但是这不应该成为逃避管理理论的借口。管理者应该接受人和组织的差异，并尽最大努力将管理理论应用于组织的具体情境中。

10. 社会趋势如何影响管理实践? 对学习管理学的人有何启示?

社会趋势对管理实践具有重大影响。例如，社会对于多样性的重视会对一个组织的人力资源职能（包括招聘、雇佣、培训、发展和激励计划等）造成深远的影响。组织的工作和流程必须与多样化和多元化的员工队伍相匹配。这些变化所带来的影响是一个全球性问题；世界各地（包括加拿大、澳大利亚、南非、日本和欧洲）的商业组织也正面临类似的社会发展趋势。

选择题和判断题答案

选择题答案

1. A　2. C　3. D　4. C　5. C　6. D　7. A　8. A　9. C　10. C
11. C　12. A　13. A　14. A　15. A　16. D　17. C　18. D

判断题答案

1. √　2. √　3. √　4. √　5. ×　6. ×　7. ×　8. √　9. √　10. ×
11. ×　12. √　13. √　14. √　15. √

第2章 决策

Making Decisions

学习目标

2.1 描述决策过程的八个步骤。
2.2 解释管理者作出决策的五种观点。
2.3 决策类型和决策风格。
2.4 描述偏见和错误如何影响决策。
2.5 识别有效的决策技术。

本章概要

2.1 决策过程

决策即在两个及以上备选方案中进行选择。决策过程包括明确问题、明确决策标准、为标准分配权重、开发备选方案、分析备选方案、选择备选方案、执行备选方案以及评估决策效果八个步骤（见图表 2－1）。

2.1.1 第一步：明确问题

作为管理者应该明确了解以下三个关于“问题”的特征：

1. 必须意识到问题的存在。明确问题是真实存在的。

2. 必须在压力下采取行动。一个问题的发生必然会给管理者带来压力，管理者要在外来的压力下作出行动，否则存在的问题将被延迟解决。

3. 必须有一定的权威及资源去处理问题。当管理者意识到问题的存在并且想要采取行动去解决时，如果管理者没有一定的渠道及资源，他将无法快速有效地处理问题。

2.1.2 第二步：明确决策标准

决策标准是指决策过程中应该遵循的准则。

2.1.3 第三步：为标准分配权重

如果相关标准不是同等重要的，那么决策者必须对不同标准赋予不同的权重，以决定其在决策中的优先级。（图表 2－2 显示了阿曼达购买新电脑时的标准权重分配情况。）

2.1.4 第四步：开发备选方案

决策者需要列出解决问题的切实可行的方案。

2.1.5 第五步：分析备选方案

通过利用第二步和第三步中建立的标准，决策者可以对每一个备选方案进行评估。图表 2－3 显示了阿曼达在对每个备选方案做过研究后给予它们的估值。图表 2－4 显示了包含权重的备选方案。

2.1.6 第六步：选择备选方案

这一步是在识别和评估后的方案中选出一个最佳方案。如果使用了权重分数，决策者可以快速地找出得分最高的那个方案。

2.1.7 第七步：执行备选方案

决策者要执行决策，即将决策传达给受到影响的人并得到他们的承诺。

2.1.8 第八步：评估决策效果

最后，评估所作出的决策是否合理地解决了问题。

2.2 管理者决策

在学习第2章时，学生应该知道管理者是决策者，以及管理者是如何在组织中作出决策的。图表2-5显示了管理者是如何在四种管理职能的范畴下作出决策的。在本节中，学生将学习如何作出决策、现实生活中管理者面临的问题和决策类型、管理者进行决策的条件以及决策风格。

2.2.1 理性

管理决策被假定为是理性的，即在规定的约束内作出一致的并且价值最大化的选择。如果一个管理者可以做到完全理性，那么他的决策将完全合乎逻辑和客观事实。

1. 理性决策是指管理者在作决策时以组织利益最大化为出发点，而不是为了自己的利益。

2. 如果管理者面临一个简单的问题：目标清楚，了解所有可能的备选方案；时间压力极小，发现和评估替代品的成本较低；企业文化支持创新和风险承担；结果是具体的并且可以衡量，那么在这种情况下，理性假设可以得到满足。

2.2.2 有限理性

尽管想要做到完全理性存在一定的困难，管理者还是希望在作出决策时是理性的。由于完全理性模型是不现实的，管理者倾向于在有限理性的假设下进行决策，然而这种理性会受到个人处理信息能力的限制。

1. 在有限理性条件下，管理者作出令人满意的决定，他们接受“足够好”的策略。

2. 管理者的决策可能受到组织的文化、内部政策、权力考虑以及被称为承诺升级现象的强烈影响。承诺升级是指不断加强对一个决策的承诺，尽管有证据表明这个决策可能是错误的。

2.2.3 直觉

管理者也经常使用他们的直觉。直觉决策是一个基于经验、感觉和日积月累的判断作出决策的潜意识过程。图表2-6描述了直觉的五个不同方面。

1. 在直觉的基础上作出决策与理性分析并不矛盾；两者是互补的。

2. 虽然直觉决策并不会取代理性的决策过程，但它在管理决策中发挥着重要的作用。

2.2.4 循证管理

循证管理的前提是，任何决策过程都可能通过利用相关和可靠的证据来改善。循证管理是指系统地使用最佳可用证据来改善管理实践。

1. 循证管理的四个基本要素如下：

（1）决策者的专业知识和判断。

（2）已被决策者评估过的外部证据。

（3）与决策相关者的意见、偏好和价值观。

（4）相关的组织（内部）因素，例如背景、情境和组织人员。

2. 这些因素在不同决策中的影响力是不同的。

3. 对于管理者来说，在作决策时，关键是要认识和理解哪些因素是最重要的，并对这些因素加以强调。

2.2.5 众包

众包指的是借助互联网的方式，向组织的传统决策者以外的人员网络征求意见。

1. 众包可以帮助管理者从消费者、供应商或其他群体中收集好的想法，以帮助他们作出决策。

2. 众包受到集体经验和想法的推动，通过从传统意义上的管理层级之外的来源获得不同的信息输入，从而帮助管理者作出更明智的决策。

2.3 决策类型

2.3.1 结构化问题和程序化决策

结构化问题是直接的、常见的和很容易识别的问题。在处理结构化问题时，管理者可以使用程序化决策，这是可以通过例行方法处理的重复性决策。管理者依赖于三种类型的程序决策。

1. 程序是管理者应对结构化问题的一系列连续步骤。

2. 规则是关于管理者能做什么和不能做什么的明确声明。

3. 政策即决策的指南。

2.3.2 非结构化问题和非程序化决策

非结构化问题是新的、不常见的、信息模糊或不完整的问题。这些问题最好由非程序化决策来处理。非程序化决策是独特的、非重复的、量身定制的解决方案。

2.3.3 两种决策类型的对比

图表 2－7 描述了程序化决策与非程序化决策的差异。

1. 在组织高层，管理者经常处理困难的非结构化问题。这些问题相对模糊，出现频率较低，因此在尝试解决这些问题和挑战时需要作出非程序化决策。

2. 低层级管理者使用程序化决策来处理日常决策。他们面临的问题清晰明了，出现频率高，因此更多采用程序化决策方式。

2.4 决策风格

对决策风格的研究已经确定了四种不同的个人决策方式，分别为指示式、分析式、概念式和行为式。这一模型的基础是认识到人们在两个维度上有所不同。其中一个维度是个人的思维方式，另一个维度描述了个体对模糊性的容忍度（见图表 2-8）。

1. 使用指示式决策的人对模糊性的容忍度很低，并寻求理性。这类人追求有效性和逻辑性，但他们关注效率，导致决策依靠的信息很少，可选的替代方案也很少。指示式决策速度较快，主要关注短期变动。

2. 分析式决策相比于指示式决策，其对模糊性有更高的容忍度。这意味着当决策中涉及不确定性时，分析式决策比指示式决策更令人舒心。分析式决策的管理者被描述为有能力适应或处理新情况的谨慎的决策者。

3. 使用概念式决策的人往往视野开阔，考虑许多选择方案。他们的关注点十分长远，且非常擅长找到创造性地解决问题的方法。

4. 行为式决策是最后一种决策方式，其特点是决策者与他人进行良好合作。他们关心同事和为他们工作的人获得的成就，并接受他人的建议。他们大多依赖会议进行交流。这种类型的决策者试图避免冲突，并期望能够被他人接受。

虽然这四种决策风格各有不同，但大多数管理者都有不止一个类别的特征。因此最好从管理者的主导风格和他的备选风格来考虑。

2.5 决策偏见和错误

当管理者制定决策时，他们可能采用捷径，也可能采用经验法则（或称启发法）来简化或加速决策的制定。图表 2-9 列举了常见的决策偏见和错误。

1. 当决策者倾向于高估自己对情况的了解程度，或者对他们自身和他们的表现持有不切实际的乐观态度时，他们就表现出了过度自信偏见。

2. 即时满足偏见是指决策者追求即时的回报，避免即时的损失。

3. 锚定效应是指决策者依靠最初的信息形成第一个观点，很难根据后续的信息进行充分调整。

4. 当决策者根据他们有偏见的认知，有选择性地组织和理解事件时，他们就有了选择性知觉偏见。

5. 当决策者寻求信息以重申他们过去的选择，并且不考虑与过去判断相矛盾的信息，这就是确认偏见。

6. 框架效应偏见是指决策者选择了一些角度而忽视了另一些。

7. 当决策者倾向于记住他们记忆中最近和最鲜活的事件时，可获得性偏见就产生了。

8. 当决策者基于某一事件与其他事件的相似程度评估该事件的可能性时，这就是代表性偏见。

9. 随机偏见描述了决策者试图从随机事件中创造意义的行为。

10. 当决策者忘记现有的选择无法纠正过去的问题时，沉没成本错误就产生了。他们在评估选择时，错误地关注了过去的时间、金钱和精力成本，而不是未来可能的结果。

11. 迅速地因成功获得好评，并将失败归咎于外部因素的决策者展现了自利偏见。

12. 事后聪明偏见是决策者在已经知晓结果后，错误地认为他们本可以正确预测到结果的倾向。

2.6 改进决策的前沿方法

在过去的 20 年里，管理者获取信息的能力发生了巨大的变化。这一变化的主要推动力是技术。

2.6.1 设计思维

设计思维要求人们像一位设计师一样思考，这意味着你要思考一件物品或者一项流程应该如何被重新设计。越来越多的组织开始意识到设计思维能够带来的好处。

尽管很多管理者并不专门参与产品或工序的设计决策，但他们仍然要对出现的工作问题作出决策，设计思维可以帮助他们拓宽视野，通过观察和调查技巧获得洞察力，而不是简单地依靠理性分析。

2.6.2 大数据与人工智能

大数据是指庞大而复杂的数据集。这些数据集由大量信息组成，传统的数据处理软件无法处理它们。

人工智能越来越方便机器学习和深度学习。前者是一种自动建立分析模型的数据分析方法。它是人工智能的一个分支，基于系统可以从数据中学习，识别模式，并在很少或没有人工帮助的情况下作出决策。后者是机器学习的一个子集。它使用算法来创建模拟人类大脑功能的分层人工神经网络。模仿人脑，节点像网络一样连接在一起。这使得机器能够以非线性方式处理数据。

选择题

1. 在两个及以上备选方案中进行选择，这被称为______。

A. 问题　　B. 目标

C. 决策　　D. 挑战

2. 决策制定过程始于______。

A. 明确决策标准　　B. 分析备选方案

C. 明确问题　　D. 为标准分配权重

3. 现状与期望之间的差距被称为______。

A. 问题　　B. 目标

C. 决策　　D. 挑战

4. 如果管理者理解问题的特征，那么他就能更好地识别问题。下列各项中属于问题的特征的是______。

A. 目前状况与某个标准之间的差距

B. 制定或执行决策所面临的压力

C. 有充足的资源来采取必要的行动

D. 以上各项

5. 下列各项中属于决策制定过程的八个步骤的是______。

A. 明确问题　　B. 将个体利益最大化

C. 举办会议　　D. 为管理者提供资料

6. 一名管理者走访了身边的员工后，确认了当前员工究竟需要一台具备什么功能的影印机。这名管理者处在决策制定过程的______阶段。

A. 为标准分配权重　　B. 明确决策标准

C. 开发备选方案　　D. 明确问题

7. 拉里和乔伊斯进行了头脑风暴，试图找出解决问题的方法。他们各自将自己的观点写下来，而不去评估这些观点的可行性和可操作性。他们处在决策制定过程的______阶段。

A. 开发备选方案　　B. 分析备选方案

C. 明确决策标准　　D. 选择备选方案

8. 在明确了决策标准之后，决策制定者应该______。

A. 为标准分配权重

B. 开发备选方案

C. 用批判的眼光对各个备选方案进行分析

D. 选择备选方案

9. 在决策制定过程中，为了执行备选方案，必须进行的一个关键步骤是______。

A. 对环境进行重新评估，以应对新的变化

B. 为标准分配权重

C. 对各个可能的备选方案的风险进行识别

D. 使管理者的个人利益最大化

10. 决策制定过程中的控制机制是______。

A. 开发备选方案　　B. 在实施阶段进行的

C. 对决策的有效性进行评估　　D. 为标准分配权重

11. 理性假设下，决策的制定______。

A. 通过建立简单的模型来对决策标准进行评估和评级

B. 出发点是为了实现组织利益最大化

C. 要求进行反复的研究，直到找到充分令人满意的解决方案

D. 以上各项均是

12. 有限理性是______。

A. 将决策传达给受到影响的人并得到他们的承诺

B. 为了达成一致，小组成员相互隐瞒自己不同的观点

C. 在抓住了问题本质特征的简化模型变量下所作出的理性行为

D. 明确地告诉管理者，哪些应该做，哪些不应该做

13. 当一个决策被认为是“足够好”的而不是“最好”的时，这体现了______。

A. 有限理性　　B. 在决策过程中排斥直觉

C. 程序化决策　　D. 满足

14. 塔米正在思考她的主管所作出的营销决策。她依旧支持那个被证明是效果最差的决策，这体现了______。

A. 有限理性　　B. 满足

C. 承诺升级　　D. 直觉决策

15. 在经验、感觉和日积月累的判断的基础上进行决策属于______。

A. 理性决策　　B. 承诺升级

C. 有限理性　　D. 直觉决策

16. 常规性、重复性的决策被称为______。

A. 非程序化决策　　B. 程序化决策

C. 结构化较弱的问题　　D. 结构化较强的问题

17. 政策、程序和规则能帮助管理者应对______。

A. 结构化问题　　B. 满足性问题

C. 有限理性　　D. 非程序化决策

18. 一位服装零售店的管理者刚刚发现库存货品需要协调，因此他快速前往货仓。这个案例中出现了______。

A. 结构化较强的问题　　B. 满足

C. 非结构性问题　　D. 程序化决策

19. 在决定选购新的电脑操作系统时，假如管理者不知道哪些方案是可行的，也不知道如何确定这些备选方案，那么管理者是在______的条件下制定决策。

A. 确定性　　B. 风险性

C. 不确定性　　D. 探索式决策

20. 决策制定者对模糊性的容忍能力较低，并且追求效率和逻辑，同时注重短期成果，这名决策者的决策风格是______。

A. 指示式　　B. 分析式

C. 概念式　　D. 行为式

21. 决策制定者对模糊性有一定的容忍能力，并且希望在决策之前能够获取更多的信息，考察更多的方案，这名决策者的决策风格是______。

A. 指示式　　B. 分析式

C. 概念式　　D. 行为式

22. 今早，艾比在上班前收听了天气预报。于是，她并没有骑摩托车去上班，而是选择开车，同时带了一把雨伞。不管她意识到了没有，艾比______。

A. 明确了决策标准　　B. 实施了一项决策

C. 为标准分配权重　　D. 对决策进行了评估

23. 为了确定______，管理者必须确定哪些事情与问题的解决有关，而哪些事情又无关。

A. 决策的有限理性　　B. 承诺升级

C. 实施成本　　D. 决策标准

24. 公开评审活动在决策制定过程的______环节最重要。

A. 分析备选方案　　B. 为标准分配权重

C. 开发备选方案　　D. 明确决策标准

25. 在决策制定过程的______环节，决策制定者将决策传达给受到影响的人并得到他们的承诺。

A. 选择备选方案　　B. 对决策的有效性进行评估

C. 执行备先方案　　D. 分析备选方案

26. 决策制定过程的最后一步是______。

A. 为下一个决策确定标准　　B. 对权重分配过程进行分析

C. 对决策效果进行评估　　D. 执行选中的备选方案

判断题

1. 问题是现状和期望之间的差距。（　　）

2. 决策制定过程分为八个步骤，第一步是明确问题。（　　）

3. 问题必须给管理者带来压力，才能引发决策制定过程。（　　）

4. 在决策的执行阶段，将决策传达给受到影响的人并得他们的承诺。（　　）

5. 对决策的有效性进行评估，可能会导致管理者重新进行决策制定过程的前几个步骤。（　　）

6. 在理性决策假设下，所有的备选方案和可能后果都是已知的。（　　）

7. 在理性决策假设下，可以根据重要程度对标准和偏好进行评级。（ ）

8. 有限理性就是接受“足够好”的解决方案。（ ）

9. 因为管理者不可能对所有备选方案的信息进行分析，所以他们通常会满足某个标准，而不是追求最大化。（ ）

10. 刘易斯是一位投资经理，他尽管经验丰富，但是也往往只能在几个相对熟悉的渠道收集信息，而且做决策时，往往没有完全了解所有的信息。这表明刘易斯本质上也是有限理性的。（ ）

11. 在决策过程中，理性永远要比直觉更加有效。（ ）

12. 贝蒂的经验比较丰富，她在作决策时往往借助自己的本能感觉。这里她使用了直觉决策。（ ）

13. 大多数管理者认为决策的制定在很大程度上依靠直觉，他们使用理性的方法只是为了确认他们的决策是正确的。（ ）

14. 非程序化决策被用于解决结构化问题。（ ）

15. 在制定决策时，规则是指南。（ ）

16. 非程序化决策应对的是独特的、非重复的情景。（ ）

17. 非结构化问题是不常见的。（ ）

18. 当决策制定者了解各个备选方案发生的可能性时，他是在不确定性条件下作出决策的。（ ）

19. 决策制定者的心理倾向会影响决策的不确定性水平。（ ）

20. 四种常见的决策方式是指示式、分析式、概念式和行为式。（ ）

21. 根据有限理性的概念，管理者在他们处理信息的能力范围内作出尽可能理性的决策。（ ）

22. 方案的执行过程就是最佳方案的选择过程。（ ）

23. 决策的标准规定了对于问题的解决而言，哪些因素是重要且相关的。（ ）

24. 决策制定过程的第一步是明确决策标准。（ ）

25. 直觉决策是理性决策的补充，而不是有限理性决策的补充。（ ）

复习和讨论问题参考答案

1. 为什么决策经常被描述为管理者工作的本质？

对于管理者而言，制定决策是至关重要的，它是四种基本管理职能的组成部分。管理者在进行计划、组织、领导和控制时要做的每一件事几乎都与决策制定有关。实际上，这解释了我们为何说决策制定是管理的本质，而且这也是管理者被称为决策者的原因。

2. 描述决策过程的八个步骤。

决策过程包括八个步骤：（1）明确问题；（2）明确决策标准；（3）为标准分配权重；（4）开发备选方案；（5）分析备选方案；（6）选择备选方案；（7）执行备选方案；（8）评

估决策效果。

3. 对比管理者作出决策的五种观点。

理性假设如下：问题清楚明确；有明确的目标；所有备选方案和结果是已知的；最终的选择将最大化组织到益。有限理性导致管理者作出理性的决策，但是受到他们处理信息能力的限制。当决策者接受“足够好”的解决方案时，采取的是满足策略。随着承诺升级，管理者增强对决策的承诺，即使他们有证据表明以前的决策可能是错误的。直觉决策意味着根据经验、感觉和日积月累的判断作出决策。使用循证管理时，管理者根据现有最佳证据作出决策。众包受到集体经验和想法的推动，通过从传统意义上的管理层级之外的来源获得不同的信息输入，从而帮助管理者作出更明智的决策。

4. 解释两种问题和决策的两种类型，对比四种决策风格。

结构化问题是直接的、常见的和很容易识别的问题。用来解决结构化问题的程序化决策是可以通过某种例行方法来作出的重复性决策。非结构化问题是新的、不常见的、信息模糊或不完整的问题。对于非结构化问题，管理者必须依赖非程序化决策来开发特有的解决办法。非程序化决策是独特的、非重复的、量身定制的解决方案。在制定决策时，使用指示式决策的人对模糊性的容忍度很低，并寻求理性。分析式决策相比于指示式决策，其对模糊性有更高的容忍度。使用概念式决策的人往往视野开阔，考虑许多选择方案。行为式决策是最后一种决策方式，其特点是决策者与他人进行良好合作。

5. 在当今世界，利用决策的理性和有限理性模型，管理者可以怎样整合制定有效决策的指南？他们能够做到吗？为什么？

回答该问题时，需要引导学生从不同管理者的特征入手。例如，有的管理者倾向于使用理性和逻辑来搜寻和处理信息。而有的管理者则更倾向于使用感受和直觉来搜寻和处理信息。不同的决策方式描述了个体处理信息的不同方式。组织既需要线性思维者，也需要非线性思维者。每种风格都提供了一种不同的视角。如果管理者注意提升自身素质，兼顾不同的决策风格，积极听取身边管理团队的意见，他就能做到整合两者。

6. 错误的决策和糟糕的决策之间有区别吗？好的管理者为何有时也会作出错误的决策和糟糕的决策？

错误的决策并没有回应问题本身，因此难以解决问题。但是糟糕的决策也许能够低效地解决问题。因此可以认为糟糕的决策包含错误的决策。有的管理者尽职尽责，但是可能也会做出错误的决策，因为作为普通人，管理者也难以避免决策偏见和错误，造成决策本身出现问题。

7. 我们所有人都将偏见带进了决策之中，持有偏见的缺点是什么？而持有偏见对于组织而言是否有好处？为什么？管理决策制定的意义是什么？

对于我们而言，持有偏见可能会使我们认识问题不清、决策标准模糊、备选方案评估不严谨等，导致难以做出正确、满意的决策。对于组织而言，决策的合理程度关系到组织的生存与发展。因此，偏见的存在可能会影响组织内部的效率，导致组织无法实现既定目标。因此管理者应该谨慎决策，确保其合理性，这不仅关系到组织当前的收益与成长，也关系到组织未来的发展前景。

案例应用参考答案

案例应用 1

利用不良数据作出决策

1. 管理者和公司应该怎么做才能最大限度地减少不良数据的使用？

回答该问题时，应注意从不良数据使用的过程出发。首先，应提升数据本身的质量。公司应该注意提升数据存储的精度与准确性，确保数据可以被用来进行分析或者决策。其次，应提升数据分析的及时性，保证数据能够为当前的管理活动提供意见与支持。最后，应提升数据的流动性，保证各部门可以共享公司内的数据，从而最大限度地提升数据的使用效率。

2. 直觉以及分析式和概念式的决策风格可以怎样帮助解决因使用不良数据而产生的问题？

从直觉的角度来看，公司内经验丰富的员工和管理者往往具备直觉决策的能力。对于这一类员工，他们可以借助自身判断确认数据本身质量的高低，从而减少不良数据的产生与运用。在模糊性容忍方面，分析式的决策方式比指示性的阈值更高，因此在面临不良数据时，分析式决策者能够准确识别数据中的模糊部分，并积极想办法应对，或者暂时搁置模糊数据。概念式决策者也能接受和容忍不良信息本身的缺陷，而相比于其他类型的决策者，他们更注重把握问题的核心，甚至能够更加积极地思考多种应对方案，从而有创造性地解决不良数据带来的问题。

3. 这个案例说明了大数据和分析的哪些方面？

回答该问题时，可以从优势与不足两方面出发。从数据优势的角度来看，大数据可以完成的工作类型是多种多样的。例如，从案例来看，大数据可以分析顾客偏好，确认下一步的营销计划；可以指导医师用药，保证所用药物可以高效、有针对性地治疗疾病；也可以创建投资组合，帮助银行等金融机构分析金融资产收益率，及时调整投资策略；等等。但是从数据不足的角度来看，当前对于大数据的运用依然不够成熟，存在"不良数据"的问题，因此值得注意。

案例应用 2

将分析融入体育运动中

1. 你认为分析师和主教练需要做什么来使这种加入了分析师的战术更加有效？

回答该问题时，需要启发学生从决策的不同环节出发思考问题。例如，首先，应注意进行数据收集。对于竞技体育而言，数据是战术制定的基础，实时收集运动员竞赛数据是开展赛后分析的前置步骤。其次，应注意开展针对性分析。在竞赛中，运动员需要的技术方案具有个性化特征，因此取得数据后应开展有针对性的分析与指导。最后，应注意进行沟通交流。分析师加入后，运动员需要与新成员相互配合才能有效开展合作。

2. 当分析师加入教练团队时，理性和直觉的决策是如何同时参与的？

回答该问题时，需要考虑到决策本身并不是一项单独属于运动员或者教练的活动。决策的理性与直觉实际上并不单独属于任何一方。对于运动员而言，其对于运动的认知大多源于长期的训练形成的习惯以及在比赛中得到的经验，因此运动员参与战术活动时更多运用的是直觉决策方式。对于分析师而言，其本身并不具备深厚的运动经验，因此更多从数据本身出发，探索赢得比赛的战略。对于主教练而言，其本身就是运动员，而且担任教练一职为其提供了很多接触运动数据的机会，因此可同时运用直觉和理性的决策方式，并在决策过程中调和运动员与分析师的活动。

3. 有了分析师的帮助，教练可以减少什么类型的决策错误的发生？

回答该问题时，可以启发学生从敌我两方出发思考问题。例如，对于己方球队而言，加入分析师后，教练能够更加精确地了解运动员的特征与水平，避免高估或者低估运动员的实际能力。对于敌方球队而言，加入分析师有助于及时了解对手的技术类型与战术特征，避免被其表面的“烟雾弹”迷惑。

选择题和判断题答案

选择题答案

1. C　2. C　3. A　4. D　5. A　6. D　7. A　8. A　9. A　10. C
11. B　12. C　13. D　14. C　15. D　16. B　17. A　18. A　19. C　20. A
21. B　22. B　23. D　24. A　25. C　26. C

判断题答案

1. √　2. √　3. √　4. √　5. √　6. √　7. √　8. ×　9. √　10. √
11. ×　12. √　13. ×　14. ×　15. ×　16. √　17. √　18. ×　19. √　20. √
21. √　22. ×　23. √　24. ×　25. ×

第 I 篇 管理实践

Management Practice

管理者的困境

假如你是一家大型零售连锁企业的招聘者，希望让大学毕业生考虑将商店管理者作为职业选择。运用你在第 I 篇学到的内容，你会怎么做?

管理者可以利用组织文化来吸引大学毕业生。文化不仅能帮助公司吸引应聘者，还有助于推动新员工的社会化。今天的大学毕业生所需要的不仅仅是一份工作和一份工资，他们更需要的是一种体验，他们希望自己的工作是重要的和有意义的。公司应该努力培育重视人才和创新的文化氛围。

全球观

1. 在招募女性实习生时德国电信公司可能面临哪些问题? 如何解决这些问题?

引导学生去思考：德国电信公司如何才能只吸引女性应聘者呢? 在美国市场上，招聘广告不允许限制应聘者的性别。这样的广告将被视为对其他应聘者公民权利的侵犯。德国电信公司可以派遣招聘者到女子大学进行招聘，也可以将广告刊登在一些面向女性群体的媒体上。德国电信公司还可以利用一些受女大学生欢迎的媒体渠道来进行宣传，例如女性杂志或者女性网站。

2. 在解决领导力的性别差距时，雪佛龙公司可能会面临哪些问题? 如何解决这些问题?

由案例内容可知，雪佛龙公司认为无意识的偏见是导致公司内女员工处于不利地位的重要原因，因此开启了“男性倡导的真正变革”项目。但是由于该项目可能会引起公司内男性领导的反对与阻挠，尤其是变革公司的董事会，因此雪佛龙公司在变革中应充分沟通不同群体的诉求，平稳实现过渡。

3. 除了增加创新之外，公司的多样性和包容性努力可能还有什么好处？

公司多样性和包容性的提升不仅可以带来创新，更重要的是，公司的努力能为员工带来更加友好的文化氛围，员工能够感受到公司对差异特征的包容与认可，进而提升工作满意度与工作绩效，创造出更加“幸福”的组织共同体。

4. 全球其他企业能从雪佛龙公司学到什么？

其他企业应该认识到，在当今的全球劳动力市场上，少数族裔和女性工作者的比例正在不断扩大。同时，就消费市场而言，少数族裔和女性消费者也在不断增多。因此，公司必须逐渐增加管理人才的多样性。在分析雪佛龙公司的项目时，学生应该联想到开展此类项目的阻碍条件，试图用问题解决的思路看待这一问题。

连续案例

星巴克——引言

在学期伊始，可以与你的学生分享一句中国古代名言："不闻不若闻之，闻之不若见之，见之不若知之，知之不若行之。"这句话充分体现了案例教学法的价值。案例研究可以帮助学生模拟“在实践中学习”的环境，这种方法有助于学生将他们在课堂上学到的知识应用于现实的商业情境之中。现实的商业情境往往充满挑战，学生通常没有亲身经历过这些挑战，有些学生虽然此前有过工作的经历，但却没有亲自担任管理者的角色。

《管理学（第 15 版）》更新了连续案例。连续案例对世界上最大的专业咖啡零售商——星巴克作出了全面的分析。该案例分为多个板块，每个板块都反映了相应章节的概念、理论和技能。

全书第Ⅰ篇的教学结束后，即可引入第Ⅰ篇的连续案例。在案例讨论题和教学建议的引导下，学生将会对管理学理论和现实世界中的全球商业实践有更深层次的理解。

1. 你认为凯文·约翰逊最重要的管理技能是什么？为什么？你认为对一家星巴克门店的经理来说，最重要的技能是什么？为什么？

作为星巴克的前总裁兼首席执行官，凯文·约翰逊[①]需要同时具备强大的技术技能、人际关系技能以及概念技能（参考卡茨的管理技能理论）。对于约翰逊来说，概念技能尤为重要，因为该技能是对公司进行有效领导的关键所在。概念技能可以帮助他制订战略计划，从而为星巴克的全球化扩张提供指导。同时，这项技能还可以帮助他更好地预测未来的产品趋势，并把握外部环境中的重大机遇。

无论是星巴克总部的高层管理者，还是一个分店的经理，如果想要成功经营一家星巴克门店，就必须具备卡茨所说的三大技能。学生应该认识到，在这个层面上进行管理，最重要的是人际关系技能。这项技能可以帮助分店经理有效地利用他手上最有价值的资源——员工或者合伙人来实现分店或者整个公司的目标。

2. 科学管理理论、组织行为学理论、定量方法和系统方法等管理理论/方法怎样对

---

① 2022 年 4 月，约翰逊卸任首席执行官，退休。2023 年 3 月，拉什曼·纳拉辛汗（Laxman Narasimhan）正式担任首席执行官。——译者注

星巴克起作用？

管理学发展史上，学者们创造了许多种提高工作效率和成效的方式。在管理学发展的每个阶段，都有相应的理论脱颖而出，即使是在今天，这些理论依旧以其真理性和有效性得到了管理者的认同。

对于像星巴克这样的公司而言，在生产环节，使用科学管理方法和定量方法将大有裨益。科学管理方法有助于提高零售网点的运营效率，而定量方法有助于改善公司的物流。此外，组织行为学也发挥着重要的作用。许多公司已经开始应用组织行为学理论来帮助员工建立参与感，让员工感到他们的工作确实为组织作出了贡献，从而提高员工满意度。管理者还应该能够灵活应用法约尔的 14 条管理原则，例如劳动分工、团队精神和统一指挥。

星巴克的分店经理和高层管理者都必须将公司视为一个整体，必须意识到各个部分的运营和管理将影响到整个公司的经营状况。

3. 选择三种管理者正在面临的趋势和问题，并解释星巴克会如何受到影响。与一线经理有什么关系？中层经理呢？高层经理呢？

管理者工作变化的第一个趋势是：顾客变得愈发重要了。对于星巴克来说，与顾客进行互动是一项关键活动。没有良好的顾客关系，就没有公司今天的成功。事实上，“顾客至上”是公司运营管理的六项指导原则之一。对于一线经理来说，必须学会如何创建和维护顾客关系，因为他们与顾客的距离最近，经常要与顾客进行互动并为顾客提供相应的服务。而维护顾客关系的重点在于为每一位顾客提供一流、优质的服务。对于中层经理来说，应该努力强化“顾客至上”的原则，并创建相应的奖赏制度，对在顾客关系维护上表现出色的一线经理进行奖励。

管理者工作变化的第二个趋势是：创新变得愈发重要了。和许多公司一样，在经济持续低迷期间，星巴克面临着严峻的挑战。为了应对挑战，管理团队在公司内部进行了一次自上而下的全面变革。“换个方式做事”是这次变革的主要动力。创新的趋势将会带来深刻而广泛的影响，它将促使公司各级管理人员努力改进生产环节，使其变得更为严格与高效。同时，它还将促使管理者重新关注公司的长远发展。

管理者工作变化的第三个趋势是：可持续发展变得愈发重要了。可持续发展是星巴克深层基因的一部分。从一开始，公司就非常重视企业伦理与社会责任。为了在社区中塑造一个“好邻居”的形象，星巴克在其重要原料——咖啡豆的采购上严格遵守可持续发展的原则。公司各级管理人员需要认识到公司有可持续发展的义务，同时要认识到他们应该对此负起责任，切实践行可持续发展的原则。

4. 用实例说明凯文·约翰逊表现出的人际关系角色、信息传递角色和决策制定角色。

凯文·约翰逊每天都要扮演许多不同的管理角色。当他作为执行团队的教练和导师时，他扮演的是人际关系角色。在这样一个全球化的公司中，约翰逊必须能够与来自不同背景和文化的人进行合作。作为组织内部与外部的联络员，约翰逊利用自己在人际关系上的优势，推动并促进星巴克与合作伙伴之间的合作与承诺。当他代表公司参加促销活动时，他扮演着名义领袖的角色。当他带领工作团队为公司的成功与可持续发展作出贡献时，他在扮演领导者的角色。

此外，由于在组织内外持续地监管并传播信息，约翰逊还扮演了信息传递角色。当约翰逊需要作出关于公司未来发展方向、新产品的引入以及如何应对外部问题的战略决策时，他扮演着决策制定角色。有时他需要成为一名谈判者来与供应商进行博弈。有时，当面对复杂而又充满挑战的管理情境时，他又需要成为一名危机处理者。最后，约翰逊还必须时刻督促公司进行产品创新，在这种情况下，他充当了企业家的角色。

5. 凯文·约翰逊的星巴克理念如何影响了公司的管理方式?

凯文·约翰逊首先是一位目标导向的领导者，他认为形式本质上不能解决问题，必须找到应对激烈竞争的方法，以及同店销售增长缓慢的原因，为此，他不惜关闭379家茶瓦纳门店。这一行动也影响了公司的管理方式——公司必须将精力集中在顾客身上，而不是所谓的企业规模。同时，他也积极回应有关种族问题的质疑，为公司在多种族地区的发展奠定了基础。除了关注顾客，企业的管理也将重点放在员工身上，例如注重产妇与生病员工。

6. 浏览公司网站 www.starbucks.com，找到高层管理者的名单。挑选其中的一个职位并描述你认为这项工作可能涉及什么。尽量设想处于这个职位的人要作出哪种类型的计划、组织、领导和控制。

回答该问题时，学生可以在星巴克的各种高级职位中进行选择。例如公共事务执行副总裁，该职位负责监管星巴克在公共关系、政府事务和社会责任领域的职能落实情况。该职位的管理者有机会也有责任领导星巴克积极履行社会责任，在国际社会充当一名合格的企业公民。对于这类特殊的高层管理者来说，在某个国家或者社区开展运营时，必须确保其计划、组织和领导活动能给该地区的利益相关者带来正面效益。此外，这类管理者还需要设计并且实施相应的控制机制，以获得外界对管理活动作出的反馈，并对这些反馈作出回应。

7. 在公司网站上查看公司的使命和指导原则。你如何评价它们?

在回答这个问题之前，学生需要回顾星巴克的六项指导原则。可以让学生在课上讨论这些原则，并分析每项原则与公司的使命之间有什么关系，又是如何支持公司使命的。

必须向学生强调，星巴克的使命和指导原则是公司开展一切活动的驱动力，它深刻影响着星巴克每名员工的业绩表现，无论是地区分店的咖啡师，还是公司的高层管理人员。例如，在日常运营当中，咖啡师将使用星巴克的六项原则来指导他们的各项决策活动，例如维护顾客关系，处理顾客订单或者执行其他任务。在作出公司成长和发展方面的决策时，高层管理人员必须遵循星巴克的管理原则，在尽可能提高公司财务盈利能力的同时，为组织服务的社区带来最大的正面效益。

8. 描述一下这些使命与原则会如何影响当地星巴克咖啡师的工作，以及这些将如何影响公司高层管理人员的工作。

上述的六项指导原则本质上表现了公司对顾客、员工、供应商的态度，对于基层门店的咖啡师来说，指导原则更多影响他们面对顾客的态度与工作的重点，正如舒尔茨强调的，星巴克是实施“为顾客服务”原则的企业。对于高层管理者而言，原则会更多影响组织未来的战略路径与战略判断，使组织明确未来的工作重点。

9. 是什么使星巴克对费城危机的反应成为非程序化决策？为了确保整个公司的门店管理者使用程序化的决策方式，以一致的方式回应非购买客户，公司需要做什么？

非程序化决策是指那些解决新的、不常见的、信息模糊或不完整的问题的决策。这一事件在社交媒体上爆发，并迅速成为星巴克的公关噩梦。然而，星巴克很快就解决了这个问题，现在该公司需要制定程序和规则，在类似情况发生时指导门店经理。

10. 凯文·约翰逊的决策风格是什么？霍华德·舒尔茨是哪种类型的决策者？解释一下。

在一定程度上，凯文·约翰逊运用了有限理性、直觉的方式。在具体的工作中，他也运用了道德领导、仆人式领导等不同的技术。学生可能会认为舒尔茨的一些决定是非线性的。舒尔茨可能会结合有限理性和直觉作出很多决定。在动态的商业环境中，舒尔茨和其他高层管理者必须奉行满足的原则对一个问题或事件迅速采取行动。为了帮助学生更好地理解满足的概念，让他们写一份简短的报告，回顾他们在作出满足决策时的前前后后，至少应包括在所处特定环境中使用这种技术的影响的描述。你可以请一些志愿者与全班同学分享他们的回忆。

11. 偏见和错误可能会如何影响星巴克管理者、星巴克门店管理者、星巴克合伙人作出的决策？

把学生分为三组，分别代表三个不同的群体：星巴克管理者、星巴克门店管理者、星巴克合伙人。让每组成员阅读下面的表格，该表格列举了他们所在的群体可能会产生的几种潜在偏见和错误。

过度自信偏见	可获得性偏见
即时满足偏见	代表性偏见
锚定效应偏见	随机偏见
选择性知觉偏见	沉没成本错误
确认偏见	自利偏见
框架效应偏见	事后聪明偏见

12. 设计思维对星巴克这样的公司有怎样的重要性？你发现星巴克使用设计思维的迹象了吗？解释一下。

设计思维是运用设计师的思维来解决管理问题，就像设计师在解决设计问题时那样。设计思维能帮助管理者有效地识别问题，并对相应的备选方案进行评估。星巴克的产品与门店设计就充分体现了设计思维。公司在产品的命名上可谓用心良苦，例如星巴克有一款产品名为“冰摇泰舒茶”。此外，店内吧台和休息区的布局也非常讲究。

第 II 篇

现代工作场所的管理基础知识

第3章 外部环境和组织文化的影响

Influence of the External Environment and the Organization's Culture

学习目标

3.1 根据管理万能论和管理象征论比较管理者的行为。
3.2 描述在当今的外部环境中，管理者面临的限制与挑战。
3.3 讨论组织文化的特点和重要性。

本章概要

管理者必须认识到，组织文化和组织环境对组织管理的方式具有重要的影响。管理者应该对塑造组织的组织文化和外部环境进行考察，以便更好地理解内部和外部环境所带来的复杂性。

3.1 管理者：万能还是象征？

关于管理者的行为在多大程度上影响组织表现，有两种不同的观点。

3.1.1 管理万能论

这种观点认为，管理者对组织的成败负有直接责任。

1. 管理万能论与掌权的高管克服种种困难最终实现组织目标的固有印象是一致的。
2. 管理万能论认为，无论何种原因造成的组织表现不佳，都需要有人负责，这个人就是管理者。

3.1.2 管理象征论

管理象征论认为管理者影响组织表现的能力受到外部因素的限制。

1. 管理者所具有的影响很大程度上是象征性的。

2. 组织绩效受到管理者几乎无法控制的因素的影响，包括经济状况、顾客、政府政策、竞争者行为、行业状况以及前任管理者决策。

3. 管理者通过制定计划和决策并参与其他管理活动，来弄清楚随机的、混乱的和模糊的状况。

4. 根据管理象征论，管理者在组织成败中所发挥的实际作用微乎其微。

3.1.3 综合观点

事实上，管理者在处理问题时既非无所不能，也不会无可奈何，但是他们的决策和行为受到限制和约束。一方面，内部约束源自组织文化；另一方面，外部约束（来源于组织环境）会影响组织并限制管理的自由（见图表 3－1）。

3.2 外部环境：限制与挑战

系统方法（见管理史模块）使我们认识到没有一个组织是独立运作的。外部环境对管理者的行动和决策具有重大影响，并且决定了管理者付出努力所获得的结果。外部环境包括组织外部影响组织绩效的因素和力量。

外部环境分为几个方面：经济、政治/法律、社会文化、人口、技术和全球化。其中，政治/法律环境包括组织开展业务的国家的政治稳定性，以及政府对企业开展业务的具体态度。在美国，联邦、州和地方政府可以对组织“能做什么”和“不能做什么”造成影响。社会文化环境与社会和文化因素有关，如价值观、传统和品位等。技术环境的变化速度快于外部环境中的任何其他因素。全球化环境包括全球竞争对手和全球消费市场等。

3.2.1 定义环境与环境的不确定性

环境一词指的是处于组织之外并可能影响组织绩效的机构或力量。而环境不确定性是指组织环境的变化程度和复杂程度。不确定性的第一个方面是变化程度。如果组织环境的构成要素变化非常频繁，就是动态环境。如果变化很微小，就是稳定环境。不确定性的另一个维度描述了环境复杂性的程度，考察组织环境构成要素的个数，以及组织对这些要素的了解程度（见图表 3－2）。

3.2.2 监控一般环境

一般环境指的是组织外部影响组织绩效的因素和力量（见图表3-3）。外部环境分为几个方面。经济环境包含利率、通货膨胀、可支配收入的变化、股市波动和商业周期阶段等因素。人口环境与人口特征的趋势有关，如年龄、种族、性别、教育水平、地理位置、收入和家庭构成。政治/法律环境考察当地法律，以及国家层面和全球层面的法律。它也包括国家的政治情况及其稳定性。社会文化环境与社会和文化因素有关，如价值观、态度、趋势、传统、生活方式、信仰、品位和行为模式等。技术环境与科学或行业创新因素有关。全球化环境包含与全球化和世界经济有关的主题。

3.2.3 监控具体环境

具体环境是环境中与实现组织目标直接相关的部分。它由能够对组织的有效性产生积极或消极影响的关键支持者或利益相关者组成，包括供应商（向组织提供劳动力、材料和设备的实体资源）、顾客（最终接收组织产出的主体）、竞争对手（组织面临的对手）、政府（影响组织行为边界的国家机关）、特殊利益集团（影响组织行动的特殊利益集团）等。

3.2.4 环境管理

组织不是封闭运作的，它们与环境互动，并受其影响（见图表3-4）。各组织将其环境作为投入的来源和产出的接受者。组织还必须遵守法规，并对挑战组织行动的团体作出回应。因此，组织需要确定关键的外部支持者，并与他们建立关系。

3.3 组织文化：限制与挑战

每个人都有独特的人格，组织也一样。我们将组织的“人格”称为文化。

3.3.1 组织文化是什么?

组织文化被描述为影响组织成员行动、将不同组织区分开的共享价值观、原则、传统和行事方式。

1. 文化是一种感知。它不是可以被实际触摸或看见的物体，但是员工基于自己在组织中的经历可感知到它。

2. 组织文化是描述性的。

3. 组织文化是由组织成员共享的。

4. 表明组织文化本质的六个维度如下。

（1）适应性（鼓励员工创新、灵活、冒险和实验的程度）。

（2）关注细节（期望员工展示精确性、分析能力和对细节的关注的程度）。

（3）结果导向（管理强调关注结果，而不是用于取得结果的技术和过程的程度）。

（4）人本导向（管理决策考虑结果对组织内外人员的影响的程度）。

（5）团队导向（鼓励协作和围绕团队而不是个人组织工作活动的程度）。

（6）诚实守信（人们在工作中表现出诚实和较高道德原则的程度）。

5. 图表 3－5 对比了不同的组织文化。

3.3.2 强文化

1. 强文化存在于那些核心价值观被广泛和深度共享的组织当中。

2. 一个公司的文化是强还是弱，取决于许多组织因素，如规模、年龄、员工流失率和原始文化的强度等。

3. 随着组织文化变得越来越强，它对管理者的影响也越来越大。

4. 大多数组织都有中等偏强的文化，即对什么重要、什么定义了“好的”员工行为、前进需要什么等都有较高的认同。

5. 对组织文化的研究得出了不同的研究结果。一项研究发现，文化较强的公司的员工比文化较弱的公司的员工拥有更高的忠诚度。具有强文化的组织也会利用招聘过程和社会化过程来建立员工对组织的承诺。越来越多的研究表明，强文化与良好组织绩效是密不可分的。

6. 图表 3－6 将强文化与弱文化进行了对比。

3.3.3 文化从哪里来以及如何延续

1. 组织文化最初的来源通常反映了创立者的愿景。文化是创始人的立场、假设，以及第一批员工所获得的经验和感受相互作用的结果。

2. 可以采取下面的措施延续组织的文化。

（1）文化一经产生，特定的组织实践将有助于延续文化。

（2）组织往往会雇用与组织文化相契合的员工。

（3）高层管理者的行为也对组织文化有重要影响。

（4）新员工通过社会化来学习组织的做事方式。社会化是帮助员工适应组织文化的过程。

图表 3－7 显示了组织如何建立和延续文化。

3.3.4 员工如何学习文化

1. 文化主要通过故事、仪式、物质象征和语言传播。

2. 组织的故事是员工学习文化的一种方式。这些故事通常包含对重要事件或人物的叙述。

3. 仪式是表达和加强组织的关键价值观和目标的重复性活动。

4. 物质象征是员工学习文化的另一种方式。它向员工传达这样的信息：谁是重要的、什么是重要的、被期望和赞赏的行为是什么。

5. 许多组织把语言作为识别和团结成员的方法。通过学习这种语言，成员可以证明他们对组织文化的接受程度和他们维护组织文化的意愿。

3.3.5 文化如何影响管理者

组织文化是极其重要的，因为它对管理者“能做什么”和“不能做什么”进行了限制。

1. 企业的价值观与管理行为之间的联系相当直白。

2. 文化向管理者传达什么才是适当的行为。

3. 组织文化，尤其是强文化，会限制管理者行使管理职能的方式（见图表 3－8）。

选择题

1. 如果组织推崇管理万能论，那么从组织的视角来看，管理者______。

A. 对组织的结果只能造成有限的影响

B. 对组织的成败负有直接责任

C. 会受到外部环境的极大约束

D. 以员工为代价，为股东、顾客和公众的利益创造价值

2. 梅西是一名失意的管理者，他认为管理工作意义十分有限，因为市场的整体趋势决定了企业的最终收益。梅西持有______的观点。

A. 管理客观论　　B. 管理象征论

C. 管理主观论　　D. 管理万能论

3. 管理象征论的观点认为管理者对结果的影响能力将受到______的影响。

A. 组织对细节的关注程度　　B. 外部因素

C. 员工进取性　　D. 组织创新与风险承受力

4. 组织文化的定义包含以下几个方面，除了______。

A. 组织文化是一种感知　　B. 组织文化可以进行共享

C. 文化由管理者来界定　　D. 组织文化是描述性的

5. 强文化的主要特征是______。

A. 核心价值观被组织成员广泛和深度共享

B. 优先权和价值的高度多元化

C. 体现了管理万能论

D. 体现了管理象征论

6. 具有强文化的公司通常______。

A. 非常关注细节
B. 强调结果，比如顾客服务
C. 具有强大的企业精神
D. 有较高的组织绩效

7. 通过______过程，组织帮助员工适应其文化。

A. 再就业
B. 组织发展
C. 战略计划
D. 社会化

8. 组织的______通常讲述重大事件或重要人物。

A. 故事
B. 象征
C. 仪式
D. 个性

9. 公司常常设计独特的吉祥物来彰显组织文化，这是______的体现。

A. 故事
B. 物质象征
C. 语言
D. 仪式

10. 关于组织文化对管理的影响的最佳描述是______。

A. 组织文化间接地约束了管理行为
B. 组织文化对管理者的约束是直接而明显的
C. 即使组织文化对管理行为有约束作用，影响也不大
D. 组织文化受到管理活动的影响，大于其对管理活动的影响

11. 在一个以不信任员工的文化为导向的组织内，管理者更有可能______。

A. 采用民主化的领导方式
B. 采用专制的领导方式
C. 对组织进行大规模重组
D. 鼓励员工多元化

12. ______的组织文化具有下列特征：挑战与参与、自由、信任和开放、创意时间、快乐/幽默、冲突解决、讨论、承担风险。

A. 道德型
B. 顾客响应型
C. 创新型
D. 具有职场精神

13. ______的组织文化具有下列特征：开放友好、严格的规章制度较少、员工授权、善于倾听、角色清晰、员工认真负责。

A. 道德型
B. 顾客响应型
C. 创新型
D. 具有职场精神

14. 具体环境不包括______。

A. 供应商
B. 竞争对手
C. 政府
D. 全球竞争压力

15. 与组织目标的实现直接相关的环境要素是______。

A. 环境的复杂性
B. 总体环境
C. 具体环境
D. 环境的不确定性

16. 假如公司环境中的要素较少，公司也不需要对这些要素有非常深刻的认识，那么公司所在的环境是______。

A. 简单却动态的
B. 简单而稳定的

C. 复杂而动态的　　D. 复杂却稳定的

17. 如果组织环境中的要素频繁地发生变化，我们将之称为______的环境。如果变化不大，我们将之称为______的环境。

A. 专制；多元化　　B. 一般；具体

C. 动态；稳定　　D. 万能；象征

18. 在环境的不确定性这个维度中，环境的______反映了环境要素的数量，以及组织对要素的了解程度。

A. 稳定性/不稳定性　　B. 复杂性

C. 相关性　　D. 竞争情报

19. 一般环境不包括______。

A. 竞争对手　　B. 人口情况

C. 政治/法律情况　　D. 社会文化情况

20. 当外部利益相关者较为关键，同时环境的不确定性又较高时，管理者应该______。

A. 与利益相关者建立合作伙伴关系　　B. 购买公司股票

C. 进行跨越式管理　　D. 采取专制的领导风格

21. 关于管理者对组织成败的影响，有两种不同的观点，分别是______。

A. 管理万能论与管理象征论　　B. 管理万能论与管理反映论

C. 管理象征论与管理互动论　　D. 管理反映论与管理互动论

22. 根据管理象征论的观点，本质上来说，管理者会对组织的结果造成______影响。

A. 有限的　　B. 广泛的

C. 一定的　　D. 显著的

23. 抵押利率的上升相当于公司外部环境中的______发生了变化。

A. 经济环境　　B. 政治环境

C. 社会文化环境　　D. 人口环境

24. 温德尔采访了许多中层管理者，发现他们都共享一套与众不同的管理理念。他们认为管理者对组织结果的影响将会受到外部因素的约束。这些中层管理者持有______的观点。

A. 管理传统论　　B. 管理万能论

C. 管理反映论　　D. 管理象征论

判断题

1. 在管理象征论的观点下，组织的结果会受到许多不受管理控制的外部因素的影响。（　）

2. 对管理的最佳认识介于管理象征论和管理万能论之间。（　）

3. 组织文化会对管理行为进行制约，但是对组织绩效的影响却很小。（　）

4. 组织文化可以被认为是组织的人格。（ ）

5. 组织文化的强弱取决于组织的规模、历史、员工的流动程度以及文化诞生的强烈程度。（ ）

6. 组织文化最初来源于其创始人。（ ）

7. 员工通过故事、仪式、物质象征和语言来学习组织文化。（ ）

8. 组织价值观与管理行为之间的关系是非常明确的。（ ）

9. 组织文化的内容与强弱会对其成员的道德行为以及组织的道德氛围造成影响。（ ）

10. 创新型文化的特征包括：风险承担、自由和欢乐/幽默的氛围。（ ）

11. 顾客响应型文化的典型特征包括清晰的角色和广泛的员工授权。（ ）

12. 外部环境包括组织环境和国家环境。（ ）

13. 一般环境是由经济、政治、人口、社会等因素共同组成的。（ ）

14. 虽然供应商与顾客是公司具体环境的一部分，但竞争对手和政府却不是。（ ）

15. 利率、通货膨胀率以及股市的波动属于外部环境中的经济环境。（ ）

16. 技术和人口环境是外部环境的要素。（ ）

17. 环境的不确定性是指组织环境中要素的数量。（ ）

18. 如果组织环境中的颠覆性创新数量不断增多，那么这种环境是一种动态环境。（ ）

19. 组织需要了解多少关于环境的知识可以用来衡量环境复杂性。（ ）

20. 由于不确定性不会对组织行动的效果造成威胁，所以管理者试图追求最大化的不确定性。（ ）

21. 利益相关者包括内部和外部利益相关者群体。（ ）

22. 高绩效公司的管理者在作决策时会考虑到所有主要利益相关者的利益。（ ）

23. 利益相关者的关键程度越高，环境的确定性越强，管理者就越要与利益相关者建立明确的合作伙伴关系。（ ）

24. 强调职场精神的组织比较注重个体的发展。（ ）

25. 管理象征论认为，管理者应该对组织的成败负有直接责任。（ ）

26. 动态而简单的环境通常具有极高的环境不确定性。（ ）

27. 组织的竞争对手和员工属于组织的利益相关者，它们将会对组织的决策与行动造成影响。（ ）

28. 女性领导者容易造成公司文化不够刚强。（ ）

复习和讨论问题参考答案

1. 描述有关管理者对组织成败有多大影响的两种观点。

在本章第1节，我们介绍了管理万能论和管理象征论。管理万能论认为，管理者对组织的成败负有直接责任。首席执行官（如同足球队的主教练）更有可能需要为整个组织的业绩承担责任，而较低级别的管理者则需要对本部门的业绩承担责任。这种观点认为，管理者设定本组织的优先事项或者目标，那么他们就要负责实现它们。如果管理者所制定的目标和决策是正确的，那么组织就会取得成功。管理象征论则是一种与此针锋相对的观点，认为组织的成败在很大程度上归因于管理者无法控制的外部力量，例如竞争状况、经济状况以及政府监管机构的影响。根据该观点，管理者影响组织表现的能力受到外部因素的影响和制约。考虑到管理者所面临的各种随机的、混乱的和模糊的状况，对于组织的成败，管理者在其中发挥的实际作用微乎其微。

2. “企业建立在关系之上。”你对此有何想法？这对管理外部环境有何启示？

组织依赖于自己的环境和利益相关者群体，并且把这些外部群体作为输入（资源）的来源和输出（产品和服务）的终点。良好的关系能够产生良好的组织结果，例如环境变化的可预测性更高，更成功的创新，与利益相关者群体之间更高的信任度，以及更大的组织弹性，从而使组织减少变化带来的影响。此外，研究证明，关系管理以及维持良好的关系能够对组织绩效产生显著影响。高绩效公司的管理者在制定决策时往往会考虑所有主要的利益相关者的利益。

3. 参考图表3－5，基层管理者的工作在这两个组织中有何不同？高层管理者的工作呢？

在组织A中，管理者将非常注意细节，而不强调创新和冒险，也不会鼓励团队合作，员工将被视为实现目标的手段。管理者将严格控制工人，完成任务将是最重要的事情。主管不会有太多的自由，会按条条框框做事。

在组织B中，管理者将鼓励创新和冒险。主管在如何实现目标方面将有更多的自主权。管理者鼓励员工参与和投入，重视团队合作。员工将被视为重要的贡献者。主管像是教练、鼓励者和促进者。

4. 课堂也有文化。使用组织文化的六个维度描述课堂文化。该文化约束你的导师了吗？约束学生了吗？如何约束？

不同学生的答案会有所不同。首先让学生分别讨论组织文化的六个维度。你可能要指出的一点是：在形成课堂文化时，授课教师扮演了什么角色？要求学生把这些信息与管理者在创建某个企业的组织文化时所扮演的角色联系起来。

5. 文化可能是组织的不利因素吗？请解释。

在某些情况下，组织文化可能是一种负担。在全球化环境中，实施种族歧视或者性别歧视，或者对工人进行剥削的组织，会导致消费者的不满。例如，锐步和耐克在新兴市场生产产品的行为引起了很大的争议。

6. 讨论强文化对组织和管理者的影响。

研究表明，强文化与组织的高绩效之间存在紧密的联系。今天，我们知道，强文化与本组织核心价值观被认可的程度存在更密切的关联。拥有强文化的组织，其成员的忠诚度要高于弱文化的组织。图表3－6展示了强文化与弱文化的差异。一种文化越强，它对管理者行使计划、组织、领导和控制这四项管理职能的影响就越大。

研究人员一度支持组织文化的优势与其绩效之间的直接联系。今天，我们知道一个组织文化的力量与组织价值观的接受度更紧密相关。图表3-6给出了五个与员工相关的强文化与弱文化的结果。最终，强文化帮助管理者履行其职能：计划、组织、领导和控制。

7. 讨论员工学习组织文化的四种方式。

员工学习组织文化有多种方式。最常见的是故事、仪式、物质象征和语言。组织的故事通常包含对重要事件或人物的叙述，诸如组织创始人、规则破坏者、对以往错误的反应等。组织故事以过去作为现在的精神支柱，为如今的所作所为提供解释和合理性，举例说明什么对组织是重要的，并且为组织目标绘制引人入胜的图景。仪式是表达和加强组织的关键价值观和目标的重复性活动。组织通过不同的仪式塑造组织情感，强化组织纪律。物质象征能为组织提供一种切实可触的感觉，有助于塑造组织个性，向员工传达诸如"谁是重要的、什么是重要的、被期望和赞赏的行为是什么"等内容。语言作为识别和团结成员的方法，可以证明成员对组织文化的接受程度和维护组织文化的意愿。一旦被习得，这种语言就会成为连接成员的共同点。

案例应用参考答案

案例应用 1

HBO面临的环境不确定性

1. 图表3-2中的哪一栏最能体现HBO所面临的环境不确定性？

根据案例描述的情况，学生可能会作出并不相同的回答。HBO面临的环境是动态而富于变化的，因此应该从动态（单元2或者单元4）的角度出发思考问题。但是更重要的问题在于引导学生思考如何将稳定与动态的视角结合起来，作出全面的回答。

2. 使用图表3-4，HBO的哪些外部环境和具体环境的组成部分对公司有影响？为什么？

回答该问题时，应该注意外部环境的维度，注意从多个方面作答。例如，从经济的角度出发，随着其他视频网络公司的崛起，HBO势必会面临更激烈的竞争；从政治的角度出发，当前的主流价值观念与舆论走向需要成为公司战略的重点考虑对象；从文化的角度出发，流行文化的更迭与亚文化群体的增长将对HBO的剧集设置产生影响；而从技术的角度出发，技术的进步将进一步助推HBO进入流媒体时代。

3. HBO能做些什么来管理环境，并减少环境的不确定性？

回答该问题时，可以注意从不确定性的维度出发。例如，为了应对环境波动，HBO应该试图制定未来发展战略，提前对可能出现的问题做好预案。而为了应对环境中复杂多变的因素，HBO可以从主要的影响因素入手，从宏观角度把握事物的变化过程。

4. 在这个案例中描述的环境变化会导致HBO的组织文化发生怎样的变化？

回答该问题时，可以适当启发学生开展深入思考，因为文化是组织中最坚固、影响最广泛的组成部分。尽管文化不容易随着环境的改变而发生变化，但是组织文化一定程度上也是组织内外环境的抽象表达。随着环境波动性的上升，HBO的文化会更加关注市场的需求，从客户的观看习惯入手，形成“精确、定制、高效”的剧集制作文化。

案例应用2

Vice传媒的组织文化

1. 在描述组织文化的六个维度中，哪一个最适用于Vice传媒？

根据六个维度的特征，适应性和结果导向更加符合Vice传媒重视创造性的传统。但也要注意引导学生在该问题上作出更加综合的回答。

2. 对于Vice传媒的新任首席执行官需要帮助员工了解她对公司文化所作出的改变这一点，你怎么看？

回答这一问题应该关注两个方面。首先，帮助员工了解公司文化的变化是必要的。作为一名首席执行官，革新文化、促成变革是其工作的组成部分。其次，宣传文化的变化也是重要的，因为组织中的高层管理者对文化的宣传有助于提升工作的可信度。

3. 假如你是公司的首席执行官，你将会采取什么行动来改变文化？

该问题是较为开放的问题，不妨从文化的维度入手。例如，从价值观的层面出发，组织可以通过开展宣讲会等方式促进组织新价值观精神的传递。从文化传统与惯例的层面出发，组织可以通过工作培训将新的文化融进组织工作行为中。从物质载体的层面出发，组织可以设计新的宣传标语与吉祥物等。

4. 一些高科技公司被指责创造了“大学宿舍”文化。这种类型的文化在30年前的创业公司中是闻所未闻的。可能发生了什么变化？如何让这样的文化更职业化？

回答该问题时，应该鼓励学生联系自身实际情况作答。当前的学生对于该问题应该更有感触。由于文化环境的变革以及年轻人工作压力的上升，聚集在公司，将工作与生活融为一体越来越成为当前公司中员工的常态。将这种现象职业化的方法的重点在于，将工作与生活区分开，因为就算是“大学宿舍”，也有休息区域和工作区域，两者应该合理区分，以保证工作效率。

选择题和判断题答案

选择题答案

1. B	2. B	3. B	4. C	5. A	6. D	7. D	8. A	9. B	10. A
11. B	12. C	13. B	14. D	15. C	16. B	17. C	18. B	19. A	20. A
21. A	22. A	23. A	24. D						

判断题答案

1. √	2. √	3. ×	4. √	5. √	6. √	7. √	8. √	9. √	10. √
11. √	12. ×	13. √	14. ×	15. √	16. √	17. ×	18. √	19. √	20. ×
21. √	22. √	23. √	24. √	25. ×	26. ×	27. √	28. ×		

第4章 全球环境下的管理

Managing in a Global Environment

学习目标

4.1 定义全球化、民族主义、狭隘主义；比较民族中心论、多国中心论和全球中心论对全球化经营的态度。
4.2 描述全球化的历史。
4.3 总结支持与反对全球化的理由。
4.4 解释不同类型的国际组织。
4.5 描述组织迈向国际化时使用的结构和技巧。
4.6 解释政治/法律、经济及文化环境与全球经营的相关性。

本章概要

4.1 术语界定

1. 全球化是指一个组织跨越国家边界发展其影响力或业务的过程，它的显著特点是国家间的开放边界和自由贸易。全球化的对立面是民族主义。

2. 民族主义是只注重本国利益的价值理念与政策。它主张一国不依赖于其他国家，并且把本国民众和企业利益放在首要位置。奉行民族主义者往往也奉行狭隘主义。

3. 狭隘主义仅仅从自己的视角看待世界，意识不到其他人有不同的生活和工作方式，忽视了他人的价值观和习俗，并充满优越性。

4. 民族中心论认为最佳的工作方法和行为是母国（公司总部所在的国家）的做法，不相信外国员工能够作出关键决策或拥有关键技术。

5. 多国中心论认为东道国（组织在母国之外经营业务的国家）的员工知道运营企业

的最佳工作方法和实践，因此很可能让这些地方的员工弄清楚如何最好地做事。

6. 全球中心论拥有全球视角，强调使用全球范围内的最佳方法和人员，不论他们来自哪里，并且要求人们消除狭隘的态度，培养对跨文化差异的理解。

4.2 全球化简史

19 世纪，全球化十分盛行。工业化促成了低成本制造方式，规模经济被推向全球市场。英国当时是全球的超级经济大国，在世界各地都有殖民地。同时，法国正在对非洲大部分地区实施殖民统治。然而第一次世界大战后，保护主义政策卷土重来。这些政策一直持续到 20 世纪 40 年代中期和第二次世界大战结束后。

1944 年，布雷顿森林会议达成了一项协定，在美国、加拿大、西欧、澳大利亚和日本之间建立了一套商业和金融规则，用以管理国家间的金融关系，并为塑造全球贸易的一系列持续的协议、制度和事件打开了大门。

1945 年，世界银行（World Bank）成立。作为一个重要的国际金融组织，该组织向发展中国家和地区提供帮助，以求实现发展中国家和地区的长期经济发展和减贫。

1948 年，《关税与贸易总协定》（GATT）正式生效。该协定致力于大幅减少或消除关税以及其他贸易壁垒。

1961 年，经济合作与发展组织（Organization for Economic Cooperation and Development，OECD）成立。该组织由 38 个国家组成，创建的目的是刺激经济发展，推动国际贸易。

1967 年，东南亚国家联盟（Association of Southeast Asian Nations，ASEAN）成立。该组织由 10 个东南亚国家组成，主要目标包括加快经济增长、维护地区稳定以及为成员提供解决分歧的机制。

1971 年，世界经济论坛（World Economic Forum）召开。其前身是“欧洲管理论坛”，以其在瑞士达沃斯的年会而闻名。世界经济论坛群英荟萃，旨在发现会塑造和破坏世界的经济、社会和政治因素。

1993 年，欧盟（European Union，EU）成立。该组织是由一些欧洲国家组成的经济和政治组织。通过联合力量，这些国家寻求更好地与美国和日本竞争。在这之前，每个欧洲国家都有各自的边境控制方针、税收和补贴计划、民族主义政策以及受保护的产业。这些对旅游、就业、投资和贸易的壁垒降低了欧洲公司发展经济的效率。

1994 年，《北美自由贸易协定》（NAFTA）签署。该协定力求消除美国、加拿大和墨西哥之间的自由贸易壁垒，并加强这三个国家的经济实力。

1995 年，世界贸易组织（World Trade Organization，WTO）成立。作为处理国家与地区间贸易规则的唯一全球性组织，它取代了《关税与贸易总协定》。世界贸易组织对成员的商品、服务和知识产权贸易作出了规定。它也为贸易协定谈判和解决贸易争端提供了规则框架。

2001 年，上海合作组织（Shanghai Cooperation Organization）成立，由中国、印度

(2017年加入)、巴基斯坦（2017年加入)、哈萨克斯坦、吉尔吉斯斯坦、俄罗斯、塔吉克斯坦和乌兹别克斯坦组成。该组织建立的主要目的是通过捍卫成员国的独立、主权、领土完整和社会稳定来保障该地区的安全。该组织的成员国拥有近一半的世界人口，并承诺在自由贸易上进行合作。

2016年6月，英国公民投票退出欧盟，被称为“英国脱欧”。

2018年，美墨加三国签署《美国-墨西哥-加拿大协定》（USMCA)，修改了原《北美自由贸易协定》。其条款包括：给予美国更多进入加拿大乳制品市场的机会，为墨西哥制定新的劳工要求，增加环境法规，对知识产权和数据贸易保护进行升级。

图表4-1显示，时代的钟摆似乎已经开始从全球化价值的不受约束的信念中摇摆出来。

4.3 支持与反对全球化的理由

开放国家边界和自由贸易将惠及所有国家——无论是富有的、贫穷的、发达的还是发展中的国家。

4.3.1 双赢的争论

比较优势理论认为，一个国家应该提供机会成本最小的商品和服务。通过专门提供成本最低的商品和服务，一个国家有能力在国际市场上开展竞争。而全球化可以帮助各国专注于这一点，这将会促进每一个国家的经济发展，增加工资，最终使消费者能够享受最低价格的商品。

20世纪90年代到21世纪初期，经济全球化的好处比比皆是，世界上成千上万的人明显感受到了生活水平的提高。因此对于全球化的批评大都被压制了。

4.3.2 全球化的坏处

2015年左右，有批评的声音认为，全球化是北美和欧洲中产阶层遭受收入停滞的罪魁祸首，并认为全球化企业将产品（和工作岗位）从高劳动力成本的国家转移到了低工资的发展中国家。尤其是在英国脱欧后，民族主义、保护主义政策以及越来越多的边界控制被认为是问题的解决办法。对于很多国家而言，保护主义被当作失业、恐怖主义、经济停滞和贸易不平等问题的解决方案。

全球化的批评者有许多证据支持他们的说法，与“双赢”理论相反，某些国家、社区和就业群体受到自由市场和开放边界的不利影响。发达国家的不平等现象增加了。随着全球化的大部分利益流向大型全球企业和权力精英，中产阶层受到了挤压。

与不平等争论相关的是移民问题。反移民情绪在美国、西班牙、意大利、匈牙利、捷克和澳大利亚等国家都有所增长。开放边境的批评者声称，移民正在抢走工作，压低工资，对安全构成威胁，并抵制融入当地社区。

4.3.3 今日的全球化

与近些年猛烈抵制自由贸易和开放市场的浪潮相反，全球化将继续存在，原因如下：

1. 全球化公司的基础设施和供应链问题。国际化企业在全球多个地区都有自己的办事处、销售点、制造设备和关键供应商。同时这些企业在世界范围内雇用了上亿名员工。它们几乎没有意图想要毁灭花费数十年建立起来的这一切。

2. 有充分的证据表明，技术是导致失业的元凶，而不是自由贸易。

3. 全球化的收益大于成本。消费者喜欢更低的价格，投资者喜欢更高的利润。发展中国家的工人同发达国家的高技术工人一样喜欢更高的工资。

4.3.4 这些对于管理者而言意味着什么?

1. 全球化是大势所趋，因此，管理者要继续发展全球中心论的态度，增强跨文化敏感性。他们必须习惯和其他文化背景的员工工作。

2. 对有着雄心壮志的管理者而言，需要通过与国际化企业合作并寻求国际外派任务以获取国际工作经历。而对于那些想要跳槽到全球化企业的人来说，在多个外国地区的工作经历必不可少。

3. 可以通过学习多门外语来提升成功的可能性。例如，能说俄语、汉语（普通话）、西班牙语或者德语的人，很可能就为未来几十年打开了一扇大门。

4. 对于小企业的管理者和那些对创业抱有兴趣的人来说，获得关于国际市场的理解以及学习如何进行国际化经营至关重要。

4.4 不同类型的国际组织

企业跨国经营并非什么新鲜事（例如，杜邦于1863年在中国开展业务，亨氏于1905年在英国生产食品，福特汽车公司于1908年在法国设立了第一家海外销售分部）。国际化企业直到20世纪60年代中期才变得非常普遍。

1. 跨国企业是一个广义的术语，是指在多个国家开展业务的任何类型的国际企业。

2. 跨国企业的一种类型是多国化企业，它们将管理权和其他决策权交给东道国。

3. 跨国企业的另一种类型是全球企业，它们将管理权和其他决策权集中于母国。

4. 其他企业使用一种消除了人为的地理障碍的安排。这种跨国企业常常被称为无国界组织。

学生应该记住，无论公司来自哪个国家，无论其员工来自哪个国家，都不足以使我们了解公司在哪里开展业务。

4.5 组织如何国际化?

组织实行国际化时常采用不同的方法，如图表4-2所示。

1. 进行国际化的公司一开始可能会使用全球采购（也称为全球外包）。在这个阶段，公司从世界上资源最便宜的地方购买原材料或劳动力。每个超出全球采购的成功的国际化阶段都要求更多的投资，因此对组织而言需要承担更高的风险。

2. 在下一阶段，公司可以通过出口（在国内生产产品，然后销往国外）或进口（购买国外生产的产品，然后在国内销售）走向国际化。出口和进口只需承担最低限度的投资和风险。

3. 在走向国际化的早期阶段，管理者还可以使用许可证经营（给予另一个组织使用其技术或产品规格制造或销售其产品的权利）或特许经营（给予另一个组织使用其名称或运营手段的权利）。

4. 当组织在全球范围经营了一段时间，在全球市场获得了经验后，可以通过建立战略同盟来进一步对国际市场进行直接投资，这是组织与外国企业之间建立的一种伙伴关系。在战略同盟中，合作伙伴通过共享资源和知识，来开发新产品或建设生产设施。

5. 合资企业（特定类型的战略同盟）是指各合作方为了某种商业目的组建的一个自主经营的、独立的组织。

6. 管理者还可能选择通过设立外国子公司作为一个自主经营的、独立的生产机构或办事处的方式在海外直接投资。这种安排涉及最高的资源承诺，构成了最大的风险。

4.6 在全球环境中管理

在全球环境中管理需要面临挑战。

4.6.1 政治/法律环境

政治/法律环境具有不稳定性，存在一定的风险，这对管理者来说是一个挑战。认识到其他国家的政治制度与美国的政治制度不同这个事实是很重要的。

4.6.2 经济环境

经济环境也给外国管理者带来了许多挑战，包括汇率、通货膨胀以及税收政策。

1. 在自由市场经济中，资源由私人所有并被私营部门控制。

2. 在计划经济中，中央政府对经济决策作出计划。

4.6.3 文化环境

各国有不同的文化，正如组织一样。国家文化包括特定国家的个体所共有的价值观和态度，这些价值观和态度塑造了他们的行为和对重要事物的观念。图表 4-3 对美国文化进行了描述。吉尔特·霍夫斯泰德提出了一种文化评估框架，来帮助管理者更好地理解国家文化之间的差异。

1. 个人主义与集体主义。个人主义是指一个国家中的人喜欢把自己视为独立的个体，而不是群体中的一员。集体主义的特点是，人们乐于成为群体的成员，期望他们是团体的一部分（例如家庭或组织），他们希望群体中的其他人会照顾和保护他们。

2. 权力距离。它衡量了社会接受机构和组织中的权力不平等分配的程度。

3. 不确定性规避。不确定性规避描述了人们容忍风险和喜好结构化情境的程度。

4. 男性气质与女性气质。男性气质是对自信、金钱和物质以及竞争等价值观的追求程度。女性气质强调对关系的敏感性以及对他人福利的关注。

5. 长期导向与短期导向。在具有长期导向文化的国家中，人们展望未来，重视节约和坚持。在具有短期导向文化的国家中，人们重视传统和过去，强调尊重传统和履行社会义务。

各国在霍夫斯泰德的几个文化维度上排序不同，管理者应该意识到他们所开展业务的国家的文化差异（见图表 4-4）。

全球领导力和组织行为有效性（GLOBE）项目延续并更新了霍夫斯泰德的研究。GLOBE 研究始于 1993 年，确定了国家文化差异的九个维度：自信、未来导向、性别差异、不确定性规避、权力距离、内群体集体主义、制度集体主义、绩效导向和人性导向。

选择题

1. 伊万用美国视角管理公司在国外的员工，因为他相信美国的管理方式是最好的。伊万持有______的态度。

A. 狭隘主义　　B. 多国中心论
C. 全球中心论　　D. 民族中心论

2. 布莱特坚持认为公司应该坚持公司在母国形成的知识与技术，因为别国政府与劳动力市场总是不可靠的。布莱特持有______的态度。

A. 狭隘主义　　B. 多国中心论
C. 全球中心论　　D. 民族中心论

3. 持有______态度的管理者认为国外的经营方式不同于本国，并且难以理解，所以更有可能把国外分公司托付给所在国家的管理者。

A. 狭隘主义　　B. 多国中心论
C. 全球中心论　　D. 民族中心论

4. 上海合作组织成立于______。
A. 1992 年，有 12 个初始成员国　　B. 1996 年，有 15 个初始成员国
C. 1920 年，起源于北约　　D. 2001 年，有 8 个成员国

5. 欧洲通行的单一货币是______。
A. 埃居　　B. 欧元
C. 里拉　　D. 克朗

6. 1994 年，《北美自由贸易协定》正式生效，其成员包括美国、加拿大和______。
A. 澳大利亚　　B. 巴西
C. 墨西哥　　D. 委内瑞拉

7. ASEAN ______。
A. 是 10 个东南亚国家组成的贸易联盟
B. 立足于拉丁美洲，目前有三个成员，还有四个国家准备加入
C. 是负责协调非自由贸易国家间海外贸易的国际组织
D. 世界贸易组织的一个分支机构

8. 拥有 164 个成员，负责处理国家间贸易规则的全球组织是______。
A. ASEAN　　B. 《北美自由贸易协定》
C. 美洲自由贸易区　　D. 世界贸易组织

9. ______成立于 1995 年，由关贸总协定演变而成。
A. ASEAN　　B. 世界贸易组织
C. 联合国　　D. 世界健康组织

10. 如果一家公司在多个国家开展经营，并实施了分散化的决策制定，那么这家公司是______。
A. 全球企业　　B. 跨国企业
C. 多国化企业　　D. 无国界企业

11. 跨国企业在全球范围内发掘、培养、调配管理者的行为反映了______。
A. 狭隘主义　　B. 全球中心论
C. 民族中心论　　D. 多国中心论

12. 公司可以通过______，迈出全球化的第一步。
A. 雇用外国代理商
B. 与所在国家的公司建立合资企业
C. 出口
D. 在国外进行许可证经营与特许经营

13. 公司在全球范围内购买最便宜的原材料与劳动力，这被称为______。
A. 全球采购　　B. 许可证经营
C. 特许经营　　D. 出口

14. 当一家公司在考察一个国家的经济体系类型，确认该国的贸易政策时，这家公

司是在考察该国的______环境。

A. 经济　　B. 文化

C. 政治/法律　　D. 技术

15. 经济决策由中央政府制定的经济体制是______。

A. 计划经济　　B. 市场经济

C. 放任自由的经济　　D. 社会经济

16. 汇率、税收政策、通货膨胀等属于国家______环境的一部分。

A. 经济　　B. 文化

C. 政治/法律　　D. 技术

17. 在霍夫斯泰德的文化评估框架中，反映社会对组织内权力分配不平等的接受程度的文化维度是______。

A. 生活质量　　B. 个体主义

C. 权力距离　　D. 不确定性规避

18. 如果一个国家具有很强的规则约束，难以容忍不同的意见，并且具有较低的工作流动性，那么这个国家具有较高的______。

A. 生活质量　　B. 个体主义

C. 权力距离　　D. 不确定性规避

19. GLOBE 研究计划对区分不同国家文化的各个维度进行了识别，下列维度中该项研究没有涉及的是______。

A. 个体主义/集体主义　　B. 宗教信仰

C. 性别差异　　D. 绩效导向

20. 下列国家具有较强的绩效导向的是______。

A. 美国　　B. 俄罗斯

C. 希腊　　D. 阿根廷

21. 世界贸易组织的批评者声称______。

A. 全球贸易破坏工作和自然环境

B. 它更倾向第三世界国家超过发达国家

C. 它将工作转移到发展中国家危害了其他成员的经济

D. 它拥有的权力太低以至于效果不佳

22. 合资企业是一种______。

A. 许可证　　B. 专营权

C. 外国子公司　　D. 战略同盟

23. ______经济是一种资源主要由私营部门所有和控制的经济体。

A. 自由市场　　B. 计划

C. 命令　　D. 自主

24. 阿尔弗雷多认为首席执行官不比组织的看门人好，也不应该得到优惠待遇。使用 GLOBE 模型，我们可以推断______。

A. 阿尔弗雷多的文化中权力距离高

B. 阿尔弗雷多的文化是高度自信的
C. 阿尔弗雷多的文化中人性导向低
D. 阿尔弗雷多的文化中权力距离低

判断题

1. 持全球化观点的人能够意识到其他国家的人有不同的生活和工作方式。 （ ）
2. 单一语言制是一个国家显露狭隘主义的迹象之一。 （ ）
3. 多国中心论认为，东道国的管理者知道运营企业的最佳方法和实践。 （ ）
4. 全球中心论是一种全球导向的观点，认为应该在全球范围内利用最佳方式，雇用最佳的人员来经营。 （ ）
5. 当允许自由贸易时，国家受益于经济增长和生产力的提高，因为它们专注于生产它们最擅长生产的货物并进口能在其他地方更有效地生产的产品。 （ ）
6.《马斯特里赫特条约》的签署标志着欧盟的建立。 （ ）
7. 作为一个单一市场，欧盟内部没有旅行、就业、投资和贸易的障碍。 （ ）
8. NAFTA 包括美国、墨西哥和加拿大，最近增加了智利。 （ ）
9. 上海合作组织在促进区域合作方面作用显著。 （ ）
10. 今天，世界贸易组织是处理国家间贸易规则的唯一全球性组织。 （ ）
11. 全球企业在多个国家拥有重要的运营单元，但是以母国为基础进行管理。 （ ）
12. 无国界组织持有全球中心论的态度在全球开展业务。 （ ）
13. 合资企业和战略同盟被认为是公司在全球竞争中相对缓慢且昂贵的方式。 （ ）
14. 许可证经营和特许经营是走向全球的两种相似的方法，它们都是通过一次性支付费用，给予其他组织品牌名称、技术或产品规格的使用权。 （ ）
15. 特许经营是一种国际化的方法，涉及一个组织和一个外国公司之间的伙伴关系，这两个公司共享资源和开发新产品或建设生产设施的知识。 （ ）
16. 外国子公司是一个自主经营的、独立的生产机构或办事处。 （ ）
17. 政治/法律环境只有在不稳定或者发生革命时才被管理者关注。 （ ）
18. 在自由市场经济中，资源主要由私营部门所有和控制。 （ ）
19. 在全球情境下，国家文化对员工行为的影响大于组织文化对员工行为的影响。 （ ）
20. 霍夫斯泰德提出了一个帮助管理者更好地理解国家文化之间差异的框架。 （ ）
21. 根据霍夫斯泰德的模型，权力距离衡量的是人们容忍风险和非常规行为的程度。 （ ）
22. 根据霍夫斯泰德的模型，不确定性规避是指持有自信、追求金钱和物质以及竞

争的价值观的程度。（ ）

23. GLOBE 项目扩展了霍夫斯泰德评估国家文化的工作，但没有取代他的研究。（ ）

24. 在 GLOBE 项目所识别出的国家文化的维度中，性别差异维度表述的是，性别角色差异可以通过女性地位的高低和所承担的决策责任的大小来衡量。（ ）

25. 霍夫斯泰德的模型和 GLOBE 模型都把权力距离定义为一个社会的成员接受不平等对待的程度。（ ）

26. 出口是指获得在国外生产的产品并将它们在国内销售。（ ）

27. 许可证经营主要应用于服务型组织，特许经营主要由制造型组织使用。（ ）

28. 只有当一个国家的政治和法律环境不稳定或发生革命时，管理人员才会对这些产生关注。（ ）

29. 反对全球化的声音越来越多，但是全球化是重要的发展趋势，符合大多数国家的利益，不可忤逆。（ ）

30. 西方国家对全球化的反对一定程度上是劳动力市场、自由贸易、技术进步等因素共同造成的。（ ）

复习和讨论问题参考答案

1. 比较全球化经营的民族中心论、多国中心论和全球中心论。

民族中心论、多国中心论和全球中心论的主要区别在于：管理者认为自己母国的文化优于其他文化的程度以及愿意接受来自其他文化的最佳方法和实践的程度。民族中心论是一种认为母国的工作方法和行为是最佳方法和行为的狭隘观点。多国中心论是一种认为东道国的员工知道如何以最佳的工作方法和实践来经营其业务的观点。全球中心论是一种全球取向的观点，强调使用全球范围内的最佳方法和人员。持这种观点的管理者具备一种全球视角，在全球范围内寻找最佳方法和人员而不在意其来自哪里。

2. 过去一个世纪，对于全球化的态度发生了怎样的变化？

20 世纪 90 年代到 21 世纪初期，各国总体上支持全球化进程。但在 2015 年左右，由于民族主义、保护主义政策以及越来越多的边界控制思想的涌现，人们开始更多地思考全球化带来的弊端，尤其是对发达国家而言。他们并不认为全球化本质上是一种“双赢”。部分国家认为针对发达国家的不平等现象增加了。

因此相比于从前，当下各国对于全球化持更复杂的态度，但总体而言依旧比较积极。

3. 比较跨国企业、多国化企业、全球企业和无国界组织。

跨国企业指的是在多个国家开展业务的任何类型的国际企业。跨国企业主要包括三种类型：多国化企业、全球企业以及无国界组织。在给国外分部下放决策权的程度方面，不同类型的跨国企业是不相同的。多国化企业指的是把管理权和其他决策权交给东道国的跨国企业。它们反映了多国中心论。它们往往在每个东道国雇用当地人来经营，并且根据该国独有的特征来制定恰当的营销战略。全球企业指的是把管理权和其他决策权都集中于母国的跨国企业。它们反映了民族中心论。可能对整个公司产生影响的管理决策都是由母国的公司总部作出的。另外，还有一些跨国企业使用一种消除了人为的地理障碍的安排，它们通常被称为无国界组织。它们反映了全球中心论。它们在寻找最佳的结构安排时不会考虑国别，以尽可能实现高效率和竞争优势。

4. 无国界组织的管理意义是什么？

无国界组织不会采用人为的地理障碍来划分职能、事业部或工作活动。毫无疑问，这样的企业具有更大的灵活性，能够快速应对不断变化的市场状况。不过，这种企业也更加难以管理和掌控。

5. 描述组织走向国际化的不同方式。

希望以最少的投资进入国际市场的管理者可能会首先采用全球采购，这指的是从世界上资源最便宜的地方购买原材料或劳动力。其目标是利用更低的成本以变得更有竞争力。接下来，管理者可能会从事出口或进口。出口指的是在国内生产产品并且把它们销往国外。进口指的是采购国外生产的产品并且在国内销售。这两种方式通常只需要承担较少的投资和风险。管理者也可能采用许可证经营（主要用于制造业组织）和特许经营（主要用于服务业组织）来走向全球市场。这样做也可以避免进行大量投资。当一个组织从事全球经营已经有一段时间并且在国际市场上获得了丰富经验时，管理者可能会决定更多地实施直接投资。战略同盟和合资企业都是让合作伙伴共同承担风险和收益。建立外国子公司需要投入的资源最多，承担的风险也最大。建立外国子公司的公司并不需要与合作伙伴分享利润，要独自承担业务失败所导致的亏损。

6. 本章中的GLOBE框架可以用来指导俄罗斯医院或埃及政府机构的管理者吗？

可以，本章讨论的GLOBE框架适用于这两种情况。管理者必须首先了解每个国家的独有文化特征，以便获得最佳管理决策和实践。

7. 到美国管理亚利桑那州图森市制造工厂的墨西哥管理者可能遭遇什么挑战？这些问题对于到墨西哥瓜达拉哈拉市的美国管理者来说一样吗？

墨西哥的管理者可能必须了解美国的政治/法律环境、经济环境和文化环境。了解美国的文化环境尤其困难，因为从霍夫斯泰德提出的五个文化维度来看，墨西哥与美国的国家文化在三个维度上截然不同。根据个人主义与集体主义维度，墨西哥是集体主义社会，而美国是个人主义社会。根据权力距离维度，墨西哥拥有高权力距离，而美国拥有低权力距离。根据不确定性规避维度，墨西哥拥有高不确定性规避，而美国截然相反。前往墨西哥工作的美国管理者也同样如此。

8. GLOBE维度中的文化差异如何影响管理者：(a) 使用工作群体；(b) 发展目标/计划；(c) 奖励杰出的员工绩效；(d) 处理员工冲突？

这个问题的回答方式多种多样。首先，学生可能会根据GLOBE框架确定的九个维度中的某一个来回答任何一个小问题。例如，采用制度集体主义来回答 (a)；采用未来导向来回答 (b)；采用绩效导向来回答 (c)；采用自信来回答 (d)。学生也可能会使用几个维度来回答任何一个小问题。因此，在回答这个问题时，会出现各种各样的维度组合。

案例应用参考答案

案例应用 1

在别人不愿做生意的地方生财

1. 嘉能可集团总部设在瑞士，怎么可能受到美国法律的约束？美国有正当理由展开调查吗？

根据案例中已知的信息，嘉能可集团违反了美国《反海外腐败法》的相关规定。因此，作为一家美国公司，其也要受到相关法律的惩罚，这是合理且正当的。

2. 一些人认为，由于此次腐败调查，嘉能可集团应该改变其商业行为。但如果不行贿就没有获得资源的途径怎么办？

回答该问题时，应鼓励学生现场查询资料，作出更加丰富的回答。没有人能够确切知道这家公司未来的战略规划，但无论怎样，嘉能可需要用更加丰富的手段绕过行贿这一关，甚至可能需要改换经营地。

3. 目的（提供钴等急需的矿物）能否证明手段（腐败行为）的正当性？如果可以，是在什么条件下？

回答该问题时，需要更加完善丰富的法律知识，建议学生查询后回答。

4. 还有哪些与腐败有关的跨国公司的例子？它们用什么来证明它们的行为是正当的？

学生可以在新闻网站上广泛地搜索，例如韩国三星公司的贿赂案件。

案例应用 2

关税：让通用汽车公司欢喜还是忧愁？

1. 作为国际贸易的一部分，关税的好处和缺点分别是什么？

回答该问题时，注意从两方面出发。首先，关税是保护国内企业的手段，可以塑造本国产品的价格优势，保护本国产品不受外来低价产品的影响，也能给国家贡献税收。其次，关税也是阻碍自由贸易的壁垒，回想一下关贸总协定出现的背景你就会明白。

2. 在本案例所指出的影响通用汽车的事件中，区域贸易联盟和全球贸易机制扮演了什么角色？

可以看出，通用汽车需要区域贸易联盟来构建自身的供应链网络（《北美自由贸易协定》），也依赖公平的全球贸易机制开展销售活动（世界贸易组织）。因此区域贸易联盟和全球贸易机制扮演了供应链组织者与销售网络构建者的角色。

3. 面对这么多影响通用汽车的外部环境因素，通用汽车的高管们该如何应对这种不确定性？

回答不确定性的问题时依然要注意从不确定性的维度出发。面对环境波动，通用汽车可以试图构建更全面的国际供应链网络体系，保证免受环境波动的影响。面对环境中复杂的因素，通用汽车应该明确自身的战略定位，从主要方面入手，把握整体局势，例如主要的战略合作伙伴、主要市场、主要产品，做到有舍有得。

4. 你认为通用汽车需要在哪些方面做得更好，才能应对全球市场发生的变化（包括从全球主义转向民族主义的钟摆）？

毋庸置疑，当前世界全球化趋势受到的阻力愈发严重，而造成这一现象的主要原因是欧美国家的恐慌。因此，作为一家美国公司，通用汽车应该试图以更加开放、合作的态度拓展市场，开展服务。为此，其应该更重视目标市场的特殊需求，与区域经济组织保持良好的合作关系，做到尊重顾客需求，足量供应商品，协商合作定价，实现共赢。

选择题和判断题答案

选择题答案

1. A	2. D	3. B	4. D	5. B	6. C	7. A	8. D	9. B	10. B
11. B	12. C	13. A	14. A	15. A	16. A	17. C	18. D	19. B	20. A
21. A	22. D	23. A	24. D						

判断题答案

1. √	2. √	3. √	4. √	5. √	6. √	7. √	8. ×	9. √	10. √
11. √	12. √	13. ×	14. √	15. ×	16. √	17. ×	18. √	19. √	20. √
21. ×	22. ×	23. √	24. √	25. √	26. ×	27. ×	28. ×	29. √	30. √

第5章 管理多样性

Managing Diversity

学习目标

5.1 定义员工多样性，解释为何管理员工多样性如此重要。
5.2 描述美国及全球工作场所的变化。
5.3 解释工作场所发现的不同类型的员工多样性。
5.4 讨论管理者在管理多样性时面临的挑战。
5.5 描述各种员工多样性管理的创新措施

本章概要

5.1 多样性基础

多样性有很多种含义。在工作场所中，多样性是什么意思？多样性仅仅是指人员，还是包含其他方面，如语言、过去的经验和能力？这一部分将对这些问题作出回答，探讨为什么多样性是组织的一个重要考虑。

5.1.1 什么是员工多样性？

1. 图表 5-1 展示了员工多样性的概念和意义如何演化的历程。

2. 多样性在传统意义上被认为是由人力资源部门使用的术语，与公平招聘、歧视和不平等有关。

3. 我们对员工多样性的定义是，使得组织中的人不同或相似的方式。

4. 表层多样性包括可以触发特定的刻板印象，但不一定会反映出人们思考和感受方式的易于识别的差异。

5. 深层多样性是价值观、个性和工作偏好的差异。这种深层差异可以影响人们看待组织工作回报、沟通、对领导者作出反应、协商和一般工作行为的方式。

5.1.2 员工多样性的好处

许多公司认识到了员工多样性带来的好处。这种好处主要体现在三个方面：人员管理、组织绩效和战略（见图表5-2）。

1. 人员管理。

（1）积极和显著的员工多样性努力可以帮助组织吸引和留住有才能的多元化人才，最大限度地利用这些人才可应用于工作岗位的才能。

（2）随着企业更多地依赖于工作场所的员工团队，那些有着不同背景的工作团队常常为讨论带来不同的和独特的视角。

（3）然而，多样性也有消极的一面。研究表明，团队的多样性并不总是导致更高的长期绩效，有时团队多样性会带来更多的冲突。

2. 组织绩效。

（1）组织从员工多样性中获得的绩效优势包括成本节约和组织运行改进。

（2）当培养多元化员工的组织降低离职率、缺勤率和诉讼的可能性时，节约的成本非常显著。

（3）组织绩效可以通过员工多样性来提高，因为问题解决能力和系统灵活性提高了。

3. 战略。

（1）多元化的员工带来多样化的观点和获得机会的方法，这可以提高组织对多元化消费者的营销方式。

（2）多元化的员工可以成为竞争优势的有力来源，主要是因为创新在这种环境中不断发展。

（3）从道德的角度来看，员工多样性和有效管理多样性是正确的事情。这源于一个信念，即不同的人应该得到公平的机会，被公平和公正地对待。

5.2 不断变化的工作场所

在本节中，我们将研究美国人口的发展趋势，然后考察全球劳动力的发展趋势。这些趋势会反映在不断变化的劳动力队伍中，对于管理者而言，认识和理解这些信息是非常重要的。

5.2.1 美国人口的特点

1. 总人数。

（1）2018年美国总人口为3.27亿人。预计到2050年将增加到4.38亿人。

(2) 移民以及在美国所出生的后代是这种增加的主要贡献者。

(3) 与2018年的1/8相比，到2050年，几乎1/5的美国人是移民。

2. 种族/民族群体。

(1) 到2050年，美国白人的占比将减少25个百分点。

(2) 拉丁裔和亚裔美国人的百分比预计将翻一番（见图表5-3)。

3. 老龄化问题。

(1) 2008年，美国人口的年龄中位数为36.7岁。

(2) 到2050年，每五个人中就有一个人的年龄在65岁及以上。

(3) 老龄化会继续成为定义美国人口的最重要特征之一。

4. 人口发展趋势的影响。

(1) 人口发展趋势可能会对美国的劳动力队伍产生重大影响。这些趋势包括越来越多的移民工人和劳动力老龄化。

(2) 根据美国人口普查局的一项分析，近1/7的美国工人在国外出生。虽然其中一部分人从事低收入的工作，但更多的移民从事的是白领职业。

(3) 关于移民工人的其他发展趋势包括：他们更加年轻，更有可能是女性或有色人种。

(4) 面对如此多样化的人口，组织必须认识到，它们不能指望员工通过采取统一的态度和价值观来融入组织。相反，它们应该重视人们带入工作场所的差异。

5.2.2 全球劳动力变化如何？

1. 世界总人口。

世界总人口预计到2030年将达到98亿。联合国估计总人口加速增长一个世纪后，要么会稳定，要么会达到峰值。

2. 老龄化人口。

(1) 世界人口现在正以空前的速度老龄化。

(2) 65岁及以上的人口比例将在2050年跃升至近17%。到2040年，世界上80岁及以上人口会增加23%。

5.3 员工多样性的类型

员工多样性有许多种形式（见图表5-4)。所有这些形式都有可能对管理产生潜在的影响。

5.3.1 年龄

1. 将近8 500万“婴儿潮”出生者中的大部分人还活跃在劳动力队伍中，管理者必须确保这些员工没有因为年龄而受到歧视。

2. 1964年的《民权法案》第七章和1967年的《反就业年龄歧视法》明令禁止年龄

歧视。《反就业年龄歧视法》还限制在特定年龄的强制性退休。

3. 雇主对中老年员工的看法往往不准确。积极的一面是，他们相信老员工将很多优秀的工作品质带到工作中，包括经验、判断、强烈的职业道德以及对做好工作的承诺。然而，他们也认为老员工不够灵活或适应能力不强，对新技术更加抵制。

4. 专家指出，当“婴儿潮”那批人确实退休后，一些行业将会面临严重的合格员工短缺。

5. 将近7 600万Y世代成员已经或将要进入劳动力队伍，Y世代的员工将自己的想法和方式带入工作场所。这对于管理者来说也是一项挑战。

5.3.2 性别

1. 虽然女性现在占了近一半的劳动力（47%），但性别多样性问题在组织中仍然普遍存在。

2. 目前女性与男性年收入中位数的比率为77%。

3. 虽然女性占今天大学生的一半以上，但研究表明，男性的职业起点要比女性高。

4. 性别往往被认为是工作绩效的决定因素；然而，研究表明，男性和女性在重要的工作技能方面存在的差异很小（如果有的话）。

5. 女性更喜欢更灵活的工作安排，这能照顾到她们的家庭责任。

6. 研究证据指出，一个“优秀”的管理者仍然被视为是明显男性化的。但事实上，女性倾向于采用更广泛的、更有效的一系列领导风格来激励和吸引员工。她们经常将传统的男性领导风格——直接的、命令式的、榜样式的方式——与鼓励式的、包容式的和合作式的更加女性化的方式混合。

5.3.3 种族和民族

1. 种族和民族多样性问题在美国是一个充满情感控诉的话题。

2. 种族被定义为人们用以识别自己的生理遗传（包括肤色和相关特质等生理特征）。

3. 民族与种族有关，但是它指向一个人口群体共有的社会特征——如个人的文化背景或效忠对象。

4. 一项研究发现，工作场所中的个体在绩效评估、晋升决定和加薪方面都倾向于偏好同种族的同事。

5. 非洲裔美国人对平权行动的支持度远远超过白人。

6. 另一项调查显示，在就业决策方面，非洲裔美国人一般表现得要比白人差。然而，在缺勤率、工作中的社交技能或事故率方面，统计上并未观察到两个种族之间的明显差异。

5.3.4 残疾/健全

1. 1990年通过的《美国残疾人法》禁止对残疾人的歧视，并要求雇主创造合理的条件，在工作场所接收生理或心理残疾的人，使他们能够有效率地工作。

2. 美国公平就业机会委员会定义，如果一个人的任何身体或智力缺陷实际上限制了其一项或多项主要生活活动，那么这个人就是残疾人。

3. 残疾的概念涵盖一些通常不会被认为是残疾的状况，例如耳聋、慢性背痛、艾滋病、四肢不健全、癫痫、精神分裂、糖尿病和酗酒。

4. 不是每个工作岗位都适合残疾人。根据《美国残疾人法》的规定，雇主必须作出合理的安排。

5. 图表 5-5 描述了雇主对雇用残疾人所持有的一些担心，以及关于这些担心的现实。

5.3.5 宗教

1.《民权法案》第七章禁止基于宗教（还有种族/民族、国籍和性别）的歧视。

2. 今天，似乎美国最大的宗教多样性话题以伊斯兰教为主。伊斯兰教是世界上主要的宗教之一。

3. 宗教信仰可以阻止或鼓励一些工作行为。例如，宗教节日可能阻止雇员在某一天工作，但也可能是维护道德行为的强有力的补充。

5.3.6 LGBT：性取向与性别认同

1. 美国联邦法律并未禁止对员工基于性取向的歧视，尽管很多州和市政当局已经这样做了。

2. 欧洲已经通过了禁止基于性取向的歧视的法律。

3. 在立法缺失的情况下，许多雇主对性取向采取了不同的方法，例如采取“不要问，不要说”的政策，或者直接禁止雇用任何 LGBT 员工。

4. 越来越多的大公司正在制定政策和采取行动来保护工作场所中 LGBT 员工的权益。

5.4 管理多样性的挑战

虽然大多数管理者知道员工多样性为组织带来好处，但是管理者仍然面临着为多元化的员工创造具有包容性和安全的工作环境的挑战。

5.4.1 个人偏向

1. 员工将许多有关他人的先入为主的想法带入工作场所。

2. 偏向是指对特定观点和观念的趋向性或偏好。

3. 我们个人偏向的结果之一可能是对于一个人或一群人的偏见，即预先持有的观念、看法或判断。

4. 导致偏见的主要原因是刻板印象，即基于自己对某人所属群体的看法来判断这个人。

5. 偏见和刻板印象都可以导致某人以不公平的方式对待特定群体的成员。我们称之为歧视，即某人将自己的偏见通过行为施加给偏见对象。

6. 图表 5－6 显示了不同歧视类型的定义和例子。

7. 组织和管理者不仅仅面对着歧视行为可能遭到的金钱惩罚，还有降低的员工生产力、负面和破坏性的人际冲突、升高的员工离职率以及可能对管理者造成严重问题的整体负面氛围。

5.4.2 玻璃天花板

1. 玻璃天花板效应最先在 20 世纪 80 年代刊登在《华尔街日报》上的一篇文章中使用，是指那些阻碍女性或少数族裔成员获得高级管理职位的无形障碍。“天花板”是指某个阻挡了向上运动的事物，“玻璃”则是指那些障碍物并不是立即可以看出来的。

2. 存在玻璃天花板的潜在原因包括：缺乏有效指导、性别刻板印象、构建男性特征与领导效率的联系、将家庭生活置于事业之上。

5.4.3 薪酬不平等

1. 1963 年的《公平薪酬法》规定，无论从事同一工作的员工是男性还是女性，其工资标准都必须相同。

2. 男女间的薪酬差距始终存在，试图解释这一差距的分析层出不穷。多数关注集中在教育程度、职业选择、工作经验、家庭责任和对灵活性的偏好上。总之，即使考虑到职业和行业选择以及对灵活性的渴望，男性和女性的薪酬仍然有 3%～5%的差距。这可能是由歧视导致的。

3. 关于性别薪酬平等的目标的好消息是它正在改善，但仍有很长的路要走。

5.5 员工多样性管理的创新措施

虽然创造和维持员工多样性是一项艰巨的挑战，但各组织已采取相关措施，以促进员工多样性。其中的一些举措如下。

5.5.1 高管对多样性的承诺

1. 多样性和包容性应该成为组织目的、目标和战略的重要组成部分。

2. 政策和程序必须到位，以确保能立马消除不满和担忧。

3. 组织文化必须重视多样性和包容性，甚至达到根据多样性成果衡量和奖励个人绩效的程度。

5.5.2 指导

1. 指导是有经验的组织成员（导师）向经验不足的成员（徒弟）提供建议等的过程。导师通常有两种提供指导职能的独特形式：职业发展和社会支持。

2. 一个好的导师项目，其目标在于使所有潜力较高的员工都能够在组织的职业阶梯中进步。

3. 图表 5-7 展示了一位优秀导师的行为。

5.5.3 多元化培训

1. 多样性技能训练是指教育员工有关多样性的重要性，并教导他们在多元化的工作场所工作的技能的专门化训练。多元化培训应该注重知识、态度和行为。

2. 多元化培训以不同方式对知识、态度和行为产生积极影响。人们在培训中记住了新知识，但随着时间的推移，他们的信念和行为倾向于恢复到训练前的状态。但如果再加上其他与多元化相关的举措，比如高层管理承诺、多样化的招聘目标和正式的辅导计划，影响也许会更加持久。

5.5.4 员工资源组

1. 员工资源组由某个相同多样性维度联结起来的员工形成。

2. 这些小组通常由员工自发形成，而不是由组织构建。然而，对组织来说承认并支持这些小组是非常重要的。

3. 员工资源组流行的主要原因是多元化群体有机会看到自己的存在被承认，并且受到了来自小组内外的支持。

5.5.5 最后的一些想法和问题

一些批评人士认为，当前人们已经失去了对统一目标和共同认可的优点的关注，大家过于关注促进不同种族、肤色、性别、性取向的员工间的平等，却忽略了要围绕创造共同价值观和构建共同的组织文化这一目标。

选择题

1. 使组织中成员彼此不同或相似，这种现象称为______。

A. 商业规则　　B. 职业文化

C. 员工多样性　　D. 民主组织

2. 20 世纪 60 年代到 70 年代的一段时间专注于______。

A. 吸收少数族裔和女性进入公司环境

B. 使员工更清楚地意识到和更敏感地察觉到他人的需要和差异性

C. 多样性对企业的成功、盈利和增长至关重要

D. 重点强调遵守法律和规定

3. “员工多样性”在哪个年代首次使用?

A. 新千年　　B. 20 世纪 80 年代后期

C. 20 世纪 60 年代到 70 年代　　D. 20 世纪 80 年代早期

4. 在员工多样性方面，21 世纪更加注重______。

A. 遵守公平就业机会委员会的法律法规

B. 吸收少数族裔和女性员工进入公司环境

C. 在多样性方面努力包含每一个员工

D. 多样性和包容性对企业的成功、盈利和增长至关重要

5. 杰克和吉尔正在对新员工评头论足：她的头发颜色、肤色、衣服和口音。杰克和吉尔存在______。

A. 表层多样性　　B. 深层多样性

C. 刻板印象　　D. 偏见

6. 下列人口特征中反映了表层多样性的是______。

A. 价值观的差异　　B. 种族

C. 个性　　D. 工作偏好

7. 阿曼达是 ColorWare 系统公司的一名技术支持主管。下列因素中如果是真的，可能使阿曼达的同事对她产生偏见的是______。

A. 阿曼达不相信私下谈论她的同事的话

B. 阿曼达宁愿每天工作到很晚，也不在周末加班

C. 阿曼达的母亲是瑞典人，父亲是非洲裔美国人

D. 阿曼达在议论她的同事时往往占主导地位

8. 初次相识的过程中，约翰发现他的新同事比尔对公司中的少数族裔群体存在相对极端的蔑视情绪，他试图劝说比尔，但比尔表示这是他自己的事情。这说明比尔存在着______。

A. 表层多样性　　B. 深层多样性

C. 刻板印象　　D. 种族歧视

9. 下列因素中对于相互了解更重要的是______。

A. 性别　　B. 种族

C. 性取向　　D. 个性

10. 下列各项中人力资源管理得益于员工多样性的是______。

A. 提高系统的灵活性　　B. 增加市场份额

C. 增加对市场的理解　　D. 更好地利用员工的才能

11. 当市场营销副总裁选择新产品开发团队成员时，他希望他的团队成员在投入工作前接受比较完善的法律培训与教育。这位副总裁最关心的是______。

A. 人员管理　　B. 组织绩效

C. 组织策略　　D. 遵守法律

12. 下列各项中正确反映了美国人口特征的是______。

A. 到2050年将近1/5的美国人是移民

B. 在过去的10年里美国人口的平均年龄明显上升

C. 亚裔人口在美国目前是最大的族群

D. 拉丁裔社区代表美国人口总数的1/3

13. 美国消费品公司的新产品开发主管卡门应该非常清楚，______在未来几十年可能对消费者偏好影响最大。

A. 宗教变化　　B. 人口老龄化

C. 出生率下降　　D. 通货膨胀率上升

14. 下列陈述中是美国工作场所的真实变化趋势的是______。

A. 移民激增，特别是在过去的20年里，低薪外国劳动力涌入美国

B. 组织必须认识到，它们不能指望员工以类似的态度和价值观融入组织

C. 在大多数美国城市，越来越多的移民从事低薪工作，如清洁、制造，而不是白领职业

D. 现在进入劳动力队伍的员工年龄显著增大，并且民族多样性减少

15. 雇主通常对新员工的积极印象是______。

A. 对新技术比较热情　　B. 因循守旧

C. 较好的服从性　　D. 难以适应新环境

16. 以下多样性因素中被称为“最不被接受的偏见”的是______。

A. 性取向　　B. 性别认同

C. 宗教信仰　　D. 民族起源

17. 一个经验丰富的组织员工对新入职的员工开展组织价值观与文化的培训，这个过程被称为______。

A. 委派　　B. 批评

C. 组织承诺　　D. 社会化

18. 由员工多样性中的一些共同特点联系到一起的团体称为______。

A. 员工工作委员会　　B. 员工协会

C. 员工资源组　　D. 员工保健项目

19. 下列管理风格中传统上被认为具有男性化特征的是______。

A. 容易相处　　B. 以身作则

C. 协作　　D. 包容性

20. 下列管理风格中传统上被认为具有女性化特征的是______。

A. 权威　　B. 以身作则

C. 包容性　　D. 指导性

21. ______是一个术语，描述对一个特定的视角或意识形态的一种趋向性或偏好。

A. 偏向　　B. 逻辑

C. 公正　　D. 推理

22. 如果一个组织要求老员工下岗因为其高薪和丰厚的福利，说明老员工遭到了______对待。

A. 排斥　　B. 歧视政策

C. 无礼貌　　D. 恐吓

23. 下列员工多样性的作用中可以归类为战略优势的是______。

A. 更好地利用天赋　　B. 提高系统的灵活性

C. 提高潜在的市场份额　　D. 更好地利用员工的才能

24. 根据人口统计学特征，多样性______。

A. 是每个员工的经验、技能、天赋、视角和文化带给他/她的组织集合的力量

B. 是使组织中成员彼此不同或相似的方式

C. 构成人类差异中的物理和文化差异

D. 经常用于指种族、性别、年龄、宗教、残疾、国籍和性取向的不同

25. 下列例子中被认为是对女性从业者的刻板印象的是______。

A. 女性是特别糟糕的司机

B. 母亲比较温柔

C. 红头发的女性脾气暴躁

D. 相比于男性，女性在职业竞争中容易遭遇更多苦难

判断题

1. 20 世纪 80 年代早期，员工多样性从企业应该遵守的问题发展成为影响企业生存的问题。（　）

2. 员工多样性指使得组织中的人不同或相似的方式。（　）

3. 年龄、性别、种族等人口统计学特征是员工多样性的表层反映。（　）

4. 深层多样性是指很容易察觉的差异，这些差异可能是由于偏见产生的，但不一定反映人们的想法或感觉。（　）

5. 员工多样性的问题之一是导致组织的社会化工作存在诸多困难。（　）

6. 最近的研究表明，员工绩效管理可能会很难实现，因为团队绩效更加依赖于长时间的相互合作。（　）

7. 员工多样性对组织绩效的一个重要影响是通过提高员工离职率实现的。（　）

8. 根据对美国人口特征的预测，将发生最大变化的族裔是西班牙裔和非洲裔美国人。（　）

9. 预测 2050 年之后世界人口增长趋于稳定的主要原因是，随着国家经济的发展出生率逐渐降低。（　）

10. 美国的有色人种也是劳动力市场的重要组成部分。 ( )

11. 全球人口趋势表明，我们将看到越来越少的劳动力供给和日益增高的全球总储蓄率。 ( )

12. 雇主通常倾向于认为年龄大的员工不灵活、适应性差、对新技术抵触情绪更大。 ( )

13. 美国职场中男性和女性几乎各占一半。 ( )

14. 调查显示，男性比女性更倾向于选择鼓励家庭和工作平衡的职业。 ( )

15. 雇主通常倾向于认为老员工不灵活，并且对新技术的适应性较强。 ( )

16. 男性被发现遵循培育、包容和协作的领导风格。 ( )

17. 女性本质上不接受逻辑性更强的工作。 ( )

18. 美国联邦法律并不禁止雇用员工时存在性别歧视。 ( )

19. 即使拥有相同的教育背景，男性也比女性更容易获得一个初级职位。 ( )

复习和讨论问题参考答案

1. 组织对多样性有一个清晰的定义为什么重要?

多样性有多种含义。它的基础在于公民权利立法和社会正义。多样性这个词语常常引起人们的各种态度和情绪反应。让每个人都消除对多样性的潜在误解是非常重要的。有些组织简单地把多样性视为种族或性别差异。这种观点限制了人们更深入地理解不同人之间的差异，同时也制约了组织从多元化的员工队伍中获益的程度。

2. 区别表层多样性和深层多样性。理解二者之间的差异为什么重要?

表层多样性包括可以触发特定的刻板印象，但不一定会反映出人们思考和感受方式的易于识别的差异。这种表层差异可以影响人们感知他人的方式。深层多样性是价值观、个性和工作偏好的差异，会影响人们看待组织工作回报、沟通、对领导者作出反应、协商和一般工作行为的方式。通过重视深层多样性，组织能够超越简单的种族差异和其他显而易见的差异，进而更好地理解不同成员在思维或者感知等方面的差异。

3. 美国及全世界人口变化的主要趋势是什么?

在过去的20年里，组织主要关注劳动力队伍的一些主要而明显的趋势，如种族构成和性别构成。最近，组织更多地关注人口老龄化，以及日益增多的移民员工数量。

4. 区别种族和民族。

种族被定义为人们用以识别自己的生物遗传特征，其中包括生理特征，例如一个人的肤色及相关特质。民族与种族有关，但是它指向一个人口群体共有的社会特征，例如个人的文化背景或效忠对象。

5. 员工拥有哪些法律保护手段来防范基于性取向的歧视行为?

美国最高法院裁定，LGBT员工受《民权法案》第七章的保护。许多组织都支持成立员工资源组，为LGBT员工发声。一份报告显示，91%的美国大型公司现在禁止基于性取向的就业歧视行为。

6. 解释偏向、偏见、刻板印象和歧视之间的关系。

这些概念能够联结成一个链条。偏向是一个用来描述对特定观点和观念的趋向性或偏好的术语。我们个人偏向的结果之一可能是偏见，即对于一个人或一群人预先持有的观念、看法或判断。导致偏见的主要原因是刻板印象，即基于自己对某人所属群体的看法来判断这个人。偏见和刻板印象都会导致一个人以不公平的方式对待特定群体的成员，这就是歧视。也就是说，当某个人以有偏见的态度来对待其偏见对象时，就产生了歧视。

7. 还有什么企业实践（除了员工推荐机制和企业团队建设）可能会伤害企业的多元化努力?

缺乏高管对多样性的承诺，仅将多样性标准用于晋升和支付薪酬，以及缺乏培训和支持，都将伤害企业的多元化努力。

8. 为什么玻璃天花板对女性和少数群体是一种障碍?

玻璃天花板指的是把女性和少数群体与最高管理层职位隔离开来的无形障碍。研究表明，导致玻璃天花板的一些原因包括：缺乏有效指导，性别刻板印象，构建男性特征与领导效率的联系，将家庭生活置于事业之上。另一个主要原因可能是女性员工晋升到高层管理职位所需的时间和经验。直到最近，女性员工才获得更多机会担任管理职位。目前看来，还需要较长一段时间才能够使得经验丰富的女性管理者取代如今在最高管理层占据主导位置的日益老龄化的男性管理者。

案例应用参考答案

案例应用 1

在性别平等中取得突破

1. 在增加性别多样性方面，高士特采取的最重要举措是什么?

根据案例的描述，高士特积极招聘更多女性，制订了一个计划来吸引女性工程师，并将招聘广告的措辞针对女性进行了修改，发送特别的电子邮件，邀请并且根据公司的情况对女性工作者进行未来工作的规划。

2. 尽管朱莉·李对高士特的性别多样性努力起到了很大的帮助，但作为高士特唯一的女性，这一案例说明了女性的什么要求?

根据工作多样性的相关知识，可以启发学生思考有关性别多样性的优势。实际上，朱莉·李开展诸多工作的动机正是因为性别单一给她带来的孤独感与困扰，这说明女性工作者需要的不仅是薪酬公平，更重要的一点在于工作上体现出的性别平等与重视。

3. 现在，高士特已经雇用了更多的女性工程师，公司应该做什么来确保她们不会离职?

可以启发学生用更加丰富的观点来回答这一问题。首先，薪酬是保留住员工最重要也是最基本的手段，应该保证女性工作者的薪酬公平。其次，应该针对女性工作者的特殊需求进行特别的工作设计，如产假期间的工资待遇、针对女性的特别团队活动等。

4. 高士特能做什么来改善它的种族多样性?

作为一家跨国公司，首先高士特应该在招聘环节鼓励多种族员工的招聘，做好宣传工作。其次高士特应该在公司内部公布支持种族多样性的文件，以保证员工不会出于种族歧视原因离职。最后高士特应该提升宣传力度，让外界了解公司提升种族多样性的愿望与决心。

案例应用 2

带来多样性，然后呢?

1. 大学要做什么才能让学生花更多的时间与自己不同的学生互动?

这一问题十分开放，而且与学生的生活息息相关。不妨将课堂让给学生，倾听学生互动的经历，鼓励学生在课堂上介绍开展沟通的好方法。

2. 公司有哪些方法提升多样化的员工继续为它们工作的机会?

该问题与上面的第一个案例的第三个问题相似。依然可以运用相似的框架，如提高薪酬、提升待遇、革新文化、加强宣传教育等。

3. 公司提供“多元化和包容性”项目，并雇用“首席多元化和包容官”(chief diversity and inclusion officers)。把“多元化”和“包容”放在同一个短语里有意义吗? 包容是一种多元化的方式，还是一种不同的东西?

该问题并不是具有统一答案的问题，尽管大部人认同这一观点。多元化的前提便是开放包容的心态，因此两者一定程度上是相同问题的不同表述方式。但是在一些情境下，两者也不相同，对于狭隘的民族主义者而言，包容仅仅针对同民族而非多元化的成员。

4. 将包容的努力定义为“让每个人都参与进来”，会让多元化的工作场所变得更好吗? 还是说把每个人都包括进来会削弱吸引和留住多样化员工的努力? 解释你的观点。

人人参与的活动的确十分引人注目，但是结果并不都尽如人意。人人参与带来了多元化的工作环境，让整体的工作氛围与创新水平都得到了一定的改善。但随之而来的也有不同文化背景的个体间的矛盾与冲突，导致对工作场所产生负面影响，因此应该用综合的视角来看。

选择题和判断题答案

选择题答案

1. C　2. D　3. B　4. D　5. D　6. B　7. C　8. D　9. D　10. D
11. D　12. A　13. C　14. B　15. A　16. A　17. D　18. C　19. B　20. C
21. A　22. B　23. C　24. D　25. A

判断题答案

1. ×　2. √　3. √　4. ×　5. √　6. √　7. ×　8. ×　9. √　10. √
11. ×　12. √　13. √　14. ×　15. ×　16. ×　17. ×　18. ×　19. ×

第6章 管理社会责任和道德

Managing Social Responsibility and Ethics

学习目标

6.1 讨论什么是社会责任，什么因素会影响社会责任决策。
6.2 解释绿色管理以及组织如何绿色化。
6.3 讨论决定道德与不道德行为的因素。
6.4 描述管理者在鼓励道德行为中的作用。
6.5 讨论当代的社会责任与道德问题。

本章概要

在本章中，我们将关注决定道德与非道德行为的因素以及组织可以做什么来创造具备道德感的组织文化。然而我们应当首先考虑的问题是，一个组织应该为它所活动的社区负责。

6.1 什么是社会责任?

6.1.1 两种相反的观点

管理者经常需要作出与社会责任有关的决策。比如决策可能会涉及员工关系、慈善活动、定价、资源保护以及产品质量与安全等领域。关于社会责任，有两种相反的观点。古典的观点认为，管理唯一的责任就是实现利润最大化。经济学家、诺贝尔奖得主米尔顿·弗里德曼是该理论最直言不讳的拥护者。弗里德曼认为，管理者的首要责任是以最符合股东利益的方式经营企业。社会经济学的观点认为，管理的责任不仅仅是创造利润，还包括保护和改善社会福利。在这个观点看来，公司并不是只对股东负责的独立实体（见图表 6-1）。

6.1.2 从义务到响应再到责任

社会义务是指当企业为了履行基本的经济和法律责任而从事的社会活动。社会响应是指企业适应不断变化的社会环境的能力。社会责任是指企业超越法律和经济义务去做正确的事情，以对社会有利的方式实施行动的意图，它是企业的义务，要求企业在法律和经济要求之外追求对社会有益的长期目标。社会责任与社会响应的关系详见图表 6-2。

6.1.3 社会责任与经济绩效

社会参与如何影响企业的经济绩效？图表 6-1 详细展示了有关支持和反对承担社会责任的观点。大多数研究发现社会参与和经济绩效之间存在正相关关系，然而需要注意的是，这并不一定意味着社会参与导致了更高的经济绩效，可能仅仅意味着高利润使得企业能够“奢侈”一把参与社会活动。另一个看待社会参与和经济绩效的方式是研究社会责任投资基金，其为个人投资者提供了支持对社会负责的企业的方式。这些基金通常使用了某种类型的社会屏障筛选，即把社会和环境标准用于投资决策。最终的结论是，没有什么证据表明企业履行社会责任的行为会损害长期的经济绩效。相反，考虑到目前迫使企业追求社会责任的社会和政治压力，也许对管理决策的制定而言，社会责任是最有意义的。

6.2 绿色管理与可持续性

许多公司已经宣布计划提供更环保的可持续产品和服务，例如可口可乐的新的不含氢氟烃的自动售货机，费尔蒙特酒店通过使用屋顶蜂巢来帮助增加蜜蜂的数量。可见，管理者越来越多地开始考虑他们的组织对自然环境的影响，我们称之为绿色管理。

6.2.1 组织如何变得绿色

所采用的方法包括法律方法、市场方法、利益相关者方法和激进主义者方法（见图表 6-3）。

6.2.2 评估绿色管理行动

随着企业变得“更加绿色”，它们常常发布详细的环保表现报告。所采用的方法包括：遵循全球报告倡议组织（GRI）开发的指南；遵从 ISO 14000 标准；争取进入全球可持续性发展 100 强企业名录。

6.3 管理者与道德行为

道德是明确正确和错误行为的伦理准则。本节详细探讨了管理决策的道德维度。图表 6-4 能帮你作出更道德的决策。

6.3.1 决定道德与不道德行为的因素

图表 6-5 显示了影响一个人在面临道德困境时是否以道德的方式行事的不同因素，以及这些因素之间的相互作用。

1. 道德发展阶段。研究将道德发展分为三个层次（见图表 6-6），每个层次都由两个阶段组成。

（1）第一个层次是道德成规前期。人们在对与错之间的选择是基于外界环境带来的个人结果。

（2）第二个层次是惯例时期。道德决策依赖于维持预期标准和满足别人的期望。

（3）第三个层次是原则时期。个人在其属于的权力群体或社会之外定义道德价值观。

关于道德的发展阶段的研究表明：第一，人们按顺序经历这六个阶段。第二，道德发展不一定会持续。第三，大多数成年人处在第四阶段。第四，一个管理者所处的职位越高，他就越倾向于表现得富有道德感。

2. 个人特点。每个人都带着一套根深蒂固的个人价值观来到组织。

（1）价值观代表着关于对与错的基本信念。价值观很宽泛，包含很多内容。

（2）自我强度衡量一个人信念的力量。自我强度高的人可能遵从自己的信念，克服作出不道德行为的冲动。

（3）控制点是指人们相信可以掌控自身命运的程度。内部控制点者相信他们的命运由自己掌控。外部控制点者相信发生在他们身上的事情是由于运气或机遇。他们不太可能为自己的行为后果负责，更可能依靠外部的力量。

3. 影响管理道德的第三个因素是结构变量。结构变量的存在（如正式的规则和规范、监管者的行为、绩效评估系统和奖励分配方式）会对员工是否采取道德行为造成显著的影响。

4. 组织文化的内容和强度也会影响道德行为。

（1）风险承受力高、管控能力强和冲突包容性高的文化最可能鼓励较高的道德标准。

（2）相比于弱文化，强文化对管理者施加了更大的影响力。

（3）然而，在弱文化的组织中，团体和部门的标准会对道德行为有强烈的影响。

5. 问题强度影响道德行为。不是所有的问题都是那么重要的。图表 6－7 显示了问题强度的六个特征。当道德问题很重要时，员工更有可能遵循道德规范。

6.3.2 国际情境中的道德

道德标准是全球通用的吗？几乎不！国家之间社会和文化的差异是决定道德与不道德行为的重要因素。比如，为了防止用酬劳影响国外官员或政客，美国的管理者接受《反海外腐败法》的指导，法律规定故意向海外官员行贿属于违法行为。2017 年，美国司法部依照《反海外腐败法》提起 13 项公司执法行动，共罚款 11.3 亿美元。另一项对跨国公司的道德指导是《联合国全球契约》，该公约最初由联合国起草，在人权、劳动标准、环境和反腐败等方面为全球商业活动确立了原则。图表 6－8 列出了《联合国全球契约》的十项原则。

6.4 鼓励道德行为

组织可以采取一些行动来培养成员的道德行为。在这一部分，我们提出了几条建议。

6.4.1 员工甄选

甄选过程应该被视作了解个人道德发展阶段、价值观、自我强度和控制点的机会。

6.4.2 道德准则

道德准则是组织价值观及其希望员工遵守的道德规则的正式陈述。可以通过制定决策规则指导管理人员处理决策中的道德困境。

6.4.3 高层领导力

高层管理者的领导和对道德行为的承诺是非常重要的，因为他们是支持共享价值观和设定文化基调的人。

6.4.4 工作目标与绩效评估

员工的目标应该切实可行，因为切实可行的目标有助于减少模糊性，从而达到激励员工的目的，而不是惩罚员工。目标的实现通常是绩效评估中的一个关键问题。

6.4.5 道德培训

如果一个组织希望员工拥有高道德标准，那么这些标准必须包含在绩效评估过程中。绩效评估应该关注员工实现目标的手段，而不是仅仅关注经济结果。

6.4.6 独立社会审计

独立社会审计会评估道德准则方面的决策和管理行为，可以用于阻止不道德行为。

6.5 当代的社会责任与道德问题

当今的管理者仍然面临着对社会负责和遵守道德的挑战。我们研究了四个当代的问题：保护告密者；促进社会企业家精神；社交媒体与社会责任；企业慈善事业。

6.5.1 保护告密者

1. 告密被定义为组织内人员为报告和纠正腐败行为而披露信息的行为。在美国，联邦法律向员工提供一些保护，有22条相关法律条款用于保护提出或者报告各种各样的行为，包括工作场所安全隐患、环境破坏以及金融操作。任何因为员工报告不当行为而采取报复措施的管理者面临着严厉的惩罚：长达十年的牢狱之灾。

2. 职业安全与健康管理局建议雇主设立一个包括五个关键要素的反报复项目：管理承诺、合规问题响应系统、反报复系统、反报复培训、项目监督。

6.5.2 促进社会企业家精神

社会企业家为社会问题提供解决方案，并使受益者过上更好的生活。社会企业家精神是将社会目标纳入企业活动之中。

6.5.3 社交媒体与社会责任

社交媒体已经影响了我们所有人的生活。不足为奇的是，越来越多的证据表明，它可以成为管理层沟通、促进管理者社会责任行为并提高组织声誉的可行工具。它可以揭露私人和公共组织的不法行为以提升透明度，可以分享组织使命陈述、价值观、道德准则、人力资源政策、多样性方案、社区参与等内容，可以为顾客、供应商、员工、潜在员工与组织之间进行沟通以及组织与利益相关者之间进行沟通提供极好的手段，更可以帮助管理者塑造形象和声誉，因此值得重视。

6.5.4 企业慈善事业

社会越来越期望管理者在开展业务经营时，能够承担相应的社会责任。使用社会影响管理办法的管理者将会认真地审查他们的决定和行动所带来的社会影响。

1. 企业慈善事业。慈善基金会和慈善事业不仅限于个人。由于企业在协调大型项目和获得资本方面具有优势，企业慈善事业可以成为解决社会问题的一种有效方法。

2. 员工自愿努力。员工志愿活动是企业参与促进社会变革的另一种普遍方式。一些组织甚至允许员工将他们的一部分工作时间用于志愿者工作。

选择题

1. 认为通过实现利润最大化保护利益相关者群体的利益是管理者的主要职责的观点是______。

A. 古典观点　　B. 社会经济学观点

C. 社会责任　　D. 问题强度

2. 组织可以采用四种方法走向绿色，______不属于这四种方法。

A. 法律方法　　B. 市场方法

C. 利益相关者方法　　D. 经营方法

3. 管理者建立、推行和实践组织共享价值观的管理方式是______。

A. 社会响应　　B. 基于价值观的管理

C. 绿色管理　　D. 利益相关者群体管理

4. 道德发展的第三个层次是______。

A. 道德成规前期　　B. 惯例时期

C. 原则时期　　D. 前认知时期

5. ______表示人们相信可以掌控自己命运的程度。

A. 自我强度　　B. 控制点

C. 社会责任　　D. 社会义务

6. 组织的正式规则、目标和成文的道德准则都是能影响道德行为的组织______的一部分。

A. 价值观　　B. 控制点

C. 文化　　D. 结构变量

7. 以下 ISO 标准与质量管理相关的是______。

A. ISO 9001　　B. ISO 14000

C. ISO 8000　　D. ISO 15000

8. ______是一个组织价值观和道德规则的正式声明，期望其成员遵守。

A. 使命　　B. 目标准则

C. 道德准则　　D. 愿景

9. 研究表明______。

A. 社会责任与公司利润之间存在负相关关系

B. 社会责任与公司利润无直接关系

C. 社会责任与公司利润之间存在正相关关系

D. 社会责任对公司利润的影响依赖问题强度

10. 当一家公司由于超标排放污水而被罚款后，其余公司纷纷制定了节能减排标准，说明______。

A. 社会责任是虚无的　　B. 企业不能产生污水

C. 社会责任都是强制性的　　D. 社会责任需要法律法规的配合

11. 社会义务指企业应履行______。

A. 社会和技术责任　　B. 经济和社会责任

C. 技术和经济责任　　D. 经济和法律责任

12. 企业提高空气污染标准以达到法律规定的最低水平是在实践______。

A. 社会责任　　B. 社会义务

C. 社会响应　　D. 问题强度

13. 根据社会责任的概念，组织在______要求下进行活动。

A. 社会　　B. 利益相关者

C. 环境　　D. 法律

14. 对组织决策和活动与组织对自然环境的影响之间的紧密联系的意识称为______。

A. 联结点理论　　B. 管理的绿色化

C. 生态意识　　D. 利益相关者群体的授权

15. 当意识到管理应绿色化时，大多数组织在第一阶段采取的是______。

A. 法律方法　　B. 市场方法

C. 利益相关者方法　　D. 激进主义者方法

16. 管理者发展共享价值观的目标包括______。

A. 减少成本　　B. 提高生产率和产品质量

C. 影响竞争对手的生产率　　D. 塑造雇员行为

17. ______是规定行为是非的原则和观念。

A. 社会责任　　B. 道德

C. 利益相关者群体　　D. 控制点

18. 当公司向第三世界国家销售不利于健康的焦油含量较高的香烟时，具有较高自我强度的管理者很可能会______。

A. 认为香烟不利于健康，所以公司不应该销售，并积极阻止公司出售这种香烟

B. 认为香烟不利于健康，所以公司不应该销售，但不采取措施阻止公司出售这种香烟

C. 不说出自己的想法，只是非正式地建议公司停止出售这种香烟

D. 不采取任何措施改变公司的现行做法，尽管也认为这种香烟不利于健康

19. 研究表明，影响个人决策道德与否的最重要因素是______。

A. 管理者行为　　B. 成文的道德准则
C. 决议的重要程度　　D. 个人的自我强度

20. 你不私自打开他人的钱包，窃取他人的钱财，却擅自携带公司办公设备而不考虑道德问题。这种二分法是道德行为的______。

A. 控制点　　B. 社会契约整合的影响
C. 问题强度　　D. 结构变量

21. 你揭发了自己上司的违规行为后，在不改变现有工作环境的前提下，你可以采取何种方式保护自己以免受到报复？

A. 求助于公司的更高级领导　　B. 私下与上司见面协商
C. 辞职　　D. 调离原岗位

22. 越来越多的员工开始使用社交媒体对组织的管理者进行监督，说明______。

A. 领导者是一项高风险职业　　B. 员工教育刻不容缓
C. 社交媒体是组织监督的全新手段　　D. 社交媒体无所不能

判断题

1. 具有社会意识的共同证券基金利用某种社会屏障筛选在投资决策中应用的社会标准。（　）

2. 当前的社会环境发生了巨大变化，企业必须通过履行社会责任行为来提升企业的竞争力。（　）

3. 公司回应利益相关者的环境要求，采用的是以市场方式实现绿色化。（　）

4. 组织以激进主义者方法走向绿色化，那么该组织就是在寻求尊重和保护地球及其自然资源的途径。（　）

5. 价值观指的是原则和信念，定义什么是正确的和错误的行为。（　）

6. 组织利益相关者群体对建立和支持员工拥护的公司价值观负责。（　）

7. 绩效最好的企业有意识地将组织的共享价值观与雇员的工作方式结合起来。（　）

8. 如果管理者在作决策时能够遵守公司既定的规章制度，考虑大多数人的期望，那么他很可能处在惯例时期。（　）

9. 自我强度得分高的人往往能够克制不道德行为的冲动，并遵循自己的信条。（　）

10. 具有内部控制点的人相信由于运气或者机会而发生在自己身上的事情。（　）

11. 组织正式的规则和规范、监管者的行为、绩效评估系统、奖酬分配方式都影响员工的道德选择。（　）

12. 很可能形成高道德标准的文化是具有低风险承受力、对冲突难以容忍的文化。（　）

13. 管理承诺、反报复培训、反报复系统都是保护公司告密者的有效措施。（　）

14. 想要执行一项具有极高普适性的全球道德准则是十分困难的，但并不意味着这项工作没有意义。（ ）

15. 员工甄选的过程应被视为了解个人道德发展阶段、价值观、自我强度以及控制点的一个机会。（ ）

16. 道德准则应该明确规定以便具体确定道德选择。（ ）

17. 对强调自身商业道德责任的管理者来说，当发现不良行为时，他会私底下处罚违反规则的人而不会公开这一不良行为。（ ）

18. 独立社会审计会评估道德准则方面的决策和管理行为，提高了发现非道德行为的可能性。（ ）

19. 向其他人提出组织内部和外部道德问题的员工称为社会活动家。（ ）

20. 社会责任的古典观点认为管理者唯一的社会责任是利润最大化。（ ）

21. 对社会责任的古典观点的最直率的批评者是诺贝尔经济学奖获得者米尔顿·弗里德曼。（ ）

22. 当公司由于履行某些经济和法律责任而从事社会活动时，称为社会响应。（ ）

23. 麦当劳用纸质包装袋代替塑料包装袋的做法属于社会响应的例子。（ ）

24. 社会责任增加了对人们的道德约束，促使他们做改善社会环境而不是恶化社会环境的事情。（ ）

25. 事实表明，社交媒体的兴起对于企业社会责任行为产生了十分巨大的影响。（ ）

复习和讨论问题参考答案

1. 区别社会响应、社会责任和社会义务。

这三个概念的不同之处在于组织除了履行法律所要求的义务之外愿意在多大程度上实施更加利他的、服务公益的活动。社会响应是指企业适应不断变化的社会环境的能力。社会责任是指企业超越法律和经济义务去做正确的事情，以对社会有利的方式实施行动的意图。社会义务是指当企业为了履行基本的经济和法律责任而从事的社会活动。组织只做自己有义务去做的事情，除此之外的事情则不做。

2. 社会责任对你个人意味着什么？你认为企业组织应该对社会负责吗？解释之。

学生对这个问题的回答会各不相同。他们的回答应当表明自己明白了这一点：社会责任意味着“不只是遵循法律所要求的最低标准”。学生应当阐述和讨论他们为什么认为企业应当或者不应当承担社会责任。

3. 比较绿色管理中的利益相关者方法和激进主义者方法。为什么一家公司会选择其中一种方法而不是另一种？

根据本章的内容，利益相关者方法要求组织努力满足各种利益相关者，如员工、供应商或社区的环境要求，本质上是回应外部期望。而激进主义者方法则从根源出发，试图寻找办法保护地球的自然资源，从本质上讲是一种企业的内部自我要求。因此，一种是回应性、服从性的，是屈从于利益相关者群体的合法性压力而作出的制度化行为；一种是主动的、积极的，是从资源角度出发对解决环境问题根源作出的技术性探索。

4. 什么因素影响着人们表现得道德或者不道德？解释所有相关的因素。

本书认为，个体的道德发展阶段与个人特点、结构变量、组织文化和问题强度等调节变量有关。可以引导学生在以上几个方面作出回答。

5. 什么是《反海外腐败法》？

它是美国为了防止管理者用酬劳影响国外官员和政客而推出的法律，规定故意向海外官员行贿属于违法行为。

6. 对于告密者和组织而言，什么问题可能与告密的员工相关联？

告密者可能会发现同事、经理和其他公司员工对他的排斥。例如，告密者可能在完成任务或获得维持现有工作所需的资源时遇到困难。如果举报事件公开，组织本身可能会面临声誉风险。组织中的其他成员会密切关注接下来会发生什么，以及本组织如何处理告密者。组织对待告密者的方式为员工将来从事道德或不道德的行为设定了基调。

7. 描述你认为的遵守道德者的特点和行为。其决策和行为类型如何在工作场所中得到鼓励？

有道德的个体很可能拥有一套强有力的价值观体系来区分是非。有道德的个体很可能处于道德发展的第 4、5 或者 6 阶段。该个体可能拥有牢固的信念或信条，拥有很高的自我强度。同样，该个体很可能是一名内部控制点者。有道德的管理者会根据自己所坚持的价值观来制定决策和开展工作活动。他们如果认为某个决策或行为存在道德问题，那么很可能会提出公开质疑。如果组织希望自己的管理者持高道德标准，那么该组织的绩效评估体系就应该涵盖高道德标准。

8. 你认为通过社交媒体宣传社会责任是否表明一个公司最关心的是提高自己的声誉，而不是真正的道德行为？为什么？

回答该问题时，可以将重点放在社交媒体的固有属性上。对于企业而言，由于天生具备逐利性，其自然将利润放在工作目标的首位。基于此，企业很容易将一切工作作为获取利润的手段。而社交媒体作为互联网时代的产物，由于其虚拟性与隐蔽性的特征，企业很容易通过社交媒体展示企业已经作出的道德行为，掩盖失范的行为，从而实现一种“印象管理”。因此，在一定程度上，怀疑企业的社交媒体活动并不是真正的道德行为具有合理性。

案例应用参考答案

案例应用 1

与众不同的酸奶公司乔巴尼

1. 乔巴尼是一个更好的社会责任或社会响应的例子吗？为什么？

社会责任是企业的义务，要求企业在法律和经济要求之外追求对社会有益的长期目标。乔巴尼无疑在很多方面完成了诸多意义深远的工作。例如，在文化差异、语言障碍等方面关注了社会不同群体的困扰，并专注于慈善事业，可以说在一定程度上回应了社会责任的要求，而且这些要求并不来源于外部法律与利益相关者的压力。

2. 乔巴尼采取了哪些行动来阐明社会经济学视角的社会责任？乔巴尼在哪些方面（如果有的话）可以被视为社会责任的古典视角的范例？

根据案例的内容，从社会经济学视角出发，乔巴尼积极开展慈善活动，减轻社会负担，为社会公共事业作出贡献，履行了社会责任。而从古典视角出发，公司开展员工持股行动，树立了员工的主人翁意识，提高了员工收入，为社会财富的持续创造作出了贡献。

3. 哪些支持和反对承担社会责任的论点适用于乔巴尼（见图表 6－1）？

学生或许会持有不同的意见。根据案例的内容，乔巴尼的捐助、雇用劳动力等行为均属于承担社会责任的行为，值得称赞。但是对于组织而言，这些活动本身又需要组织考虑成本问题，因此也会有反对的声音。

4. 你认为乔巴尼的商业模式能吸引顾客吗？为什么？

关于该问题，可以试图启发学生进行多方面的思考。本质上，社会责任行为依旧是商业行为，因此，吸引顾客是社会责任行为的目的之一。但是考虑到社会责任行为的公益性、普惠性等特征，也有可能会让顾客对该公司的愿景与主张不够了解，从而产生怀疑。因此应该从多个视角出发考虑问题。

案例应用 2

通过社会创业解决儿童饥饿问题

1. TOMS Shoes 也是一个社会企业家精神的例子。为什么“幼有所养”与 TOMS Shoes 体现了不同的社会企业家精神？

就其本质而言，TOMS Shoes 是以财富创造为根本目的的商业团体，利润是其工作的根本追求。但对于“幼有所养”，其是为了解决穷困学生吃饭问题而设立的非营利组织。两者并不相同。

2. 莎娜在创办“幼有所养”过程中遇到了什么障碍？她是如何克服的？

可以从多个角度来回答这一问题。实际上，莎娜在创业过程中，遇到的最严重的问题就是资金问题，她通过广泛渠道募集资金解决了这一问题。

3. 以莎娜为例，要成为一名社会企业家，需要具备哪些个人品质和行为？

该问题比较开放，学生可以从各个角度回答，如富有同情心、机敏智慧、坚持不懈、勤奋刻苦等。

4. 还有哪些社会企业家的例子？查一查。

Tacos 4 Life、地球使能（EarthEnable）、格莱珉银行和第七世代（Seventh Generation）就是几个例子。

选择题和判断题答案

选择题答案

1. A	2. D	3. D	4. C	5. B	6. D	7. A	8. C	9. C	10. D
11. D	12. B	13. D	14. B	15. A	16. D	17. B	18. A	19. A	20. C
21. A	22. C								

判断题答案

1. √	2. √	3. ×	4. √	5. ×	6. ×	7. √	8. √	9. √	10. ×
11. √	12. ×	13. √	14. √	15. √	16. ×	17. ×	18. √	19. ×	20. √
21. ×	22. ×	23. √	24. ×	25. √					

第7章 管理变革和颠覆性创新

Managing Change and Disruptive Innovation

学习目标

7.1 描述变革的原因。
7.2 比较关于变革过程的不同观点。
7.3 识别组织变革的领域。
7.4 解释如何管理变革。
7.5 讨论当代的变革管理问题。
7.6 描述激发创新的变量。
7.7 解释为什么管理颠覆性创新十分重要。

本章概要

本章关注组织变革的过程，为什么人们会抗拒它，以及管理者该如何做才能克服这些阻碍。而后我们将关注点转移到创新上来，具体来说，就是如何在组织中激发创新。最后，我们关注颠覆性创新主题，并证明颠覆性创新是当今管理者面临的最大挑战。

7.1 变革的原因

组织变革意味着任何人员、结构或者技术上的变革，需要变革推动者充当催化剂并负责管理变革过程。变革推动者可以是内部的成员，也可以是外部人员。

7.1.1 与VUCA共存

“VUCA”是指一种不断波动、不确定、复杂和模糊的环境。图表7-1显示了引起变革的内部和外部力量。

7.1.2 变革的外部力量

外部力量包括：顾客需求和期望；新的政府法规；技术；经济。

7.1.3 变革的内部力量

内部力量包括：新的组织战略；劳动力构成；新设备；员工态度。

7.2 变革过程

7.2.1 平静水域观点

平静水域观点将变革过程比作一艘大船在平静的海面上航行。通过库尔特·勒温的三阶段变革过程，我们可以很好地理解这一观点（见图表7-2）。

1. 解冻是第一步。解冻可以通过以下三种方式来实现：

（1）增强促进变革的驱动力。

（2）减弱抵制变革的抑制力。

（3）两者并行进行解冻。

2. 下一步是实施变革。

3. 最后一步是要进行再冻结。

7.2.2 急流险滩观点

急流险滩观点描述了在含有不确定性的动态环境中实施的变革。需要注意的是，并不是每个管理者都面临着不断变化且混乱的世界。然而，不需要面临这种环境的管理者的数量正在迅速减少！

7.3 组织变革的领域

管理者主要关注四个变化领域：战略、结构、技术和人员（见图表7-3）。

7.3.1 战略

如果在环境呼唤战略革新时没有作为，就有可能破坏企业的成功。瑞安航空公司就因为没有及时做出战略变革而给公司造成了灭顶之灾。

7.3.2 结构

1. 任何组织变革都与风险相伴而来，当变革起效时，它可以将组织置于通向未来成功的道路上；但如果战略并没有效果，企业就会发生混乱。

2. 外部环境或者组织战略的变化通常会导致组织结构的变革。因为一个组织的结构是由工作怎么做以及谁来做所定义的，管理者可以改变其中一个或者同时改变两个结构变量。

3. 在实际结构设计中进行重大变革也会造成结构的变化与革新。

7.3.3 技术

1. 管理者也可以改变将输入转换为产出的技术。大多数早期的管理学研究都涉及技术变革。

2. 对于许多组织来说，未来机器人将取代人类。成千上万的公司已经使用机器人技术来削减成本，提高效率和生产力，一定要提高对技术的重视程度。

7.3.4 人员

1. 人员变革包括态度、期望、认知和行为的改变，而这些改变并非易事。

2. 常用的组织发展技巧包括：敏感性训练、团队建设、群体间关系的开发、过程咨询、调查反馈（见图表7-4)。组织发展干预通常由内部人力资源专家或外部顾问主导。

7.4 管理变革

对于组织中的成员而言，变革可能是一个威胁，所以员工可能会存在抵制变革的情绪。因此，我们需要了解如何鼓励人们积极参与变革。

7.4.1 人们为什么抵制变革？

变革存在阻力，这是非常正常的现象。主要的原因包括：不确定性、习惯、对个人损失的关注以及认为这种变革不符合组织最佳利益。

7.4.2 减少变革阻力的技巧

组织惯性的存在往往会导致员工抵制变革。图表 7-5 对减少变革阻力的技巧进行了描述，它们分别是：教育与沟通；参与；促进与支持；谈判；操纵与拉拢；威逼。

7.5 当代的变革管理问题

我们将讨论两个当代的变革管理问题：关于组织文化变革的挑战以及帮助员工处理与变革相伴的压力。

7.5.1 组织文化变革

1. 文化抗拒变革，因为：

（1）文化是由相对稳定而持久的特性构成的。

（2）文化的形成需要长时间的积淀。

（3）强文化尤其抵制变革，因为员工已经相当认同这些文化。

2. 认识情境因素。某些条件可以促进文化变革，其中包括：

（1）一次重大危机的出现。

（2）变更领导者。

（3）组织比较年轻且规模比较小。

（4）弱文化。

3. 如何才能进行文化变革？图表 7-6 提供了一个全面而周密的战略体系来帮助管理者管理文化变革。

7.5.2 员工压力

1. 什么是压力？压力是人们对特别的要求、约束或机会施加的过度压迫感所产生的一种不良反应。

2. 产生压力的原因。研究表明，压力可能是由个人因素和与工作相关的因素所导致的，我们称这些因素为应激源。应激源包括：

（1）任务要求。

（2）角色要求。

1）角色冲突：难以满足的工作期望。

2）角色过载：员工被期待在规定的时间内做更多事情。

3）角色模糊：员工没有清晰地理解组织对自己角色的期望并且无法确定自己应当做什么。

（3）人际要求。

（4）组织结构。

（5）组织领导。

（6）人格特质。

1）A 型人格：长期有时间紧迫感和感受到竞争驱动力。

2）B 型人格：放松、随和，很容易接受变革。

3. 压力的症状。压力可以以多种方式表现出来。例如，一个承受着高压力的员工可能会变得沮丧失落、事故频发或者易于发生口舌之争，可能容易心烦意乱，注意力不集中。如图表 7－7 所示，压力的症状分为三个方面：生理上的、心理上的和行为上的。

4. 如何减轻压力？员工甄选、真实工作预览、目标管理和工作再设计是组织可以用来减轻员工压力的方法。

7.6　激发创新

在动态的市场环境下，创新是成功组织的基础。无论是苹果、网飞，还是 Square、腾讯以及亚马逊都依靠创新来提供市场所需的产品和服务。

7.6.1　创造力与创新

1. 创造力是指以某种独特的方式综合各种思想或者在思想之间建立独特联系的能力。

2. 创意过程产生的成果需要转化为有用的产品或工作方法，这被定义为创新。

7.6.2　激发和促进创新

管理者如何激发和促进创新？系统模型展示了如何激发创新（见图表 7－8）。研究已发现三组变量能够激发创新。

1. 结构变量。

（1）有机式结构会对创新产生积极影响。

（2）丰富资源的可获得性为创新提供了关键的组成部分。

（3）组织各部门间的密切沟通有助于打破创新的障碍。

（4）创新型组织会尽量最小化创造性活动的时间压力。

（5）当一个组织的结构明确表示支持创造力时，员工的创造力会得到加强。

2. 文化变量。一个创新型组织很可能拥有以下特征。

（1）接受模糊性。

（2）包容奇思妙想。

（3）宽松的外部控制。

（4）容忍风险。

（5）包容冲突。

（6）结果导向而非过程导向。

（7）提供积极反馈。

3. 人力资源变量表明，组织成员在创新型组织中发挥着重要作用。

（1）创新型组织积极推崇员工的培训与开发，使他们的知识与时俱进。

（2）为员工提供高水平的工作保障，减轻他们对于因犯错而被解雇的担忧。

（3）鼓励员工成为创意领袖，积极热情地支持新创意，提供支持并克服抵制，并且确保创新得到贯彻执行。

7.7 颠覆性创新

亚马逊的出现让诸如鲍德斯书店和巴诺书店等老牌书店的经营难以为继。未来，这样的事情将屡见不鲜，因为我们已经进入了颠覆性创新时代。

7.7.1 颠覆性创新的定义

1. 颠覆性创新描述了在产品、服务或者流程领域内彻底改变行业游戏规则的创新。尽管这一用词相对新颖，但这个概念本身并不新颖。例如，经济学家约瑟夫·熊彼特早在75年前就使用“破坏性创造”一词来描述资本主义如何在破坏旧技术并代之以新的更好的技术基础之上建立。而在实践领域，颠覆性创新已经持续了一个世纪之久（见图表7-9）。

2. 颠覆性创新和持续性创新是不同的。持续性创新重在维持现状，目的是在现有产品领域进行小型和渐进的创新，并非动态的突破。例如，尽管电视机的出现颠覆了收音机行业，但高清电视也只是改进了电视的画质而已。

7.7.2 为何颠覆性创新如此重要?

颠覆性创新对许多成熟企业而言都是一种威胁，仅靠持续性创新来应对是不够的。

7.7.3 谁更脆弱?

答案是规模更大、历史更悠久以及利润较高的企业。因为它们是当前市场和技术领域的最大既得利益者。它们重复着过去的成功，将资源投入最有可能创造最大利润的项目中。而那些适合进行早期颠覆性创新的小型市场并不符合大企业的成长需要。更为重要的是，大型组织有着颇具差异性的文化和价值观，这些定义了组织的能力，但也限制了它们开发新产品和新市场的能力。而颠覆性创新，尤其是在起始阶段，通常适用于新兴或小型市场，且利润往往低于公司的主流产品。而且它们的新颖性对于创造公司主要利润的客户几乎没有吸引力。

7.7.4 颠覆性创新的启发

颠覆性创新有可能颠覆企业家、管理者甚至是你的职业规划。

1. 对企业家而言，主要的颠覆性创新为新产品和新服务打开了一扇门——来取代那些历史悠久且成熟的企业与业务。尽管资源的缺乏对进入成熟市场造成了很高的壁垒，但这并不是企业家的关键不利因素。小型创业型企业通常具有较低的管理费用和最低的成本结构，这可以转化为巨大的竞争优势。

2. 对管理者而言，颠覆性创新带来的挑战是如何恰当应对它。与普遍的看法相反，这些组织的管理者并非无能为力，因为他们可能成为颠覆性创新者本身。但有充足的证据表明，他们的“颠覆性回应”必须由一个单独的组织来实现，该组织在实体和结构上都与原有企业的主要业务不相关。

3. 对从业者而言，首先要保持技能与时俱进。颠覆性技术将持续使现有的工作和职业过时。你需要不断学习新事物。其次，试图寻找那些重视并奖励经验、人际关系和创造力的工作。这一类工作最不可能被机器人、人工智能、虚拟现实或其他数字技术的创新所颠覆。再次，对自己的未来负责。不要认为你的雇主会关注你的长期利益，更不要把你的未来交给别人，要积极管理你的职业生涯。最后，趁着年轻，去冒险。很少有人不冒险就能取得伟大的成就。那些成功的人可能辞掉一份稳定的工作，或者回到学校继续深造，或者搬到一个新的城市开始新生活，或者开始创业。尽管风险并不总能带来回报，但与 55 岁相比，人在 25 岁时遇到挫折和失败更容易振作起来。

选择题

1. 有一种组织发展技巧，包含改变工作团队的态度、成见和认知，这种技巧是______。

A. 敏感性训练　　B. 过程咨询

C. 工作再设计　　D. 群体间关系的开发

2. 不是组织变革需要首要考虑的领域是______的变更。

A. 战略　　B. 结构

C. 技术　　D. 产品线

3. 减少变革阻力的技巧之一是______。

A. 教育与沟通　　B. 谈判

C. 促进与支持　　D. 以上各项

4. 当管理者对员工直接使用威胁或强制手段来减少变革的阻力时，这是______。

A. 威逼　　B. 参与

C. 谈判　　D. 操纵与拉拢

5. 外部顾问比内部人士更有可能发生______组织变化。

A. 激烈的　　B. 温和的

C. 满足的 D. 琐碎的

6. 实现文化变革的方法包括______。

A. 维持局部控制 B. 利用群体的弹性过程

C. 增加垂直差异 D. 进行文化分析

7. 下列情境因素中的______促进文化变革。

A. 强文化 B. 领导权长期由一人掌握

C. 发生剧变 D. 组织规模大且知名度高

8. 下列关于压力的说法中______是正确的。

A. 性格是压力的主要成因 B. 压力本质上无所谓好坏

C. 潜在压力总会转化为现实压力 D. 以上各项

9. ______的变革可以在根本上改善产品结构，提升产品功能。

A. 组织结构 B. 组织战略

C. 技术 D. 人员

10. 在减缓员工压力时，管理者最好______。

A. 使沟通程度降至最低以缓解员工焦虑

B. 拒绝对员工提供帮助

C. 对员工提供咨询服务

D. 劝阻员工不要谈论个人感受以免发生不道德的干涉

11. 颠覆性创新成为当前环境中的最具研究意义的话题之一，其本质上______。

A. 为企业家带来了全新的创新机会 B. 为管理者带来了全新挑战

C. 为员工的成长指引了方向 D. 以上各项

12. 具有变革能力的组织的特征包括______之外的所有项。

A. 将过去与现在联系起来 B. 使学习成为一种生活方式

C. 确保团队间差异激发创造性 D. 整合技术

13. 激发创造力的组织有______的特征。

A. 发展独特的工作方式以提供解决问题的办法

B. 高度集权化的管理

C. 高度依赖人员变革技术

D. 因模棱两可而带来高压环境

14. ______涉及歪曲事实，以使更改显得更有吸引力。

A. 强迫 B. 教育和交流

C. 参与 D. 操纵与拉拢

15. 创新型组织的结构特征包括______。

A. 强调时间压力与期限 B. 被限制的沟通

C. 高度正式化和工作专门化 D. 低度的不确定性

16. 创新型组织的文化特征包括______。

A. 机械式组织结构 B. 权力集中化

C. 接受模糊性 D. 使用跨职能团队和任务导向

17. 创新带头人现象属于激发组织创新力的______类型的因素。

A. 结构　　B. 技术

C. 文化　　D. 人力资源

18. ______是变革的内部力量的例子。

A. 员工态度　　B. 法律与法规

C. 技术　　D. 经济变化

19. 变革的外部力量有多种来源，______不是变革的外部力量。

A. 政府法律与法规　　B. 技术

C. 组织战略　　D. 经济变化

20. 增加女性和少数族裔的就业数量，迫使管理者注意的变化因素是______。

A. 战略　　B. 劳动力

C. 设备　　D. 技术

21. 一名工人参加了一次与生产过程中电脑技术的使用有关的专题研讨会。这次会议促使该工人想通过调查了解该技术如何用于他所在的公司。这一行为属于勒温模型中的______部分。

A. 变革　　B. 再冻结

C. 驱动力　　D. 解冻

22. 组织为了激发创新活力，可以从______入手。

A. 结构变量　　B. 文化变量

C. 人力资源变量　　D. 以上各项

23. ______观点认为，变化是正常的，管理是个持续的过程。

A. 平静水域　　B. 急流险滩

C. 海洋水域　　D. 淡水

24. 当外部咨询人员被雇为变革推动者时______。

A. 外部力量对组织的影响力很小　　B. 他更倾向于激发更剧烈的变革

C. 他几乎不能作为变革的催化剂　　D. 他通常需要一个主要变革师来领导变革

25. 根据勒温的观点，______属于变革过程的一个阶段。

A. 抑制　　B. 驱动

C. 处理　　D. 解冻

判断题

1. 压力来源于个体因素或职务相关因素。（　　）

2. 与职务相关的不满意、紧张、焦虑、烦躁、厌倦、拖延等都是压力的心理症状。（　　）

3. 创造力是指以某种独特的方式综合各种思想或者在各种思想之间建立独特联系的能力。（　　）

4. 有变革能力的组织持续性地变革有助于开发新机会。（　）
5. 富有创造性的组织开发出独特的工作方式来解决工作中的问题。（　）
6. 具有压迫性的组织文化对创新有消极影响。（　）
7. 时间压力促使人们更加努力地工作，并使之更具创造力。（　）
8. 创新型组织不能容忍风险。（　）
9. 组织内部允许创新的文化因素包括接受模棱性、容忍风险、宽松的外部控制等。（　）
10. 创新者拥有的共同个性特征包括高度自信、有毅力、精力旺盛以及风险倾向性。（　）
11. 经济的波动构成了外部变革的来源之一。（　）
12. 女性从业者数量上升也是组织变革的重要推动因素之一。（　）
13. 平静水域观点符合勒温的解冻、变革和再冻结的观念。（　）
14. 一般来说，只有高层管理者才能成为组织的变革推动者。（　）
15. 作为变革推动者，管理者必须激发变革，因为他们负有改进组织绩效的责任。（　）
16. 组织变革可以是人、结构或技术的任何变更。（　）
17. 结构变革包括结构变量的任何改变，如职权关系、协调机制、员工授权或职位设计。（　）
18. 人们抵制变革的原因包括不确定性、习惯、对个人损失的关注，以及认为变革不符合组织最佳利益。（　）
19. 威逼使用直接威胁应付变革阻力。（　）
20. 合作是将努力转换到施加影响上，例如故意歪曲事实，隐藏破坏性信息，或者制造谣言。（　）
21. 威逼包括交换有价值的东西，减少变革的阻力。（　）
22. 发生重大危机会促进文化变革。（　）
23. 如果某种特定的文化随着时间的推移不再适合组织，并且成为有效管理的绊脚石，那么管理者很少能改变这一局面，特别是在短期内。（　）
24. 颠覆性创新给组织变革创造了环境条件。（　）
25. 任何类型的压力都是有害的且必须被彻底清除。（　）

复习和讨论问题参考答案

1. 为什么组织变革需要推动者？基层员工能够成为变革推动者吗？

回答该问题时，要注意从组织的内外两方面出发考虑。组织变革的推动者必不可少，因为无论是领导者还是员工，人们都存在着抵制变革的情绪，需要一位合格的引领者。同时，对于组织成员而言，内部推动者能够带来足够的可信度，外部推动者能够给组织带来全新的思想，促成组织变革。因此，一位合格的变革推动者必不可少。

变革推动者可以是内部人员，也可以是外部人员，基层员工属于内部人员，故而可以是基层员工。

2. 比较平静水域观点和急流险滩观点。

平静水域观点认为组织是一艘在风平浪静的海洋中航行的大船，变革只是以偶然的暴风雨形式出现，而且变革被视为对各种事件正常状态的偶然干扰。勒温的三阶段变革过程是这种观点的最好说明。急流险滩观点认为组织是在不断出现险滩的急流中航行的小救生艇。组织面临着一种混沌、动态的环境，变革是常态的、可预见的现象，而且对变革的管理是一个持续不断的过程。

3. 什么是组织发展？组织发展技巧如何支持组织变革？

组织发展是一个专业术语，用来描述那些聚焦于组织的成员及工作中人际关系的性质和质量的变革方式。组织发展可以通过非结构化的群体互动改变行为，可以帮助团队成员换位思考，可以改变成员的工作态度，也可以在认知与价值观上改变组织成员的认识，在多个方面推动组织变革。

4. 为什么组织中的人抵制变革？提供组织可以采用的减少变革阻力的技巧。

首先，变革让不确定性取代了确定性，有些人可能担心自己达不到组织的全新要求，因此对变革抱有消极的态度；其次，我们出于习惯做事情，但当面临变革时，我们沿袭以往方式的习惯性反应倾向就成为抵制变革的原因之一；再次，变革使人害怕失去某些已经拥有的东西，它威胁到了现阶段人们已经付出的投入；最后，人们认为变革与组织的目标及利益不相容。组织可以采用的减少变革阻力的技巧如下：教育与沟通、参与、促进与支持、谈判、操纵与拉拢、威逼。

5. 讨论组织文化在变革过程中的作用。一个组织可以采取哪些步骤来创建一种支持变革的文化？

文化是组织中相对稳定而持久的部分，因此组织的文化并不容易发生变化。因此可以引导学生从两个方面出发来回答这一问题：第一，文化的稳定性可以使组织在变革中保留部分优秀传统，从而促使组织的变革不至于在“解冻”的过程中放弃全部原有组织特征；第二，文化的稳定性可能会造成组织变革难以进行，使组织安于现状。

而组织想要塑造有利于变革的文化，可以通过以下的方案：第一，通过管理者的行为奠定基调；尤其是高层管理者，应该成为积极的榜样。第二，创造新的故事、符号和仪式以替代当前的故事、符号和仪式。第三，选拔、提升和支持接受了新价值观的员工。第四，重新设计社会化过程以匹配新的价值观。第五，为促进员工接受新的价值观体系，改变奖励制度。第六，用明文规定的期望取代不成文的规定。第七，通过转岗、轮岗以及/或者终止工作来重塑现有的亚文化。第八，通过员工参与和创造高度信任的环境来努力达成共识。

6. 为什么组织管理者要关心降低员工的压力水平？

尽管适当的压力水平会提升员工的工作绩效，但是过多的压力会导致一系列的负面问题。例如，给员工造成极大的心理负担，不仅会引发高血压等身体疾病，也有可能导致严重的抑郁等心理疾病。压力过高也可能导致行为上的失范，员工可能会出现缺勤、偷懒、效率降低等问题。

7. 创新要求组织容许员工犯错误。然而，太多的错误会对你的职业生涯产生极其恶劣的影响，你同意吗？为什么？促进创新有什么意义？

这个问题可以用来让学生进行一次课堂辩论：让班上的一半学生支持这个判断，让另一半学生反对这个判断。不过，在辩论过程中，学生必须而且应当能够思考“培育创新”与“惩罚失败”之间的关系。如果组织因为员工创新失败而惩罚他们，那么员工会停止尝试新的创新，从而抑制本组织的创新活动。

8. 提供一个颠覆性创新的例子。这一创新对行业有什么影响？

颠覆性创新的例子屡见不鲜，苹果取代诺基亚成为手机行业的新霸主就是很好的例子。苹果在深刻把握移动通信时代特点的背景下，重新定义了手机的功能与用途，为行业的整体发展指引了方向。

案例应用参考答案

案例应用 1

从内部变革的谷歌

1. 谷歌的变革推动者是谁，他们做了什么让他们成为变革推动者？

从案例中的分析可知，促使谷歌变革的力量有两种：一种来自外部，包括媒体、公众等多重利益相关者；一种来自内部，主要以谷歌的员工为代表。外部力量通过记录、报道、公开谷歌的诸多行为从而引起社会的广泛关注，而员工则通过向高层管理者提出要求、参与罢工、上街游行等方式表达不满，从而促成变革。

2. 在这种情况下，变革的内部和/或外部力量是什么？

就本案例的内容来看，尽管学生可能会有不同的想法，但是实际上变革的内部力量主要是员工态度，而外部力量更多是媒体等部门。

3. 在这种情况下，员工是如何增加驱动力的？

员工运用了多重手段，并逐渐增强其影响力与组织性，例如，从简单的辞职抗议，到后来的集中提出要求，再到后来的集中游行，用有组织的、符合法律规定的方式提升了驱动力。

4. 员工可以使用哪些减少变革阻力的技巧来帮助他们朝着变革的方向更进一步？

员工作为谷歌的重要成员，变革阻力主要来源于高层管理者，因此，减少阻力的方式更多依靠沟通。通过积极与高层管理者对话，组织员工能够更加清晰地表达诉求，从而达到完成变革的目的。

案例应用 2

在内曼·马库斯建立创新实验室

1. 为什么用“创新”这个词来形容内曼·马库斯的实验室比“创造力”更准确呢？

可以倾听不同学生的观点与意见，创新可以认为比创造力具有更加广泛的属性，而且更注重创造物的“新奇”属性。内曼·马库斯的实验室更多强调了解顾客，实现顾客的全新需求。

2. 在内曼·马库斯看来，哪些结构、文化和/或人力资源要素有助于鼓励成功的创新?

对于该问题，学生可能会有不同的想法，但总体来讲，内曼·马库斯设计的结构比较合理，它有助于员工相互沟通，互换资源，在工作网络中解决问题。在人力资源方面，公司注意培养员工的创造性，提升员工的创新力。在文化方面，公司鼓励冒险，接受不确定性。

3. 内曼·马库斯通过创新实验室的成果实现颠覆性创新了吗？为什么？

回答该问题时，需要引导学生思考颠覆性创新的程度，如果对现有的经营态势产生了冲击，就可以认为具有颠覆性的影响。例如，内曼·马库斯为消费者提供了虚拟现实类型的选择，比如数字记忆镜，通过询问朋友的意见和对比来帮助他们作出时尚决定等。

4. 在本案例中，持续性创新的例子是什么？

案例中的化妆镜就是一项持续性的改进，当然，也可以鼓励学生查找更丰富的资料。

选择题和判断题答案

选择题答案

1. D	2. D	3. D	4. A	5. A	6. D	7. C	8. B	9. C	10. C
11. D	12. A	13. A	14. D	15. D	16. C	17. D	18. A	19. C	20. B
21. C	22. D	23. B	24. B	25. D					

判断题答案

1. √	2. √	3. √	4. √	5. √	6. √	7. ×	8. ×	9. √	10. √
11. √	12. √	13. √	14. ×	15. √	16. √	17. √	18. √	19. √	20. ×
21. ×	22. √	23. √	24. √	25. ×					

第 II 篇 管理实践

Management Practice

管理者的困境

运用你在第Ⅱ篇（特别是第 6 章）所学的内容，谈一谈在这种情况下你会怎么做。

吉姆需要作一个艰难的决定，而且他的行为在这种情境下应当同时满足法律和道德的要求。由于可能出现传播的情况，吉姆需要立即联系当地的卫生部门并通知其可能出现的传播危险。作为程序的一部分，当地的卫生部门可能会制订一个向公众公开情况的计划，而且这种情况下，这并不是卫生管理部门所作的决定。如果在对潜在受影响的员工进行测试后发现有发生接触病毒的情况，卫生部门可能会要求公司遵守相关程序，如向公众进行公告、进行员工身体健康检查、消毒建筑物等，而且公司有可能被要求关闭。此时，吉姆可以向公众通告公司对于顾客的身体健康的关切，并对潜在的危险作出及时反应。公司需要制定关于危险材料和病毒暴露的相关政策，以应对类似事件。关于公司在这种情况下应该做什么，相关信息可以在州政府和当地政府的网站上找到。

全球观

1. 你认为什么样的全球观最能鼓励、支持和推进文化意识的培养？请解释。

民族中心论、多国中心论和全球中心论的区别体现在人们坚持认为他们的文化是最好的和他们愿意接受来自其他文化的最佳方法的程度。民族中心论是较为狭隘的，最好的工作地点和方法是在本国（公司总部所在的国家）。多国中心论持有这样一种观点，认为所属国（组织在其中经营业务的国家）的员工知道运营他们的业务的最佳工作方法和做法。全球中心论的态度是一个面向世界的观点，着重使用最好的方法和来自全球的最优秀的人才。具有这种态度的经理具有全球视野，寻找最好的办法和最优秀的人员，不论他来自哪里。

2. 当公司为员工设计合适的文化意识培训时，法律、政治和经济差异是如何发挥作用的？

公司应该将这些元素纳入其企业文化培训，因为一个国家的文化在其法律和经济制度中发挥了重要作用。在许多情况下，很难将一个国家的文化从其政治制度中分离出来，这可以说是一个"先有鸡还是先有蛋"的论点。国家文化是冰山隐藏在海里的部分，而人们能看到的是系统，例如政治和经济系统。

3. 多样性管理是否与文化意识有关？

对于本问题来说，文化多样性是多样性的一种形式，就像性别多样性和年龄多样性也是多样性的不同形式一样。例如，1964 年的《民权法案》第七章规定，根据种族、肤色、国籍或宗教进行歧视是违法的。那些在历史上受到歧视的群体如今有了平等的就业机会，这部分人大量地进入美国的劳动力市场。

4. 从上面提及的国家中挑选一个国家，针对其文化进行一些相关调查。你从该国的文化中发现了什么？这些信息可能会如何影响该国管理者进行计划、组织、领导和控制？

学生可以从多个来源（包括美国商务部和国际贸易管理局）找到有关文化差异的信息。对于出国旅行的个人，在美国国务院官网上可能有需要的信息。学生还可以比较霍夫斯泰德对于这两个国家的文化的比较，例如，在比较美国和日本时，美国比日本更加个人主义化，而日本在男性气质、不确定性规避和长期导向方面更强。

5. 对于一位几乎没有全球化经验的管理者，你会提出什么建议？

组织可以提供各种培训计划来帮助管理者提高他们的文化意识。这些计划可以教授管理者相关的文化理论，如霍夫斯泰德的文化框架或 GLOBE 项目的 9 个维度。管理者还可以与少数族裔开展小组合作，如拉丁裔和亚裔，以获取有关这些文化如何影响工作相关行为的更多信息。另一个建议是，管理者可以与来自其他文化的人或国际旅行者进行更多的交流，以了解他们的文化。

连续案例

星巴克——当今工作场所的基础管理

1. 霍华德·舒尔茨和凯文·约翰逊看待其自身的角色更多的是基于管理万能论还是管理象征论？请解释。

霍华德·舒尔茨和凯文·约翰逊对员工进行授权，让他们以合伙人的身份参与到公司的经营过程中。在某种程度上，舒尔茨不仅反映了管理万能论的观点，也体现了管理象征论的观点。从全局角度来看，他是这家公司的心脏和灵魂。正如一位前董事会成员所说，舒尔茨"与星巴克的愿景是紧密相连的"，他能强烈地感受到舒尔茨在企业文化的创造中所起的作用。舒尔茨的继任者约翰逊也体现了类似的管理万能论的观点。然而，从管理象征论的角度看，舒尔茨影响绩效结果的能力会受到外部因素的显著影响和约束，特别是在过去几年。对舒尔茨的领导角色最准确的描述用词应该是"综合"。虽然舒尔茨在内部和外部环境的约束下进行管理，但仍然对组织的绩效产生了重大影响。约翰逊仍然在同样的限制条件下运作，因此其角色反映了这两种观点的综合。

2. 是什么造就了星巴克这样的文化？这种文化是如何维持的？

学生应该重温第Ⅰ篇关于三位创始人的经营理念的描述。学生应该能够解释，星巴克的三位创始人的经营理念是如何从不成文的理念发展成为随后由霍华德・舒尔茨建立的公司使命的。学生应该认识到，舒尔茨对高质量、世界级咖啡和对客户的个人教育有着原始而狂野的热情，这引领着他不断前行，努力让公司更加注重关怀、尊重和文化多元性。公司通过使命、六项指导原则以及不同层级合伙人的每日决策和行动来保持其文化。舒尔茨还认识到保持他与合伙人之间的关系是非常重要的。

3. 星巴克是否鼓励顾客响应文化？道德文化呢？请解释。

在第Ⅰ篇的连续案例中，学生应该能够找到星巴克对顾客的响应的例子。虽然在第Ⅰ篇中没有具体提及星巴克对于创新的努力，但当学生查看星巴克提供的产品列表时，可以感受到一种创新的文化。学生会发现许多产品是最近才添加到产品列表中的，这会给人留下深刻的印象。星巴克通过环保产品、环境管理和社区参与来鼓励道德文化。自2001年开始，星巴克持续发布社会责任报告。

4. 描述哪些具体的和一般的环境要素可能会对星巴克造成影响。

外部环境对管理者的影响有三种：工作和就业模式、环境不确定性的数量和与利益相关者关系的性质。

无论是在条件恶劣还是优越的情况下，我们都能看到外部环境是如何影响经理人的，最明显的领域之一是它对于工作和就业的限制。外部环境的变化可以影响投入工作的数量和类型，并影响这些工作的创建和管理方式。当全球经济在过去几年中下滑时，星巴克执行团队必须作出一些困难的决定，重新调整公司业务来改变工作和就业。这些决定对于公司——从上到下、从整体到各地——都有深刻的影响。随着全球经济的改善和公司对于全球化战略的继续推动，这种影响将持续作用于工作和就业。

外部环境不确定性的数量也影响星巴克的经营管理。变化的数量和这些变化的复杂性——舒尔茨所见过的“不同广度和规模的挑战”——影响了经历全面转型以帮助公司恢复盈利增长的行动。

最后，星巴克的管理者们认识到了管理公司与利益相关者关系的重要性。从合伙人和顾客到供应商和社区，星巴克专注于经营这些关系，因为它认为这是正确的事情，这样做可以让经营结果更加令人满意。

5. 你如何对星巴克所在环境的不确定性进行分类？请解释。

与大多数全球性公司一样，星巴克面临着大量的环境不确定性，这可以通过公司环境的变化程度和复杂性进行衡量。随着技术的迅速变化、全球经济和政治环境的不断变化、竞争对手的不确定性以及消费者口味的不断变化，星巴克在动态环境中运营。

6. 你认为星巴克可能最关注哪些利益相关者？为什么？每一类利益相关者希望星巴克解决什么问题？

学生可以识别星巴克的一些重要利益相关者，如顾客、供应商和员工等。对于员工，星巴克致力于提升公司员工的幸福感和福利。这种对员工的关注是“伙伴”这一术语的缩写，包括公司内部所有员工。星巴克认识到，确保其顾客得到良好对待的最好方法是用最好的方式对待公司的伙伴。这样的积极态度将让伙伴为顾客提供最高质量的产品和服务。

舒尔茨和约翰逊通过与公司的伙保持良好沟通积极践行他们的言论。他们珍视与所有伙伴的积极关系，为他们提供“豆股票”。他们还致力于巩固与供应商的关系。

7. 面对激烈的竞争，如果想要提高其组织文化的适应性，星巴克要如何鼓励员工进行更多的创新和试验？例子有哪些？

学生对于该问题总会有很多想法，如果没有头绪，不妨让他们回头看一看先前章节的课后案例。也可以从侧面给他们提供一些建议，例如，可以通过头脑风暴的方式得到一些创新的点子、针对某一个全新的现象或者话题进行有针对性的研究、成立相应的创新部门并要求从不同的部门调集人员参与进来。具体的案例建议鼓励学生浏览星巴克的官网。

8. 随着星巴克国际业务的开展，它可能会面临国际经济和法律政策上的什么问题？

凯文·约翰逊可能认为，星巴克的业务遍及全球是其核心优势之一。星巴克在美国以外的 50 多个国家和地区拥有多家店面，正在成为一个强大的跨国公司。公司的未来增长空间大部分分散在全球，如中国、印度和越南等。这就意味着，管理者在计划、组织、领导和控制时，应密切关注不同国家和地区的政治/法律环境、经济环境和文化环境以及相关的全球化挑战对于企业的影响。

9. 选择一个被提及的国家作为星巴克的重要目标市场。列出这个国家的经济、政治、法律和文化特征，以及它可能如何影响星巴克的运营。

老师可以将班级分成 4～5 名学生为一组的多个小组，以回答这个问题。然后，让每个小组选择一个国家，并对该国的经济、政治、法律和文化特征进行研究。在每个小组撰写报告后，让每个小组提出他们的发现。可以找到信息来解答这个问题的有用的网站包括：

- 美国商务部和国际贸易管理局的网站；
- 美国国务院的网站；
- 有关吉尔特·霍夫斯泰德的发现的网站。

10. 星巴克在全球拥有超过 33 万名员工，在确保其多样性价值观得到践行和遵守方面，星巴克可能面临哪些挑战？

该问题是一个比较复杂且开放的问题。首先，由于人员来自世界各地，语言文化上的差异是星巴克要面对的问题。其次，世界各地的员工受教育水平与技能构成各不相同，星巴克或许不能一开始就找到它需要的员工。最后，各国劳动力市场状况与相关法律规定也有差异，导致星巴克不得不花大量的时间保证自身的合规性。

11. 星巴克网站援引凯文·约翰逊的话：“我们渴望成为一个包容、多样、公平和可达的地方。”解释一下这意味着什么。这四个概念有什么不同？

星巴克所称的包容包括人际关系和参与；公平包括公平和正义；可达包括易用和无障碍；多样则侧重于重要的利益相关者，包括顾客、供应商、伙伴（员工）和社区。这是一个很好的描述，说明了一个组织应该如何应对和管理多样性，并指出它所包含的重要方面。然而实际做起来可能并不那么容易，这一直是管理者在管理多样性方面面临的挑战。

12. 星巴克的高层管理者在多样性承诺方面有哪些具体的表现？星巴克如何才能在多元化方面变得更加强大？

星巴克作为一家历史悠久的国际性公司，其多元化承诺首先表现在战略上，注意侧重于不同的利益相关者，包括合作地区供应商、社区店铺等。同时，在劳动力的雇用方面，企业也注重保证一定程度的人员多样性。在当前时代，多样性承诺还表现在对顾客的态度上，如果你忘记了的话，不妨去翻看一下上一篇的连续案例，星巴克为了店内遭到调查的黑人顾客大费周章，因此公司近些年着重加强了对顾客服务的专业性。

13. 进入公司网站 www. starbucks. com，可以找到最新的企业社会责任报告。在报告中选择一个关键领域（或者你的老师会给你分配其中一个领域），描述并评估公司在这一关键领域所做的工作。

通过访问公司的网站并点击“关于我们”链接，可以找到其他链接，其中包含有关公司全球社会责任工作的各种信息。学生可能需要作一些搜索，如果他们有麻烦，教师应告诉他们如何寻找“星巴克共享星球”信息。让学生独立学习本文档，以描述和评估星巴克在全球社会责任领域的最新行动。星巴克非常努力地成为一个负责任的公司，让学生在他们所关注的领域作简短的介绍可能很有趣。

14. 你如何看待星巴克计划到 2020 年在全球范围内停止使用塑料吸管？在实现这一目标的过程中，它可能面临哪些挑战？这仅仅是一次对公共关系的推动吗？

正如第Ⅱ篇的连续案例所述，星巴克直面企业可持续发展这一问题。可以说星巴克的初衷是非常好的——它想成为一个负责任和有道德的公司，然而，处理所有塑料吸管是一个挑战。设置回收站不是一个完美的解决方案，必须在店面之外建立一个回收产品的市场。这不仅仅是一次公共关系的推动，星巴克正在与顾问、竞争对手和供应商合作寻找可行的解决方案，因为这是星巴克无法单独解决的问题，它本质上是星巴克对于企业社会责任的深度反思。

15. 星巴克使用的是哪一种绿色的方法（见图表 6－3）？解释你的选择。

对此，不同的学生会有不同的见解，这是一个有关程度的问题。从绿色的角度出发，我们认为星巴克的绿色举措起码要高于浅绿。因为它实行了多项社会责任。

16. 你认为公司使用“伙伴”而不是“员工”这一词语意味着什么？你对此有何反应？你认为公司怎么称呼员工重要吗？（例如，沃尔玛称其员工为“合作者”（associate）。）为什么？

像伙伴和员工这样的术语意在创造一种赋权和属于组织的感觉。随着从“被雇佣者”变为“伙伴”，在组织的决策过程中员工将体验到自身的重要性。员工也可对组织政策和计划有更大的选择权，他们参与制定规则和目标。然而，随着越来越多的组织开始使用这些术语，却没有落实权力下放，这些术语变成了一纸空文，这使得员工可能会认为组织不可信赖。

17. 你会把星巴克的环境归类为平静水域还是急流险滩？解释一下。在这种环境下，公司如何应对变化？

像当今的大多数管理者一样，霍华德·舒尔茨和星巴克的伙伴正在急流中前进。学生可以给出各种各样的理由来支持用这个比喻描述星巴克面对的环境，例如，难以创造能吸引多样化客户群的产品，国内公司竞争的增加，国内和全球的众多经济和文化障碍。

18. 使用图表 7-8，描述哪种创新变量已经成为星巴克的一部分？为刺激更多创新，星巴克可以增加哪种创新变量的投入？

图表 7-8 描述了对创新影响深远的三种变量：结构、文化和人力资源。在结构方面，星巴克不断变革组织结构，增加全新的店面以提升创新力，保罗 STAR 计划和星巴克储备烘焙店都是这一变量的体现。在文化方面，从舒尔茨开始，星巴克就以顾客需求为核心，不断开发全新产品，以满足顾客需要。这种紧贴顾客需求的创新文化是星巴克长久以来的竞争力来源。在人力资源方面，星巴克鼓励员工大胆创新，不要考虑失败造成的影响，甚至以合作伙伴的态度对待员工，并提供奖金与福利来激励员工。在未来，三种变量缺一不可，都应得到重视。

第 III 篇

计 划

第 8 章　计划的基础

Foundations of Planning

学习目标

8.1　定义计划的本质和目的。
8.2　划分组织可能采用的计划类型。
8.3　识别影响计划制订的关键权变因素。
8.4　比较目标设定的方法。
8.5　讨论当代的计划问题。

本章概要

8.1　计划的含义和原因

管理者一定要理解计划的重要性。让我们从了解计划基础内容开始：计划是什么？为什么计划很重要？

8.1.1　计划是什么？

计划设定组织目标，确定实现这些目标的总体战略，并且形成全面的计划层级以整合和协调各种活动。当我们使用计划一词时，指的是正式计划。

8.1.2 管理者为什么要制订计划?

1. 计划为管理者和非管理者提供了指导。
2. 计划降低不确定性。
3. 计划有助于最小化浪费和冗余。
4. 计划确定了控制所采用的目标或标准。

8.1.3 计划与绩效

尽管大多数研究表明二者大体上呈正相关关系，但我们并不能说有正式计划的组织总是比没有的组织表现得更好。

1. 与制订了多少计划相比，制订一项好的工作计划在获得高绩效中发挥了更大的作用。
2. 在那些正式计划不能带来更高绩效的研究中，外部环境通常是罪魁祸首。

8.2 计划的类型

描述组织计划最常用的是广度、时间跨度、具体程度、使用频率（见图表 8－1）。

1. 广度：战略计划与业务计划。
2. 时间跨度：短期计划与长期计划。
3. 具体程度：具体计划与指导性计划。
4. 使用频率：一次性计划与持续性计划。

8.2.1 战略计划与业务计划

1. 战略计划是应用于整个组织并确定该组织总体目标，在环境中定位组织的计划。
2. 使命是对于组织意图较为宽泛的陈述，为组织成员认为什么是重要的提供了一个总体指南。
3. 业务计划是详细陈述总体目标如何实现的计划。

8.2.2 短期计划与长期计划

短期计划少于一年。任何超过五年的时间框架都被归类为长期计划。中期指的是介于两者之间的时期。

8.2.3 具体计划与指导性计划

具体计划有明确的目标。没有歧义，也没有误解。而指导性计划确定了一般的指导方针。它们提供了焦点，但不能将管理锁定在特定的目标或具体的行动过程中（见图表8-2）。

8.2.4 一次性计划与持续性计划

一次性计划是专门为满足特殊情况的需要而设计的。持续性计划是为反复进行的活动提供指导的长期计划。

8.3 制订计划过程中的权变因素

8.3.1 组织层级

图表8-3说明了组织中的管理层级和所做的计划类型之间的一般关系。在大多数情况下，随着管理者层级的上升，计划的战略属性会不断上升。大型组织的高层管理者所做的计划基本上是战略性的。当然，在小型企业中，企业主兼管理者需要两者兼顾。

8.3.2 环境的不确定性程度

环境的不确定性越高，计划的方向性就会越强，同时也会越强调关注短期情况。当环境的不确定性很高时，具体计划必须注意适应变化——常常是以高成本和降低效率的方式。

8.3.3 未来承诺的期限

承诺概念意味着，计划应该足够长远，以兑现当下作出的承诺。计划的时间太长或太短是没有效率的。管理者并不是在为未来的决策作计划。相反，他们计划的是他们目前所作的决定对未来的影响。今天作出的决定会成为对未来行动或支出的承诺。

8.4 目标：计划的基础

目标就是最终要实现的目的，指的是个人、团体或整个组织所期望的结果。它们为所有管理决策提供方向，并形成衡量实际成就的标准。正是由于这些原因，它们才成为计划的基础。

8.4.1 陈述目标与真实目标

1. 陈述目标是一个组织的官方声明，它想让大众相信什么是它的目标。但是管理者在公开声明中的目标往往是相互矛盾的，原因在于组织要回应大量的支持者。

2. 组织的真实目标体现在组织成员的实际行动中，因为行为本身定义了事件的优先级，也体现了管理者的真实意图。认识到陈述目标和真实目标可能会不一致是很重要的，它可以帮助你解释什么是管理上的不一致。

8.4.2 传统目标设定

1. 目标可以通过一个传统的目标设定过程设定，也可以采用目标管理来设定。

2. 在传统目标设定中，由高层管理者设定的目标沿着组织等级链向下传达，并且变成每个组织领域的子目标。

（1）这种传统视角假定高层管理者知道什么才是最好的，因为他们可以看到“大局图”。员工只需努力实现自己职责范围内的目标。

（2）这种传统的方法要求目标在通过组织层级向下传达时，必须阐述得更加具体明确。然而，经常出现的情况是，这些目标在从最高管理层向下逐级传达的过程中往往会被曲解，偏离了最初设立的目标（见图表8-4）。

（3）当组织每一层级的目标被清晰确定之后，就会形成一体化目标网络，或是手段-目的链。较低层级的目标会成为实现上一层级目标（目的）的手段。

8.4.3 目标管理

1. 目标管理是一种由下级和上级共同确定具体绩效目标，定期审查目标实现情况，并根据进展情况分配奖励的系统。目标管理不是用目标来控制，而是依据目标来激励。图表8-5列出了一个典型的目标管理的步骤。

2. 阐述得当的目标的特征。

（1）从结果而非行动的角度予以阐述。

（2）可衡量的、量化的。

（3）具有清晰明确的时间范围。

（4）具有挑战性且是可实现的。

（5）书面化。

（6）便于所有必要的组织成员沟通。

3. 目标设定的步骤。

（1）回顾组织的使命或目的。

（2）评估可获得的资源。

(3) 独立或在他人参与下确定目标。

(4) 写下这些目标并将其传达给所有有必要知道的人员。

(5) 评估结果并判断目标是否已经实现。

8.5 当代的计划问题

第一，监测环境中正在发生的事以识别潜在的威胁或机会；第二，利用虚拟现实来改进计划过程。

8.5.1 环境扫描

1. 环境扫描是指通过筛选大量的信息，以检测新出现的趋势，并创建一组场景。在一般环境中，管理者会去寻找政治、经济、社会和技术数据。而一个组织更具体的数据也包括一个公司所处的行业、竞争者、供应商和顾客（见图表8-6）。

2. 环境扫描最快速的和重要的形式之一是竞争情报，指的是收集关于竞争对手的信息，使管理者能够预测竞争对手的行动，而不仅仅是对它们的行为作出反应。

3. 竞争情报并非企业间谍活动。管理人员可以用更加丰富的途径获取外部信息，但是应该在合法的范围内。

4. 非常重要的竞争情报来源之一是社交媒体。

8.5.2 虚拟现实

虚拟现实是一种在模拟环境中发生的三维、交互式、计算机生成的体验。这是一个广泛使用的工具，可以用于面试求职者，举行虚拟会议，进行复杂的工作培训，以及预览新的办公室布局。虚拟现实有可能在计划过程中帮助管理者。

选择题

1. 组织各个层次的目标被清晰定义，从而构成了一个一体化的目标网络或称为______。

A. 手段-目的链　　B. 组织图谱

C. 战略计划　　D. 可能性计划

2. 可以将计划分成______。

A. 长期计划与短期计划　　B. 具体计划与指导性计划

C. 一次性计划与持续性计划　　D. 以上各项

3. 目标管理有四个要素，不属于这四项的是______。

A. 目标具体性　　B. 参与式决策

C. 非明确的期限　　D. 绩效反馈

4. 研究表明，目标管理得以成功的重要条件是______。

A. 以团队为基础的劳动力　　B. 依赖底层管理

C. 高层管理当局的承诺　　D. 利用手段-目的链

5. 设计良好的目标的特征是______。

A. 可衡量的、量化的　　B. 具有挑战性且是可实现的

C. 书面的　　D. 以上各项

6. ______涉及通过任何方式窃取专有材料和商业机密。

A. 商业间谍　　B. 商业智能

C. 数据挖掘　　D. 数据聚合

7. 目标设定过程有五步，第一步是______。

A. 确定个体目标同时考虑相关因素　　B. 回顾组织的使命或目的

C. 评估可获得的资源　　D. 评估结果，判断目标是否实现

8. 当前的计划越是影响到未来的承诺和投入，管理者设立的计划时间结构就应当越长。这一概念是______。

A. 承诺概念　　B. 环境的不确定性

C. 持续性计划　　D. 可能性计划

9. 所有目标构成公司的______目标。

A. 非正式　　B. 运营

C. 财务　　D. 战略

10. 影响组织计划制订的权变因素包括______。

A. 组织层级　　B. 环境的不确定性程度

C. 未来承诺的期限　　D. 以上各项

11. ______包括定义组织的目标，制定战略实现这些目标，为整合和协调工作活动形成全面的计划层级。

A. 执行　　B. 物流

C. 计划　　D. 运营

12. ______是组织在行为中表现的真实意图与目的。

A. 真实目标　　B. 陈述目标

C. 目标管理　　D. 方向性计划

13. 不是融资目标例子的是______。

A. 较大的现金流　　B. 较高的分红

C. 较高的红利和较好的信用等级　　D. 较大的市场份额

14. ______构成了组织的整体目标，______具体表明整体目标怎样达到。

A. 战略计划；业务计划　　B. 长期计划；短期计划

C. 具体计划；指导性计划　　D. 持续性计划；一次性计划

15. ______是一个组织真实目标的最好指南。

A. 组织成员的行为　　B. 使命陈述

C. 年度报告　　D. 股票价值

16. 短期方案的时间框架是______。

A. 少于一年　　B. 两年左右

C. 三年左右　　D. 四年左右

17. 制定一般指导原则的灵活性计划是______。

A. 业务计划　　B. 战略计划

C. 具体计划　　D. 指导性计划

18. ______是设立双方共有目标并使用这些目标来评估员工绩效的过程。

A. 目标管理　　B. 传统目标设立

C. 观察管理　　D. 例外管理

19. 总部对加盟店铺提出的指导性方针属于______。

A. 指导性计划　　B. 具体计划

C. 财务计划　　D. 社会计划

20. ______计划提供了对重复进行的活动的持续指导。

A. 指导性　　B. 持续性

C. 业务　　D. 一次性

21. 在______中，首先设立组织的最高目标，然后将其分解到每一个组织层级。

A. 战略过程　　B. 传统的目标设立过程

C. 一系列的一次性计划　　D. 方向性目标的设立过程

22. 在传统的目标设立过程中，______。

A. 目标是由雇员和管理者共同设计的

B. 管理者设立一体化的目标网络

C. 首先设立组织的最高层目标，然后将其分解为每一个组织层级的子目标

D. 只有融资目标由管理者设立

23. ______是正式计划而非非正式计划的特征。

A. 组织内部很少或没有共同目标　　B. 计划工作是普遍的

C. 为实现目标而存在具体的行动计划　　D. 关注结果

24. 关于正式计划对组织绩效的影响，______是正确的。

A. 正式计划与良好的财务绩效有关系

B. 有正式计划的组织总是胜过那些没有正式计划的组织

C. 计划的数量对高绩效的作用比计划和实施质量的作用更重要

D. 公司在开始计划过程大约一年后可以看到正式计划对绩效的影响

判断题

1. 计划关注的是如何达到目标，而不是达到什么目标。（　）

2. 如果没有计划工作，部门和员工可能会在不同的目标下工作，组织也就不能有效

实现目标。（ ）

3. 一般而言，正式的计划与组织的绩效有着密切关联，应当引起重视。（ ）

4. 在对正式计划未产生高绩效的研究中，人们认为外部环境是主要因素。（ ）

5. 计划为管理者和非管理者提供一样的方向。（ ）

6. 计划帮助管理者消除不确定性并使组织与外界变化隔离。（ ）

7. 融资目标的例子说明了“相对于主要竞争对手要降低成本”。（ ）

8. 仅仅关注单一目标（如利润目标）会导致不道德行为，因为在这一衡量方式中，管理者和员工为了表现得更好，会忽视工作中其他重要的部分。（ ）

9. 组织的真实目标一般与其陈述目标一致。（ ）

10. 业务计划趋向于覆盖较长的时间以及较宽的领域。（ ）

11. 组织即使制订了长期计划，也应根据实际情况进行调整。（ ）

12. 具体计划是清晰定义的和没有任何解释余地的计划。（ ）

13. 当不确定性很高时，为了应对未预料到的变化，管理者必须灵活应对，指导性计划是可取的。（ ）

14. 一次性计划为管理者提供了对组织中重复进行的活动的持续指导。（ ）

15. 在手段-目的链中，高层次的目标与低层次的目标相联系，并以低层次的目标为实现高层次目标的手段。（ ）

16. 目标管理的一项重要任务是将目标层层传递。（ ）

17. 在设立目标时，目标是不明确定义的，这使管理者和员工灵活应对变化的环境。（ ）

18. 设计良好的目标具有挑战性，却是可以达到的。（ ）

19. 在确定目标之前审视组织的使命陈述是十分重要的，因为目标应该反映一个组织的使命。（ ）

20. 大多数情况下，业务计划主导了管理者低层次的计划工作。（ ）

21. 虚拟现实有助于提升组织的计划能力。（ ）

22. 承诺概念意味着计划应该扩展到未来足够长的期限，三年或更长。（ ）

23. 正式计划部门是一组负责制订组织计划的专职的计划专家。（ ）

24. 在不确定的环境中，管理者应该制定具体而灵活的目标。（ ）

25. 计划工作的一个较大的弱点是，注意力集中在未来而忽略了今天的竞争。（ ）

复习和讨论问题参考答案

1. 研究表明计划与绩效之间有什么关系？请解释。

大量研究考察了计划与绩效之间的关系。虽然绝大多数研究表明这两者之间大体上存在正相关关系，但是我们不能说拥有正式计划的组织总是优于那些没有正式计划的组织。首先，正式的计划一般来说是与正面的财务绩效联系在一起的。其次，与计划的数量相比，计划的质量以及实施这些计划的适当措施往往对高绩效的贡献更大。最后，如果正式计划并没有导致高绩效，组织的外部环境往往是导致这种现象的主要原因。

2. 请讨论对计划有影响的权变因素。

第一个权变因素是管理者在组织中的级别。通常来说，低级别的管理者主要制订业务计划，而高层管理者主要制订战略计划。第二个权变因素是环境的不确定性程度。当环境的不确定性程度很高时，所制订的计划应该是具体但有弹性的。第三个权变因素是未来承诺的期限，它能够对计划产生显著影响。

3. 对于管理者而言，未来工作中计划会变得越来越重要还是越来越不重要？为什么？

对于未来的管理者来说，计划将会变得更加重要，因为未来的外部环境会变得更加动态，不确定性程度更高。组织外部环境的方方面面都会持续不断地发生变化，而且其中许多变化会非常迅速地出现。通过迫使管理者展望未来、预测变化、考虑变化的影响以及制定妥善的应对措施，计划可以降低不确定性，从而帮助管理者更好地应对外部环境的变化。

4. 如果计划如此重要，为什么有些管理者选择不进行计划？你将给这些管理者提出什么建议？

管理者选择不投入时间来进行计划，可能是因为他们不知道如何进行计划，或者他们认为自己没有时间来进行计划。有些人可能认为进行计划是在浪费时间，无论是否进行计划，未来都将到来。但是，这些理由并不能削弱进行计划的重要性。每个管理者都应当进行计划。

5. 请解释计划如何体现“今天所做的决策会对以后产生影响”。

当管理者进行计划时，他们制定的决策会影响工作活动是如何被组织的、员工是如何被管理的，以及哪些控制机制将会被实施。当管理者通过进行计划来展望未来时，他们制定的决策将会对他们其他的管理活动产生影响。

6. 非营利组织（比如美国癌症协会（ACS））的计划与营利性组织（比如可口可乐公司）的计划有何不同？

计划过程是相似的，制订的计划的内容是不同的。非营利组织并不需要把营利作为自己的主要目标，这个事实在很大程度上影响了这类组织设定的目标和制订的计划。不过，非营利组织也必须投入精力和资源来计划如何筹集资金和招募志愿者，从而实现组织的使命。

7. 在你个人生活中，你会制订什么类型的计划？从以下角度描述这些计划：(a) 战略计划还是业务计划；(b) 短期计划还是长期计划；(c) 具体计划还是指导性计划。

不同学生的答案可能会不同。学生可能会提及自己为实现学习目标和职业发展而进行的计划。鼓励学生思考自己日常生活中的例子，以及每天、每周、每月和每年所制订的各种计划的类型。

8. 举例说明果汁饮料公司在进行环境扫描时可能收集到的数据来源。图表8-6在回答这个问题时可能会有帮助。

学生回答这一问题时可以不拘泥于图表的方案，除了比较多见的社交媒体、新闻报纸、行业协会等公开途径，思考如何培育更多的独特信息途径，例如建立高效的网络信息筛选系统。

案例应用参考答案

案例应用 1

捕捉反潮流时尚的新百伦公司

1. 新百伦的环境扫描方法与公司通常收集顾客信息的方法有何不同？

根据案例的内容，新百伦并没有跟随市场上最流行的装扮或者设计，而是选择运用更加先进的技术识别人群中独一无二的设计，从而达到“反潮流，真时尚”的目的。

2. 与使用传统的竞争情报作为时尚趋势信息来源相比，新百伦的方法有哪些优势和劣势？

相比于以往的技术，新百伦先进的信息收集技术在一定程度上可以帮助公司识别与众不同的设计，但是技术本身存在的不稳定性和复杂性特征也可能会给公司的发展带来一定的挑战。

3. 对于新百伦监测流行趋势的方法，它需要考虑哪些法律或道德方面的问题？

学生可能针对这一问题产生不一样的看法。例如，用照相机拍摄路人本身就会涉及诸多法律问题，可能会给公司带来一定的影响。而且部分路人的时装搭配选择可能来自不同的公司，新百伦对这些设计的选用也可能会涉及侵权等问题。

4. 新百伦如何才能将虚拟现实应用到它在纽约、多伦多、斯德哥尔摩和马德里收集的数据中？

该问题是较为开放的问题，建议引导学生广泛收集资料后再作出回答。

案例应用 2

实现特斯拉的目标

1. 是什么因素使特斯拉难以实现其宣称的每周生产 5 000 辆 Model 3 的目标？解释为什么你认为特斯拉所陈述的目标应该（或者不应该）与之前有所不同。

回答该问题时，可以从不同的角度出发。首先，特斯拉这样做的根本原因在于它需要完成订单的任务，因此设立了一个相对长远的目标。其次，设立这样的目标也有利于向外界的利益相关者彰显特斯拉的强大生产能力与热度。

2. 像特斯拉为 Model 3 所做的那样，设定一个雄心勃勃的生产目标有什么不利之处？

回答该问题时，应该从内外两方面出发思考。对于企业内部而言，高远的目标有助于激励员工，使其更加高效地工作。但一旦目标未能实现，企业对员工的吸引力就会下降，导致员工工作动力下降。对于企业外部而言，长远的目标有利于吸引更多的投资者，但是相对来说，失败也会导致投入的资金快速流失。

3. 你认为特斯拉的生产人员对 5 000 辆 Model 3 的目标有什么看法？它对士气有积极还是消极的影响？请解释。

这一问题相对开放。总体而言，如果目标最终可以实现，将会极大鼓舞员工的士气。但是一旦失败，打击也会是十分巨大的。

选择题和判断题答案

选择题答案

1. A 2. D 3. C 4. C 5. D 6. A 7. B 8. A 9. D 10. D
11. C 12. A 13. D 14. A 15. A 16. A 17. D 18. A 19. A 20. B
21. B 22. C 23. C 24. A

判断题答案

1. × 2. √ 3. √ 4. √ 5. √ 6. × 7. × 8. √ 9. × 10. ×
11. √ 12. √ 13. √ 14. × 15. √ 16. √ 17. × 18. √ 19. √ 20. √
21. √ 22. × 23. √ 24. √ 25. ×

第 9 章 战略管理

Managing Strategy

学习目标

9.1 定义战略管理并解释其重要性。
9.2 解释管理者在战略管理过程的六个步骤中需要做什么。
9.3 描述公司层战略的三种类型。
9.4 描述竞争优势以及组织为获取竞争优势所采取的竞争战略。

本章概要

成功的管理者能认识到要去开发市场机遇，一步步改正公司缺点，或者构建全新的、富有希望的、更有效的战略，以成为更强大的竞争者。他们如何管理这些战略将会是决定组织成败的重要因素。本章将介绍战略管理的过程并对大量组织可追求的战略进行评述。

9.1 战略管理的定义及重要性

在制定战略之前，管理者必须对组织的内部和外部环境进行细致的考察。他们应该使用一套系统的方法来分析环境、评估组织的优势和劣势、发现能带来竞争优势的机会，并把这些因素整合到战略当中。战略思维对组织绩效具有重要的影响。

9.1.1 定义战略管理

1. 战略管理是指最高管理者为促进组织目标实现，在充分考虑资源与环境机会后制订并执行的方案。

2. 战略是关于组织将如何经营、如何在竞争中获得成功以及如何吸引和满足顾客以实现组织目标的各种方案。

3. 商业模式可以简单地理解为公司如何赚钱的逻辑。它聚焦于两件事情：

（1）顾客是否认为公司提供的产品或服务有价值。

（2）公司是否可以从中获利。

9.1.2 为什么战略管理如此重要?

1. 战略管理在组织取得卓越的绩效表现上发挥了重要作用。

2. 在当今的商业世界中，任何类型和规模的组织的管理者都面临着不断变化的局面。

3. 战略管理之所以很重要也是由于组织的复杂性和多元性。组织的各个部分都应该齐心协力以达成组织目标，而战略管理有助于实现这一局面。

9.2 战略管理过程

战略管理过程是一个包含六个步骤的过程，涵盖了战略的计划、实施和评估（见图表 9-1）。

9.2.1 步骤1：确定组织当前的使命、目标和战略

1. 每个组织都需要有一个使命，使命是对组织目的的一种陈述。组织的使命解决了一个问题：组织为何存在？

2. 该组织还必须确定其当前的目标和战略。图表 9-2 展示了使命宣言的组成要素。

9.2.2 步骤2：进行外部分析

1. 每一个组织都需要进行外部分析。外部环境的构成因素包括竞争情况、即将通过的法案的影响和劳动力供给情况等。

2. 分析了外部环境后，管理者必须评估组织的机会和威胁。机会是外部环境中的积极趋势；威胁是外部环境中的消极趋势。

3. 由于不同的组织具有不同的资源和能力，因此一个组织的机会可能是另一个组织的威胁。

9.2.3 步骤3：进行内部分析

1. 在进行内部分析时，首先应该对组织的资源和能力进行准确的评估。

2. 组织最主要的价值创造能力称为核心竞争力。资源和核心竞争力两者决定了一个组织的竞争武器。

3. 优势是组织擅长的行动或者拥有的独特资源。

4. 劣势是组织不擅长的行动或者需要但缺乏的资源。

5. SWOT 分析是组织对优势、劣势、机会和威胁的分析。

9.2.4 步骤 4：制定战略

1. 在 SWOT 分析后，管理者形成和评估不同的备选战略，并从中选择最佳战略。

2. 管理者需要制定三种类型的战略：公司层战略、竞争战略和职能战略。

9.2.5 步骤 5：实施战略

战略的结果取决于战略的实施。

9.2.6 步骤 6：评估结果

战略管理过程的最后一步是评估结果。在帮助组织实现目标的过程中，战略发挥了怎样的作用？需要什么调整？

9.3 公司层战略

战略包含三个层次：公司层战略、竞争战略和职能战略（见图表 9－3）。

9.3.1 什么是公司层战略？

公司层战略是决定公司从事或想从事什么业务以及它想用这些业务做什么的战略。

9.3.2 公司层战略有哪些类型？

公司层战略的三种主要类型如下。

1. 成长战略是指组织通过现有业务或新业务来增加市场数量或提供的产品数量。

2. 稳定战略是指使组织继续从事当前各种业务的公司层战略。

3. 更新战略是用来解决绩效下降问题的战略。更新战略包括紧缩战略和转向战略。

9.3.3 如何管理公司层战略？

当一个组织的公司层战略涵盖了许多业务时，管理者可以通过一种被称为公司业务组合矩阵的工具来管理这些业务集合或组合。这种工具被称为波士顿矩阵。波士顿矩阵是一种根据战略业务单元的市场份额和预期市场增长率来为资源配置提供参考的战略工具。

9.4 竞争战略

竞争战略是决定组织如何在每种业务上展开竞争的战略。

9.4.1 竞争优势的作用

竞争优势是使本组织区别于其他组织的特征，即与众不同的优势。这种与众不同的优势可以来自组织的核心竞争力。

9.4.2 保持竞争优势

1. 迈克尔·波特的研究揭示了管理者如何创造持续性竞争优势，以获得超额利润。行业分析在波特的理论框架中是非常重要的一部分。他说，任何行业都存在五种竞争力量影响着竞争规则，这五种力量共同决定着一个行业的吸引力和盈利能力：

（1）新进入者的威胁。新竞争者进入该行业的可能性有多大?

（2）替代者的威胁。其他行业的产品替代该行业产品的可能性有多大?

（3）购买者的议价能力。购买者（顾客）拥有多大的议价能力?

（4）供应商的议价能力。供应商拥有多大的议价能力?

（5）现有的竞争者。该行业当前的竞争有多激烈?

2. 根据波特的理论，管理者应该选择一种能给组织带来某种竞争优势的战略。波特确定了三种通用的竞争战略。管理者选择哪种战略取决于组织的优势与核心竞争力，以及竞争对手的劣势。

（1）当一个企业基于在所处行业中拥有最低成本而进行竞争时，就是遵循成本领先战略。

（2）当一个企业通过提供受到顾客广泛认可和重视的独特产品来展开竞争时，就是遵循差异化战略。

（3）集中化战略是指在某个狭窄的细分市场或小市场获得低成本优势或差异化优势。

（4）如果组织不能培养某种成本优势或某种差异化优势，便会“陷入两难”。

（5）研究表明，虽然“陷入两难”的组织很难实现高绩效，但也并不是不可能实现绩效。

（6）职能战略是指组织的各个职能部门用来支持其竞争战略的战略。

9.4.3 差异化战略的案例

1. 质量作为竞争优势。如果实施得当，质量可以成为组织创造可持续竞争优势的方式之一。

2. 创新作为竞争优势。创新战略可以聚焦于突破性产品创新，可以包含将已有技术应用于新的途径，也可以聚焦于流程开发。但是创新战略的关键在于把握创新时机，成为市场先入者往往能带来好处，但也要权衡其中的劣势（见图表9-4）。

3. 顾客服务作为竞争优势。该战略强调优质顾客服务为公司带来的优势。这种战略包括给予顾客所需的产品或服务、拥有有效的顾客沟通系统，并且为员工提供顾客服务培训。

4. 大规模定制作为竞争优势。大量生产标准化产品有助于提升效率。标准化和规模经济鼓励了大规模、大批量的生产方式。然而，未来企业应该将重点放在以大批量生产的价格提供定制化的产品。

5. 社交媒体作为竞争优势。许多组织在社交媒体上进行了大量投资，以获得竞争优势。

选择题

1. 在进行个人SWOT分析时，最初应______。

A. 识别职业生涯的机会　　B. 评估个人的长处和短处

C. 描绘未来五年职业生涯的行动计划　　D. 明确就业市场存在的潜在威胁

2. 三项主要的公司层战略是成长战略、稳定战略和______。

A. 低成本战略　　B. 更新战略

C. 市场领导者战略　　D. 利润最大化战略

3. 通过合并较小的公司以扩大组织经营规模的企业采用的是公司层战略中的______。

A. 成长战略　　B. 稳定战略

C. 紧缩战略　　D. 结合战略

4. 在企业试图减缓同质化竞争带来的压力时，企业采用的是______。

A. 非相关多元化的成长战略　　B. 差异化战略

C. 通过兼并实现的稳定战略　　D. 合并核心能力战略

5. 在五力模型中，______是竞争力量。

A. 过去与竞争对手的竞争　　B. 可预测的市场变化

C. 垂直整合　　D. 替代品的威胁

6. ______战略是短期运用的公司层战略，它用于处理组织劣势，这种劣势导致绩效的下降。

A. 增长　　B. 稳定性

C. 紧缩　　D. 合并

7. 有两种主要的更新战略，分别是紧缩战略和______战略。

A. 转向　　B. 增长

C. 调整　　D. 稳定性

8. 在波士顿矩阵中，______业务提供低市场增长率和低市场份额。

A. 问号　　B. 现金牛

C. 瘦狗　　D. 明星

9. 在波士顿矩阵中，______业务处于有吸引力的市场中，但只占有较小的市场份额。

A. 现金牛　　B. 问号

C. 明星　　D. 瘦狗

10. 在波士顿矩阵中，______业务能产生大量现金流，以便投资其他产品。

A. 现金牛　　B. 问号

C. 明星　　D. 瘦狗

11. 竞争战略致力于回答______。

A. 我们如何支持选择的战略　　B. 我们应该涉足哪些行业

C. 在各自的行业中我们应该如何竞争　　D. 我们处在哪个行业

12. ______使组织能先人一步获取关键市场位置，引领行业的技术发展路线。

A. 战略计划　　B. 垄断优势

C. 市场先入者优势　　D. 竞争优势

13. ______管理注重顾客和持续改进。

A. 领导　　B. 质量

C. 职能　　D. 差异化

14. 组织如何发展战略灵活性？______。

A. 只有经过详细计划才能投入资源　　B. 应该监控和评估其过去的战略

C. 应该依靠高级员工的经验　　D. 制定战略决策时应该有多个备选方案

15. 一个实施成本领先战略的公司需要______。

A. 保持最低的成本水平　　B. 提供独一无二的产品

C. 瞄准在细分领域的成本优势　　D. 匹配其竞争方面的成本

16. 不属于战略管理过程的步骤是______。

A. 内外部分析　　B. 目标确立

C. 战略制定　　D. 战略联盟

17. 职能战略直接支持______。

A. 公司层战略　　B. 竞争战略

C. 成长战略　　D. 集中化战略

18. 下列关于战略管理的表述，不正确的是______。

A. 战略管理是管理者的一项重要任务，包括所有的基本管理职能

B. 管理者的许多决策都涉及战略管理
C. 战略管理对营利性组织很重要，对非营利组织和政府机构不是很重要
D. 战略管理与较高的绩效相联系

19. ______描述一个公司如何赚钱的逻辑。
A. 职能战略　　B. 商业模式
C. SWOT 分析　　D. 核心竞争力

20. 使命陈述包括以下几个要素，除了______。
A. 产品或服务　　B. 市场
C. 对员工的关注　　D. 对竞争对手的关注

21. 管理者进行外部分析后知道______。
A. 公司的基本理念和道德准则　　B. 竞争对手在做什么
C. 公司不拥有的资源　　D. 组织的核心竞争力

22. 核心能力是在战略管理过程的______步骤中决定的。
A. 实施战略　　B. 分析环境
C. 分析组织的资源和能力　　D. 构造战略

23. ______是组织的主要价值创造技术、能力或资源，决定了组织的竞争手段。
A. 使命陈述　　B. 核心竞争力
C. 现金牛　　D. 竞争性战略

24. 高层管理者负责制定______战略。
A. 差异性　　B. 公司层
C. 竞争性　　D. 职能层

25. 在 SWOT 分析中，组织机会在______结合点出现。
A. 克服环境威胁和对雇员的授权　　B. 组织使命和职能战略的选择
C. 组织资源/能力和环境中的机会　　D. 公司管理和使命的选择

判断题

1. 在迈克尔·波特看来，理解产业的竞争因素对开发战略方案并不是必需的。 (　　)
2. 低成本战略是一种竞争战略，要求组织成为行业中成本最低的生产者。 (　　)
3. 差异化战略是一种竞争战略，要求组织提供为广大的消费者所接受的独特产品。 (　　)
4. 集中化战略是为特殊市场开发的成本领先战略或差异化战略。 (　　)
5. 多元化是公司紧缩战略的一个例子。 (　　)
6. 针对竞争者行为采取行动是竞争战略的核心原则之一。 (　　)
7. 战略灵活性涉及认识到外部环境的主要变化、快速转移资源和意识到战略决策不起作用的能力。 (　　)

8. 管理者能够使用电子商务技术制定有助于可持续竞争优势发展的电子商务战略。（ ）

9. 作为市场先入者的一个劣势是缺乏顾客忠诚度。（ ）

10. 采用战略管理过程的管理者通常会达到很高的绩效。（ ）

11. 战略管理是管理者进行决策的一部分。（ ）

12. 企业的商业模式是一种战略设计，指导公司如何从战略、工作流程、工作活动中获利。（ ）

13. 战略管理过程的第一步是分析组织外部环境。（ ）

14. 组织特殊或独特的资源称为核心能力。（ ）

15. 在战略计划中，组织的文化总是优势。（ ）

16. 公司层战略在企业开展竞争的过程中起到引导方向的作用。（ ）

17. 企业的社交媒体行为一定程度上也可以成为企业的优势之一。（ ）

18. 公司可以通过相关和非相关多元化实施成长战略。（ ）

19. 稳定战略是组织维持现状的一种组织战略。（ ）

20. BCG 矩阵是一种战略工具，它基于公司市场份额和预期市场增长率指导分配决策。（ ）

21. 明星业务在 BCG 矩阵中的特征是低市场份额和低预期市场增长率。（ ）

22. 当组织陷入困境时，采用转向战略是更新战略的一种类型。（ ）

23. 战略业务单元是指存在于组织内部、相对独立并形成了自己的战略的业务。（ ）

24. 组织产品和服务的质量及可靠性的不断增强会产生难以比拟的竞争优势。（ ）

复习和讨论问题参考答案

1. 对于企业来说，为什么战略管理很重要？一个没有战略计划的组织能成功吗？为什么？

战略管理涉及所有基本管理职能，是管理者为制定本组织的战略而做的工作。战略管理之所以重要，有三个方面的原因：第一，它在组织取得卓越的绩效表现上发挥了重要作用。第二，战略管理有助于管理者应对不断变化的局面。第三，战略管理有助于工作的协调，以及促使员工努力聚焦于组织的重要事项。这一点很重要，因为组织是复杂和多样化的。

2. 描述战略管理过程的六个步骤。

战略管理过程是一个包含六个步骤的过程，涵盖了战略的计划、实施和评估。这六个步骤分别是：（1）确定组织当前的使命、目标和战略；（2）进行外部分析；（3）进行内部分析；（4）制定战略；（5）实施战略；（6）评估结果。机会是外部环境中的积极趋势；威胁则是消极趋势。优势是组织擅长的行动或者拥有的独特资源；劣势是组织不擅长的行动或者需要但缺乏的资源。

3. 对于大型企业、小型企业、非营利组织和国际公司而言，战略的计划、实施和评估这几个环节可能有什么不同？

所有的组织，无论是大型组织还是小型组织，营利性组织还是非营利组织，国内组织还是全球化组织，都能够受益于战略制定过程。在制定战略时，不同类型的组织之间的主要差异在于它们的使命和目标。例如，一家小型公司的所有者可能并不想追求公司的成长，而是聚焦于公司的稳定。对于非营利组织来说，目标并不是为了所有者或股东赚钱，而是如何找到一种最好的方法来最有效率、最有成效地利用本组织的资源使其他人受益。在一个全球化组织中，SWOT 分析会受到更高的重视，因为这类组织需要考虑更多的潜在因素，而且其目标不仅仅是服务于一个国家或市场。

4. 在分析组织的外部环境和内部环境时，是否应该将道德纳入考虑范围？为什么？

道德的考量应渗透到组织的每一项活动。由于公司的战略是其计划的基础，因此如果在制定战略时不考虑道德因素，组织可能会忽视潜在的道德问题。

5. 描述竞争战略的主要类型，以及如何运用波士顿矩阵管理这些企业。

竞争战略的主要类型是成长战略、稳定战略和更新战略。成长战略指的是组织通过现有业务或新业务来增加市场数量或提供的产品数量。组织可以采用集中化、多元化、纵向一体化或横向一体化等方式获得成长。稳定战略指的是使组织继续从事当前各种业务的公司层战略。更新战略指的是用来解决绩效下降问题的战略。波士顿矩阵是一种通过考察战略业务单元的市场份额和预期市场增长率来对公司的业务组合进行分析的方法。波士顿矩阵将战略业务单元划分为四种类型：现金牛业务；明星业务；问号业务；瘦狗业务。

6. 描述竞争优势的作用，以及波特的竞争战略如何帮助一个企业获得竞争优势。

竞争优势是使本组织区别于其他组织的特征，即与众不同的优势。组织所拥有的竞争优势是该组织选择一种合适的竞争战略的基础。波特的五力模型评估了五种能够共同决定某个行业的吸引力和盈利能力的竞争力量。这五种竞争力量分别为：新进入者的威胁；替代者的威胁；购买者的议价能力；供应商的议价能力；现有的竞争者。波特提出的三种竞争战略是：成本领先战略；差异化战略；集中化战略。当一家企业基于在所处行业中拥有最低成本而进行竞争时，它采用的是成本领先战略。当一家企业通过提供受到顾客广泛认可和重视的独特产品来展开竞争时，它采用的是差异化战略。当一家企业致力于在某个狭窄的细分市场或小市场获得低成本优势或差异化优势时，它采用的是集中化战略。

7. “竞争优势的概念在非营利组织与营利性组织中同等重要。”你是否同意这一观点？请解释，并举出例子支持你的观点。

无论是非营利组织还是营利性组织，都要为了顾客而展开竞争。如果是非营利组织，它们的顾客就是捐赠者，而且如同其他任何市场一样，捐赠者市场的规模是有限的。要想成功地完成自己的使命和目标，非营利组织需要利用某种东西来吸引捐赠者，就如同营利性组织需要吸引顾客一样。例如，非营利组织 United Way 和许多企业建立了稳固的合作关系，这些企业经常会向 United Way 捐赠财物。另一个例子是非营利组织 Mary

Komen's，它因为致力于提高人们对乳腺癌的认识而知名，已经在美国举办了多种活动来吸引公众的注意，甚至还与美国职业橄榄球大联盟（NFL）合作来宣传自己的事业。

8. 描述质量、创新、顾客服务、大规模定制和社交媒体这几项差异化战略。

质量战略侧重于不断提高产品的质量和可靠性，以使自己与竞争对手区别开来。劳力士采用的就是这一战略。创新战略侧重于突破性产品创新，也包括将已有技术应用于新的途径。一些被称为先行者的公司会使用创新战略，争做第一个将产品推向市场或使用新工艺的组织。顾客服务战略侧重于给予顾客所需的产品或服务、拥有有效的顾客沟通系统，并且为员工提供顾客服务培训。大规模定制战略侧重于为顾客提供大量选择，并允许他们创建自己独特的产品版本。社交媒体战略侧重于使用互联网以及脸书、推特等社交媒体来收集有用的信息或瞄准其产品市场。

案例应用参考答案

案例应用 1

Chipotle的转向战略

1. Chipotle在哪些方面遵循（或没有遵循）更新战略的两个组成部分？

回答该问题时答案较为开放。更新战略包括紧缩战略与转向战略。Chipotle的紧缩战略表现为关闭一些表现不佳的门店，而转向战略更多集中在数字化转型上。

2. 如果Chipotle只需要一个紧缩战略（而不是转向战略），他们会怎么做？

学生可能会有多种答案，但是要注意围绕在紧缩本身上，如关闭门店、去除有问题的产品等。

3. Chipotle的转向战略如何表明他们注意到（或没有注意到）战略管理过程中的外部和内部分析？

回答该问题时，可以从不同的角度出发。从案例内容来看，Chipotle的内部分析不是十分充足，他们并没有用充足且有效的资源来解决公司存在的问题。而从外部分析的角度来看，该公司准确识别互联网时代的特征，并将数字化作为战略的重点。

4. 自2018年10月以来，Chipotle是否在转向战略上取得了进展？如果有的话，公司面临着怎样的新挑战？

该问题建议学生搜索后自行作答。

案例应用 2

通过快速求救公司救死扶伤

1. 作为市场先入者，快速求救公司显示出的优点和缺陷是什么？

快速求救公司准确发现了“蓝海市场”——解决美国911报警系统的缺陷。但是公司面临的困难却很多。首先，技术上存在诸多难关需要攻克，并不是短时间内能够实现的。其次，由于是与政府开展合作，可能还会在合作模式上进行探索与创新。

2. 快速求救公司使用的成长战略是什么（集中化、纵向一体化、横向一体化还是多元化）? 证明你的观点。

该问题的答案并不统一。从业务的角度来看，当前该应用主要聚焦于让紧急风险等级高的人更好地获得紧急救助，目的在于获得特定群体的支持和信任，因此在一定程度上可以认为是一种集中化战略。同时，学生也可以从一体化与多元化的角度出发阐述这一问题。

3. 快速求救公司还能做些什么，来解决使用应用程序连接 911 接线员的相关问题?

该问题的思考重点应该集中在企业与政府之间的差异上。要想成功连接 911 接线员，关键在于了解传统的报警电话系统的特点与原理。因此为了开展进一步的深入合作，企业需要与政府相关工作人员进行深入的沟通，以获得更丰富的信息与资料。

4. 快速求救公司的行为是不是减少了新进入者和替代者对其造成的威胁?

这一问题同样比较开放。由于该企业合作的对象为 911，整体改换成本较高，因此在一定程度上不容易发生转换。同样，与苹果和谷歌合作也会让新供应商很难成功进入这个市场。

选择题和判断题答案

选择题答案

1. A	2. B	3. A	4. B	5. D	6. C	7. A	8. C	9. B	10. A
11. C	12. C	13. B	14. D	15. A	16. D	17. B	18. C	19. B	20. D
21. B	22. C	23. B	24. B	25. C					

判断题答案

1. ×	2. √	3. √	4. √	5. ×	6. √	7. √	8. √	9. ×	10. ×
11. √	12. √	13. ×	14. ×	15. ×	16. √	17. √	18. √	19. √	20. √
21. ×	22. √	23. √	24. √						

第 10 章　创业型企业

Entrepreneurial Ventures

学习目标

10.1　定义创业并解释为什么它很重要。

10.2　解释企业家在创业型企业的计划阶段做什么。

10.3　描述组织的六种法律形式并选择合适的组织形式。

10.4　描述企业家如何领导组织。

10.5　解释管理者如何控制和退出组织。

本章概要

对于那些想成为企业家的人来说，有很多东西需要了解。在本章中，我们将对这些知识进行概述。就让我们从定义创业开始本章的学习。

10.1　创业的内容

10.1.1　什么是创业？

创业是为抓住机会而创办新企业的过程。企业家通过改变、彻底变革、转型或推出新产品与新服务来抓住机会。

10.1.2 为什么创业很重要?

创业的重要性主要体现在三个方面：创新、经济增长、提供就业机会。

1. 创新。

（1）创新是一个改变、试验、改造，进而彻底变革的过程，创新是创业活动中非常关键的一个环节。

（2）企业家在新产品的商业化中扮演着意义非凡的角色。现代最先进的创新——飞机、汽车、电话、冷冻食品、空调都源自企业家的聪明头脑。

2. 经济增长。

（1）创业有助于市场竞争，从而提高效率，满足需求。

（2）新晋企业使传统企业保持警觉，并淘汰低效企业。而新的、改进的产品、流程和生产方法则会刺激经济增长。

（3）快速的经济增长是促进一国经济发展的主要动力。

3. 提供就业机会。

（1）新就业机会的最大来源并不是大公司，而是小企业。

（2）美国小企业雇用了 47.5%的劳动力。2017 年，美国新增的 210 万个就业岗位中，190 万个是小企业创造的。

10.1.3 创业过程

当创办和管理创业型企业时，创业者必须实施四个关键步骤。

1. 探究创业的环境。
2. 识别机会和可能的竞争优势。
3. 创办企业。
4. 管理企业。

10.1.4 企业家做什么?

企业家创造某种新事物或者某种不同的事物，他们寻找变化，作出回应并加以利用。

1. 对创业型企业的潜力进行评估，然后着手解决启动阶段的一些事项。
2. 推进企业的计划事项。
3. 设置企业流程，开展人事活动，管理企业成长。

10.1.5 一条混合创业路径

一条混合创业路径可以让你在追求新的创业机会的同时，无须受制于创业活动相关的全部风险和不确定性。

1. 混合创业路径指的是一边留在现有机构中进行日常工作，一边创业。把有偿工作和自主创业结合起来，会比全职创业更有优势。

2. 混合创业路径让创业者能有机会检验自己的想法，并在压力较小的环境中成长。

3. 混合方式可以让个人利用他们的全职工作产生的收入来启动和持续资助他们的新企业。

4. 当混合路径被用作全职自主创业的过渡步骤时，企业存活率要高得多。

10.2 启动与计划事项

企业家必须做的第一件事是识别机会和可能的竞争优势。接下来，他们应该通过研究企业的可行性以及规划企业来准备企业的创办。

10.2.1 识别环境中的机会和竞争优势

企业家必须在机会消失或被其他人利用之前就迅速发现并抓住机会。彼得·德鲁克确定了企业家在外部环境中发现机会的七种潜在来源：

（1）意外。

（2）不协调之事。

（3）流程需要。

（4）行业和市场结构。

（5）人口趋势。

（6）认知变化。

（7）新知识。

10.2.2 研究企业的可行性——想法

1. 创业型企业的主要思路来源包括：在同一行业中工作；个人兴趣或习惯；对熟悉的或不熟悉的产品或服务的考察和研究；外部环境中的机会；等等。

2. 想法产生后需要进行评估：评估创业想法包括个人方面和市场方面的一些考虑。每一项评估都为企业家了解这个想法的潜力提供了关键信息。图表 10-1 描述了企业家在评估潜在的想法时可能会考虑的一些问题。

10.2.3 研究企业的可行性——竞争对手

1. 企业家在研究自己潜在的竞争对手时可能会考虑的一些问题包括：

（1）竞争对手提供什么类型的产品或服务？

（2）这些产品或服务有哪些主要特征？

（3）竞争对手提供的产品或服务具备怎样的优势和劣势？

（4）竞争对手是如何处理市场、定价和物流的？

（5）竞争对手通过什么措施使自己与其他竞争对手区分开来？

（6）竞争对手是否在这些方面取得了成功？为什么？

（7）竞争对手擅长什么？

（8）竞争对手拥有哪些竞争优势？

（9）竞争对手不擅长什么？

（10）竞争对手的规模和盈利能力如何？

2. 接下来，企业家应当评估自己拟创办的企业将如何“适应”这种竞争局势以及能否在竞争中取得成功。

10.2.4 研究企业的可行性——融资

企业家必须投入时间和精力来仔细研究多种不同的融资方案。

10.2.5 拟订一份商业计划书

1. 在撰写商业计划书时，企业家必须进行严肃、周密的思考。

2. 一份好的商业计划书涵盖了六个主要方面。

（1）执行摘要。

（2）机会分析。

（3）环境分析。

（4）企业描述。

（5）财务数据与预测。

（6）辅助材料。

10.3 组织事项

一旦企业家解决了拟创办企业的启动和计划事项，就应该准备开始组建该企业。

10.3.1 组织的法律形式

1. 在创办一家新企业时，企业家必须制定的第一项决策是组织所有权的法律形式。影响这项决策的两个主要因素是税收和法律责任。

2. 组建创业型企业的三种基本方式是：个人独资；合伙制；公司制。

3. 这三种基本形式，再加上它们的变体，总共可以形成六种选择方案（见图表 10－2）。

（1）个人独资：由唯一的所有者单独持有和完全掌控整个企业，并且对企业债务承担个人无限连带责任的企业法律形式。

（2）普通合伙制：两个或更多所有者共同管理企业和承担风险的企业法律形式。

（3）有限责任合伙制：企业由普通合伙人和有限责任合伙人共同组成的企业法律形式。实际上由普通合伙人运营和管理企业。

（4）C型公司：所有者和管理者分离开来的一种商业法人实体。

（5）S型公司：也称为《美国税法典》第S分章公司，是一种特殊的公司类型，具有公司的常规特征，其独特之处是只要满足一些特定标准就可以作为合伙制企业来纳税。

（6）有限责任公司：一种相对较新的商业组织形式，融合了合伙制与公司制的特征。有限责任公司提供公司制的有限责任保护以及合伙制的税收待遇，并且较S型公司具有更少的限制条件。

10.3.2 组织设计与结构

随着企业的成长，企业家必须雇用员工来帮忙。这时，企业家必须选择最合适的组织结构安排，以便有效率且有成效地开展企业的工作。

10.3.3 人力资源管理

随着创业型企业的成长，企业家需要招募额外的员工来从事日益增多的工作。

1. 招聘员工。企业家希望确保企业拥有足够人手来从事必需的工作。招聘新员工是企业家面临的最大挑战之一。

2. 留住员工。招聘到合格的、胜任的员工仅仅是有效管理人力资源的第一步。企业家希望留住自己招聘进来并经过培训的员工。

10.4 领导事项

在一家创业型企业中，企业家的领导职能对该企业的成功具有重要作用。

10.4.1 企业家人格特质

1. 难以确定所有企业家都具备的人格特质。

2. 证据表明，企业家可能具备一种主动型人格，拥有这种人格特质的个体更倾向于主动采取行动来影响他们的处境或环境。

3. 研究表明，企业家比管理者具有更强烈的冒险倾向。不过，这种冒险倾向会被企业家的首要目标所制约。

4. 盖洛普对近200名非常成功的企业家进行的一项调查发现，他们在一定程度上具有10种特质（见图表10-3）。

10.4.2 企业家充当领导者

1. 在启动阶段，企业家的任务是定义业务。制订一个总体的商业计划，并招聘第一批员工。企业家是企业的核心和灵魂。此时还没有新员工要遵守的政策或程序。企业家总览全局。

2. 在过渡阶段，企业从一个非正式的、结构松散的初创企业，转变为一个有纪律的、能够适应快速扩张的企业。此时工作专业化和标准化政策出台，企业家也必须学会授权。

3. 在规模扩张阶段，创业的许多“独特性”就消失了。至此，管理的概念变得具有概括性。

10.5 控制事项

企业家必须着眼于控制企业的运营，以使企业在短期和长期内均能够实现生存和繁荣。企业家必须考虑以下控制事项。

10.5.1 潜在的控制问题与行动

1. 小企业失败的常见原因显示出需要密切监控的几个方面的问题：现金储备不足；新的竞争者；主要客户群体流失；扩张过快；惨淡的招聘情况；不愿放权。

2. 上述情况提醒企业家应特别注意制定处理这些潜在问题的控制措施：密切关注企业的财务状况；监控竞争和潜在竞争；与顾客保持定期联系；监督员工表现；监控员工的工作负荷。

10.5.2 退出组织

对于企业家而言，从一个创业型企业退出似乎是一件奇怪的事情。然而，企业家确实可能在某个时间点作出退出企业的决定。

1. 退出的选项基本上有五种：

（1）合并或收购。

（2）出售给友好的买家。

（3）发起首次公开募股（IPO）。

（4）把企业当作摇钱树。

（5）清算。

2. 企业价值评估方法。

(1) 资产评估。

(2) 收益评估。

(3) 现金流评估。

3. 退出企业涉及的其他重要事项。这些事项包括为退出企业做好准备，决定谁来出售企业，考虑税收事项，筛选潜在的收购者，以及决定在出售企业之前还是之后告知员工。

选择题

1. 李梅在学习完有关创业管理的课程后，认为自己家乡的工厂如果可以采用一些智能设备，很有可能降低生产成本，关键在于当地市场并没有一家相似的企业着手此事，于是她创建了一家企业。我们可以认为李梅是一位______。

A. 空想者　　B. 政府官员

C. 创业者　　D. 商业合作组织会员

2. 从事______的人会利用全新的技术开拓尚未被发掘的市场，也可能会就现有市场的新需求研发对应的产品。

A. 社会责任　　B. 惠民工程

C. 风险投资　　D. 创业创新

3. 哈伯是船舶租赁商，在自家的阁楼里办公。他的公司名为“海蓝船舶租赁公司”。几年之后，哈伯开始思谋把他的生意扩大到包括几个熟识的合伙人。我们将哈伯归类为______。

A. 个体经营者　　B. 上市公司经理

C. 国企员工　　D. 公司 CEO

4. 作为一位创业者，哈尔德热衷于关注有关经济运行态势、政府监管法律法规、社会文化发展趋势和本地劳动力市场结构等话题，这说明哈尔德正在______。

A. 组建创业团队　　B. 分析创业环境

C. 打造组织架构　　D. 研究竞争对手

5. 企业家精神对整个经济的突破性发展是重要的，因为企业家______。

A. 有助于社会价值创造　　B. 拥有奇思妙想

C. 擅长构筑利益同盟　　D. 保持市场的充分竞争

判断题

1. 小企业和创业企业在概念上没有什么区别。　（　）

2. 小企业对经济发展的贡献可能会小于大企业，但它们提供的新就业机会是十分重

要的。 （ ）

3. 在中国，企业家精神是促进国民经济发展的重要动力源泉。 （ ）

4. 创新是企业家精神的组成部分之一。 （ ）

5. 探索创业环境包括探查经济、政治/法律、社会和工作环境等。 （ ）

6. 创业前创业者必须完成的最重要的活动之一就是制订商业计划。 （ ）

7. 企业成立后，企业家所进行的工作与创业前没有什么区别，因此也不用学习。 （ ）

8. 一种合法的商业组织形式是创业企业成功的先决条件之一。 （ ）

复习和讨论问题参考答案

1. 你认为成为一名企业家最困难的事情是什么？最有趣的事情是什么？

成为一名企业家会面临什么困难，带来什么乐趣？不同的人很可能会有截然不同的看法，这是一种非常有趣的现象。对于创办一家新企业，有些人可能觉得最困难的事情是提供一种创新的产品或服务；而有些人认为，最困难的事情可能是承受创办新企业所带来的风险，例如贷款或者从其他投资者那里融资；还有一些人认为，最困难的事情可能是维持企业的日常运营。

2. 为什么企业家对社会很重要？

社会企业家是企业家的一种形式。当谈到创业时，绝大多数人都会想到开公司挣钱。社会企业家的目标也包括开展业务来挣钱，不过，他们的目标并不仅仅局限于挣钱，还包括解决某个（些）社会问题或环境问题。

3. 一名好的管理者能成为一名优秀的企业家吗？请讨论。

一名优秀的企业家需要良好的管理技能。此外，作为一名好的管理者，他应该有一些优秀的企业家应该拥有的素质（用创新的解决方案解决实际问题的能力）。有些学生可能试图争辩说，这两种技能是相互排斥的。无论是大企业还是小企业，无论是成立已久的企业还是初创企业，企业家所需的技能都是一样的。

4. 为什么许多企业家难以放手让其他人来管理他们的企业？

大多数企业家对他们创造的组织有很强的依赖性。这导致他们相信只有自己才明白什么是对企业最好的。因此，他们可能不愿意将控制权授权给他人，因为他们担心浪费已经投入的时间和精力。

5. 一个人能否通过指导成为一名企业家？为什么？

有些人拥有成为企业家的“天赋”，他们拥有一种主动型人格，对风险非常适应，拥有很好的辅助团队，而且在正确的时间和位置抓住了一个正确的机会。这是否意味着如果不具备以上这种人格或者可以提供帮助的朋友和家庭，你就不会成为一名企业家？绝对不是这样。虽然有些东西是无法传授的，但造就一名企业家的主要因素是其在工作和生活中获得的技能以及为实现目标而付出的努力。

案例应用参考答案

案例应用 1

与 Brainz Power 一起，成为一名大学生创业者

1. 在安德鲁创业的不同阶段，他哪些事情做得很好？

首先，在创业初期，安德鲁很好地识别出大学生的需求——集中注意力，发现了一个可能具有竞争优势的机会。他还选择了一条相对无风险的创业道路，因为他不需要当前的收入。其次，在产品开发中，安德鲁稳扎稳打，用扎实的实验数据验证了产品的安全性，为未来的推广奠定了基础。最后，他灵活选用营销渠道，用 Instagram 与潜在客户联系，获得了许多客户。

2. 安德鲁是以什么方式践行混合创业路径的？

与以往的混合创业相似，安德鲁在上学时创办了公司。然而，他将自身的专业知识与未来的职业规划结合在一起，并且在上学期间并不依赖公司的收益过活，这就导致他具备很多其他混合创业者所不具备的特征。

3. 你认为安德鲁具备创业者的哪些特质？哪些特质与成功息息相关？

该问题没有标准答案，例如，安德鲁拥有智慧，善于把握机遇，勤奋刻苦，并有很强的职业道德，等等。

4. 安德鲁应该警惕哪些潜在的控制问题？为最小化这些问题的影响，他应该做什么？

当前，安德鲁的公司只是一家小型的创业企业。在后续的成长中，安德鲁需要面临员工增多带来的管理问题，也需要面临管理结构变革带来的冲击等。他需要不断学习，适应变化，努力将自己从一名研究型的创业者转变为一家公司的经营者，这需要漫长的时间。

案例应用 2

找到问题的解决方式是何其美妙的事情！

1. Qordoba 是如何对体现创业精神重要性的领域（创新、经济增长和提供就业机会）产生影响的？请解释。

Qordoba 的想法是超前而具有创造性的，该想法的初衷在于确保电子信息的一致性。这对于互联网时代的企业而言具有十分重要的价值。这一工作以往都是由企业内部承担，且耗时费力，但是 Qordoba 的出现改变了这一情况，恰好证明了创新精神的重要性——发现潜在机遇，及时作出改变。

2. Qordoba 的创始人在创立公司时就从外部环境中发现了机会，那么企业家在外部环境中寻找潜在机会的七种来源中，哪一种适用于 Qordoba 的情况？

流程需要与认知变化都是 Qordoba 的创始人创业的重要动力，企业对于烦琐的内容

确认工作的焦虑助推了这一创业机会的涌现。当然，学生也可以探讨其他的机会维度。

3. 描述融资（风险投资）在Qordoba不断增长的成功中所扮演的角色。

资金是企业成长的必要资源之一。风险投资为企业提供了充足的资金，保证企业可以在相对宽裕的环境中研发技术、招募人员。

4. 你认为Qordoba现在可能面临什么样的领导力需求和挑战？这些需求和挑战在未来会发生什么变化？

学生对此可能会有不同的看法。Qordoba可能会面临公司成长带来的一系列问题，就像我们先前讨论的那样。在既定的企业规模下，企业必须处理多重关系，如公司内的部门关系、与员工的关系、与外部利益相关者的关系等，这些都会对企业的领导力构成挑战，需要其不断变革结构，提升管理能力。同时，这些需求与挑战也会随着公司成长逐渐表现为不同的具体问题，如企业的结构变革难题、人员多样性难题、跨国扩张难题等。

选择题和判断题答案

选择题答案

1. C　2. D　3. A　4. B　5. D

判断题答案

1. ×　2. √　3. √　4. √　5. √　6. √　7. ×　8. √

第 Ⅲ 篇 管理实践

Management Practice

管理者的困境

假如你是这个管理团队的一分子，利用第Ⅲ篇中关于计划和战略管理章节的内容，你会建议团队关注哪五件事？

以计划为例。计划包括：确定组织的目标，制定实现这些目标的总体战略，以及制订一套综合和协调组织工作的全面计划。确定捐赠应如何及在何处分配需要仔细的规划——无论是长期还是短期。让学生先考虑分配礼物所涉及的短期计划。长期计划不仅要评估已分配的内容，还应考虑如何使用剩余资金。对于解决这一问题来说，学生如果决定投资一定百分比的礼物（并且投资结果带来重大回报或导致重大损失），就会考虑计划的可能结果。

全球观

1. 了解与全球供应链相关的一些挑战；全球供应链具备什么好处？管理者应该如何做以使这种干扰的影响程度降到最低？

学生应该认识到，全球供应链使得来自世界各地的竞争优势实现最大化。产品可以外包给全世界不同的公司来降低成本和提高质量。然而，我们也应看到全球供应链断裂的负面影响。当供应链中断时，其他供应商和制造商的生产将减缓甚至停止。

2. 对于这种意料之外的事件，什么类型的计划是最适合的？

火山喷发等意外事件将需要不同种类的计划。虽然长期计划已经足够了，但这些计划可能需要一些灵活性。学生需要确定短期计划也能够处理这些问题，因此灵活性将是解决问题的关键。此外，学生可以提出一些能够在具体区域、具体环境下运行的计划，以确保在危机期间的灵活性。

3. 在动态变化的环境中，管理者要怎样有效行事?

在动态环境中实现高效规划需要充分重视环境的不确定性。公司可能无法专门为火山喷发进行计划，然而，公司的计划应该在发生了意想不到的问题时仍然保持灵活性。学生需要解释公司如何开发具体的计划，同时在一定程度上使这些计划具有灵活性。

学生应该在规划过程中理解灵活性的重要性。环境不确定性是常见的，而不是例外。因此，严格遵守任何计划都可能给管理者带来问题。拥有快速适应危机的能力也很关键，因为管理者能够评估情况，并与其团队合作克服障碍。

4. 在这种情况下，SWOT 分析是否有效? 请解释。

有效。在完成 SWOT 分析后，管理人员可以制定适当的策略，即利用组织的优势和外部机会，保护组织免受外部威胁或内部劣势的不利影响。这种情况下的策略可以解决外包海外生产的决策，或者中断生产的威胁是否能影响企业的决策。

5. 管理者可能会如何使用环境扫描和虚拟现实的手段来做好灾难的防范工作?

虚拟现实技术可以模拟现实环境可能发生的情况，帮助管理者更好地感受灾难发生时造成的危害，并思考应对灾难的方法。当前常见的虚拟现实手段有很多，如 VR 实验室、现实增强眼镜等。

连续案例

星巴克——计划

1. 请列举星巴克的一些目标，描述每一个目标属于什么类型。接着，请描述陈述目标将如何影响以下员工的工作：(a) 奥马哈市星巴克门店的兼职咖啡师；(b) 阿姆斯特丹的星巴克烘焙工厂的质量保证技术员；(c) 地区销售经理；(d) 全球供应链运营执行副总裁；(e) 首席执行官。

为了使学生能够从团队产生的协同效应中受益（并且因为这个问题相当复杂），将班级分成五个学生为一组的多个小组。学生应该查看在第Ⅰ篇管理实践和第Ⅱ篇管理实践中的案例研究材料，其中有星巴克的目标列表。

每个小组中的每个学生可以分别负责对上述五类员工进行考察，并看他们的工作是如何受到他们所列出的目标影响的。小组成员在小组讨论后要向其他成员介绍他们的研究结果。

2. 请具体讨论星巴克所采用的成长战略类型。

《管理学（第 15 版）》第 9 章中介绍和讨论了不同类型的成长战略，请学生分析一下：星巴克实施了什么战略，从而造就了过去的成功？关于星巴克采取了什么成长战略，让学生尽可能地举出具体的例子，以论证自己的观点。例如，星巴克通过其已有的门店和新建的门店，不断增加产品的种类（如定制 CD、电影、咖啡与茶等）。

3. 近年来，稳定战略和/或更新战略在哪些方面适用于星巴克?

总体而言，星巴克近些年在中国的扩张速度有所下降，其中有来自中国企业的挑战，比如快速发展的瑞幸咖啡（尽管它不久前还深陷财务造假的泥潭，但最近又以高速的发展吸引了市场的关注)。因此，星巴克不会大规模地使用稳定战略与紧缩战略，它需要在适当的位置更新企业的发展战略以改变局面。

4. 星巴克采取了什么措施来保持其相对于竞争对手的竞争优势？它还能做什么来保持自己在业内的竞争力？

首先，请学生回答以下问题：

- 什么是竞争优势？
- 什么是持续竞争优势？
- 为什么拥有一个或多个竞争优势对于每个组织的成功至关重要？

接下来，请学生说出星巴克的竞争优势。当学生陈述这些竞争优势时，把它们写在黑板上，使全班都可以看到它们。然后，请学生选择他们认为可持续的竞争优势，并说明星巴克应该如何在竞争激烈的全球市场中保持竞争优势。学生还需要评论所列出的每个竞争优势是否具有可持续性。

5. 星巴克的咖啡价格高于其中国竞争对手。当然，星巴克也效仿中国竞争对手，提供咖啡外卖服务。与麦当劳等竞争对手相比，星巴克目前在中国采取了什么样的差异化战略？星巴克未来还有可能考虑采用哪些差异化战略？

星巴克在中国使用了几种差异化战略，包括基于质量、顾客服务和大规模定制的差异化。创新和社交媒体可能是星巴克未来差异化品牌的途径。

6. 凯文·约翰逊领导星巴克的方式与作为企业家创始人的霍华德·舒尔茨有何不同？

这又是一个十分开放的问题。从外部环境来看，舒尔茨所在的时代要比约翰逊更加明朗，但相比于约翰逊，舒尔茨本人承担了较多的风险。尽管约翰逊继承了舒尔茨勇于创新、关心客户等较为核心的理念，但是在当前时代，约翰逊的门店扩张思维要好于舒尔茨。如果非要说两者有什么不同，应该说是一种领导方式在不同时代的表现。

第 IV 篇

组 织

第11章 组织结构设计

Designing Organizational Structure

学习目标

11.1 描述组织设计的六项要素。
11.2 比较机械式结构和有机式结构。
11.3 讨论组织设计倾向于机械式结构或有机式结构的权变因素。
11.4 描述传统的组织设计。
11.5 讨论21世纪为灵活性而进行的组织设计。

本章概要

在本章中，我们将介绍有关组织的基础知识。我们将定义组织的概念及其组成部分，介绍管理者如何运用这些部分来创造各式各样的组织结构。我们也将展示什么时候像ING这种自由的结构更受欢迎，什么时候层级结构的组织是更好的选择。

11.1 组织设计的六项要素

管理者需要设计一种组织结构，在这种结构下，员工可以有效率、有成效地完成工作。为了理解组织结构和组织设计的组成要素，我们首先要对几个重要概念进行定义。

1. 组织被定义为安排和设计员工的工作以实现组织目标。

2. 组织结构是组织内正式的工作安排，可以用组织结构图的形式直观展示，同时也服务于很多目的（见图表11-1）。

3. 组织设计是创造或改变组织结构的过程。组织设计是一个涉及六项要素的决策过程，包括工作专门化、部门化、指挥链、管理跨度、集权和分权、正规化。

11.1.1 工作专门化

工作专门化是指把工作活动划分为各项单独的工作任务的程度。今天的大多数管理者都将工作专门化看作一项重要的组织机制，而不是一种大幅提高生产率的方法。图表 11－2 告诉我们，在达到某种程度之后，劳动分工所造成的人的非经济性——厌倦、疲劳、压力、低生产率、糟糕的质量、频繁旷工和高离职率——就会超过原有的经济优势。

11.1.2 部门化

在决定工作任务由谁来完成之后，共同的一些工作活动需要组合在一起，使得工作可以以一种协调一体化的方式完成。这种将工作岗位组合到一起的方式称为部门化。图表 11－3 展示了部门化的五种常用类型。

1. 职能部门化：根据职能组合工作岗位。

2. 地区部门化：根据地区组合工作岗位。

3. 产品部门化：根据产品线组合工作岗位。

4. 流程部门化：根据产品或顾客的流动组合工作岗位。

5. 顾客部门化：根据特定的、独特的顾客组合工作岗位。

6. 部门化的一些流行趋势如下。

（1）越来越多的组织采用了顾客部门化，因为这种方式能帮助组织更好地监控和回应顾客需求的变化。

（2）除了传统的部门安排之外，跨职能团队的应用也越来越普遍。跨职能团队是指来自不同职能领域的个体所组成的工作团队。

11.1.3 指挥链

指挥链是从组织的最高层延伸到最底层，用以界定汇报工作渠道的职权链。与指挥链相关的三个重要概念分别是职权、职责和统一指挥。

1. 职权是指某个管理职位本身所具有的发布命令和让命令得到执行的权力。

切斯特·巴纳德提出了权威接受论，认为职权的来源是下属是否接受的意愿。巴纳德还主张，只有在下列这些条件得到满足的情况下，下级才会接受命令。

（1）他们理解该命令。

（2）他们认为该命令与组织目的相一致。

（3）该命令与他们的个人信念并不矛盾。

（4）他们有能力按照该命令完成任务。

直线职权是向管理者授予直接指挥下属工作的职权。直线职权是沿着指挥链从组织最高层依次延伸到组织最底层的雇主-员工职权关系。

幕僚职权即向拥有直线职权的管理者提供支持、帮助和建议的职权，并从总体上减少他们一部分信息和情报负担。

2. 职责是指完成任务的义务或期望。

3. 统一指挥原则是法约尔 14 条管理原则之一，主张一个人应该只向一位管理者汇报。

4. 今天，信息技术使得这些概念的相关性大大降低。员工可以在几秒钟之内得到过去只有老板能得到的信息。这也就意味着员工可以与组织中的其他任何人交流而不需要经由指挥链。统一指挥原则也开始受到影响。

11.1.4 管理跨度

管理者能够有效率且有成效地管理多少员工？这就是管理跨度的相关内容。

1. 管理跨度的概念非常重要，因为它决定了组织层级和组织中管理者的数量（见图表 11－4 的例子）。

2. 如何确定合适的管理跨度呢？确定合适的管理跨度受到许多权变因素的影响，包括员工任务的相似性和复杂性、下属的空间距离、实施标准化程序的程度、组织信息系统的复杂性、企业文化的力量，以及管理者偏好的管理风格。

3. 近几年的趋势是朝扩大管理跨度的方向发展。

11.1.5 集权和分权

集权和分权的概念主要解决如下问题：组织中的决策是由谁作出的、在哪作出的、如何作出的。

1. 集权是决策集中在组织高层的程度。

2. 分权是低层组织成员提供输入或作出实际决策的程度。

3. 为了使组织变得更加灵活，以更好地应对环境的变化，目前的趋势是决策制定的分权化。

4. 员工授权即给予员工更多的决策权。

5. 图表 11－5 列举了影响一个组织集权或者分权程度的一些因素。

6. 今天，管理者通常会选择能够促使他们最好地实施决策和实现组织目标的集权或分权程度。然而，在一个组织中发挥作用并不意味着一定会在另一个组织中发挥作用，所以管理者必须为各自的组织及其中的每一个工作单位确定最合适的分权程度。

11.1.6 正规化

正规化是指组织中各项工作的标准化程度以及员工行为受规则和程序指导的程度。

1. 在高度正规化的组织中，员工几乎没有什么自主权，一致化和统一化的程度非常高。高度正规化的组织拥有清晰明确的组织描述、大量的组织规章制度以及涵盖各项工作流程的明确程序。

2. 在正规化程度较低的组织中，员工在如何开展自己的工作上拥有更多的自主权。

3. 正规化不仅会催生结构化程度相对较低的工作行为，而且会抑制员工思考其他备选方案的积极性。

4. 不同的组织，甚至是一个组织内的不同部门，其正规化程度可能有非常大的差别。

5. 如今，在快速变化的时代，高度的正规化并不是很有效。因为今天的工作场所越来越需要应对动态变化的环境。因此，组织需要更加灵活的设计。

11.2 机械式结构和有机式结构

不同的组织具有不同的结构。即使是规模相当的两家公司，其结构也不一定相似。两种组织设计模式如图表 11-6 所示。

1. 机械式组织是一种僵化和严密控制的组织设计。这种设计的主要特征有：高度的专门化、严格的部门化、清晰的指挥链、较窄的管理跨度、集权化、较高程度的正规化。

2. 有机式组织是一种具有高度适应性和灵活性的组织设计。这种设计的主要特征有：跨职能团队、跨层级团队、信息的自由流动、较宽的管理跨度、分权化、较低程度的正规化。

3. 哪种组织设计更好一些呢？这取决于一些权变因素。

11.3 影响组织结构选择的权变因素

如何确定合适的组织结构取决于四种权变因素。

11.3.1 战略与结构

组织战略是影响组织设计的一个权变变量。

1. 阿尔弗雷德·钱德勒最早对结构与战略的关系进行了研究。他发现结构需要跟随战略，随着公司战略的变化，结构也要发生相应的变化，以支持新的战略。

2. 研究表明，某些结构设计最适合某些特定的组织战略。

（1）创新需要有机式组织所具备的灵活性以及信息的自由流动。

（2）成本最小化则需要机械式组织所具备的高效性、稳定性和严格控制。

11.3.2 规模与结构

相当多的证据表明，一个组织的规模会影响它的结构。虽然规模与结构之间并不存在线性关系，但大型组织通常拥有更高程度的专门化、部门化、集权化和更多的规章制度。

11.3.3 技术与结构

1. 每个组织都使用某种形式的技术将其输入转化为输出。

2. 琼・伍德沃德对结构与技术的关系的研究表明，组织会调整其结构以适应采用的技术。她以生产的复杂程度和高级程度为标准，划分了三种不同的技术类型。

（1）单件生产描述的是单件或小批量的生产。

（2）批量生产描述的是大量的生产。

（3）连续生产是技术最复杂且体现了连续的流程制造的生产方式。

3. 伍德沃德在她的研究中发现，这三种技术类型、组织结构以及组织的有效性之间存在相关关系。图表 11－7 概述了伍德沃德的研究发现。

11.3.4 环境不确定性与结构

影响组织结构选择的最后一个权变因素是环境不确定性。管理者可以通过调整结构来降低环境不确定性对组织的影响。环境不确定性程度越高，组织越是需要具备灵活性和快速反应的能力。

11.4 传统组织设计

在今天的组织中，我们可以发现各式各样的组织设计类型。图表 11－8 简要总结了每一种类型的优势和劣势。

11.4.1 简单结构

简单结构是一种部门化程度低、管理跨度大、权力主要集中于一个人、正规化程度极低的组织设计。

1. 简单结构的优势在于：快速；灵活；维护成本低；责任清晰明确。

2. 简单结构的劣势在于：随着组织的发展，这种结构愈发不适用；依赖某个人是有风险的。

随着组织规模的扩大，其结构倾向于变得更加专门化和正规化。当权变因素要求组织选择一种官僚化或是机械化的组织设计时，组织也许会选择职能结构或事业部结构。

11.4.2 职能结构

职能结构是把从事相似或相关职业的专业人员组合在一起的一种组织设计。

11.4.3 事业部结构

事业部结构是一种由相对独立的事业部或业务单元组成的组织结构。

11.5 21 世纪为灵活性而进行的组织设计

许多组织发现，传统的组织设计往往不适合当今日益动态和复杂的环境。因此，管理者正在寻找创造性的方法来进行结构设计和组织工作。

11.5.1 团队结构

团队结构是由工作团队构成并完成工作任务的一种组织结构。在这种组织结构中，员工授权至关重要，因为并不存在从组织最高层延伸到最底层的管理职权链。员工团队以他们认为最佳的方式来设计和完成工作，但这些团队也应该承担他们在各自领域中所有工作绩效的责任。

11.5.2 矩阵结构和项目结构

1. 矩阵结构分派不同职能部门的专业人员从事各种工作项目，每个工作项目由一名项目经理领导（见图表 11-9）。这种组织设计的独特之处是创造了一种双重指挥链。矩阵组织中的员工拥有两位经理：职能经理和产品/项目经理。这种矩阵设计“违背”了统一指挥原则。

2. 项目结构中的员工持续地在各个项目中工作。与矩阵结构有所不同，项目结构没有员工在完成一个工作项目后可返回的正式部门。相反，员工将他们所具备的特殊技能、能力和经验应用于其他项目。还有，项目结构中所有工作都是由员工团队来完成的。员工加入项目团队是因为他们带来了该项目所必需的技能和能力。一旦完成了这个项目，他们就转换到另一个工作项目。

11.5.3 虚拟组织

虚拟组织中，权力高度集中，很少或者基本没有部门分工。这种结构形式允许每个项目都拥有最适合其需求的人才，而不仅仅是工作室雇用的人员。它也最小化了官僚制的成本，因为没有长久的组织需要维护。它减少了长期风险和成本，因为没有长期团队——团队都在既定的时间内组建，然后解散。

虚拟结构的主要优势是它的灵活性，但随着受欢迎程度的提高，它的缺点也越来越明显。虚拟组织处于一种不断变化和重组的状态，这意味着角色、目标和责任不明确，为增加的政治行为埋下了伏笔。

11.5.4 远程办公

远程办公是允许员工在家办公并通过电脑与公司办公场所互联的工作安排。虽然远程办公有着无须通勤，不用被同事打断，有机会更好地平衡工作和个人生活等优点，但很多公司已经开始减少远程办公计划。因为人们认为，让员工在同一个办公空间工作可以加快工作速度，建立同事关系，激发创新。对许多员工来说，有同事在身边满足了一种重要的社交需求。此外，许多远程办公者承认，在没有办公环境的情况下，很难保持注意力集中，经常分心。

11.5.5 压缩工作周

1. 压缩工作周即员工每天工作更长时间，但每周工作天数更少。最常见的安排是每天工作 10 小时，一周工作四天，休息日通常是周五开始，因此该制度提供了一个三天的周末。

2. 好处在于，员工有额外的时间从事休闲活动和处理个人事务；在减少通勤时间和成本的同时，员工往往在非高峰时间上下班，每周通勤次数减少。对于雇主来说，它可以带来更高的员工满意度，更少的缺勤和离职。

3. 缺点在于，员工的积极性经常会因为工作时间长而下降。工作时间越长，员工就会发现越难安排家属护理或是交通通勤。当朋友和家人都要工作时，在工作日参加社交活动可能会很困难。对管理来说，压缩工作周的主要缺点是如何协调日程安排和监督工作。

11.5.6 弹性工作时间

1. 弹性工作时间（弹性工作制）是一种要求员工每周工作一定时间但允许他们在一定范围内改变工作时间的制度安排。

2. 弹性工作制明显的缺点是它并不适合所有的工作，比如流水线工作以及员工必须在工作日上午 8 点到下午 5 点随时待命的服务工作，不太适合弹性工作时间。而对于经理和主管来说，他们在工作上已经有了高度的自主权，所以弹性工作时间的好处不那么有吸引力。

11.5.7 工作分享

1. 工作分享是两个或更多的人分担一份全职工作的做法。

2. 对雇主来说，他获得了双重的技能和经验，允许企业吸引技术工人，例如退休人员和带小孩的父母，这些人可能无法全职工作。对于员工来说，如果他们可以在平时不能工作的时候工作，那么工作分享可以增加员工的积极性和满意度。

11.5.8 灵活就业员工

1. 灵活就业员工包括自由职业者、劳务派遣人员、顾问或其他临时雇用的外包和非永久员工。这种以灵活就业员工为基础的组织被认为是未来劳动力的主要形式。当前，管理者越来越依赖于根据需要雇用临时员工来填补空缺。

2. 企业面对灵活就业员工的时候面临的主要问题之一，是对那些真正有资格成为灵活就业员工的人进行分类。

3. 由于各组织的运作环境日益多变，因此对灵活就业员工的依赖会增加。同时，由于技术和新的竞争对手开始推动行业变革，管理者已然无法为所有员工提供长期的工作保障和丰富的福利，自然会提升对灵活就业员工的需求。

选择题

1. 如果一个组织变得越来越灵活和具有响应性，那么它明显倾向于______。

A. 日益正规化　　B. 大批量生产

C. 集权化决策　　D. 分权化决策

2. 把工作岗位组合到一起的过程称为______。

A. 部门化　　B. 集权

C. 形式化　　D. 分权

3. ______组织具有高度适应性和灵活性，组织中的员工经过培训并被授权开展各种工作活动。

A. 有机式　　B. 机械式

C. 矩阵型　　D. 集权化

4. 在职能部门化的情况下，工作根据______分组。

A. 职能　　B. 地区

C. 生产线　　D. 顾客

5. 从历史上看，组织的规模______。

A. 对组织的结构没有影响

B. 对组织的结构有重要影响

C. 决定了组织的结构

D. 随着组织的成长，组织更加简单和有计划

6. 琼·伍德沃德在她的研究中发现______。

A. 有一种最好的方式来组织一个企业

B. 在机械式组织中最有效的技术是批量生产

C. 在机械式组织中最有效的技术是连续生产

D. 技术与组织结构没有必然联系

7. ______部门化是根据产品或顾客在组织中的流动组合工作岗位。

A. 产品　　B. 职能

C. 流程　　D. 顾客

8. 职能结构______。

A. 将相似或相关职业的专家组合在一起

B. 帮助管理者在追求职能目标时仍能时刻关注自己的兴趣

C. 是固有的有机式组织

D. 明确按产出任务分配职责

9. ______的一个缺点是活动和资源的重叠，增加了成本，降低了效率。

A. 职能结构　　B. 简单结构

C. 事业部结构　　D. 以上各项

10. ______发生在一个政府机构，不同的公共服务责任分为员工、儿童和残疾人的活动。

A. 产品部门化　　B. 地区部门化

C. 流程部门化　　D. 顾客部门化

11. ______部门化的缺点是不同的团体间缺乏沟通。

A. 地区　　B. 职能

C. 流程　　D. 顾客

12. 一个公司正计划修改其组织结构和更换其中一个管理者，安德森·库珀建议增加员工授权以给他们更多的决策权。如果属实，______将支持库珀的观点。

A. 公司的员工不愿意破坏现状和担心任何责任的改变

B. 公司的员工习惯于一个权威的结构和清晰定义的工作角色

C. 公司的一线工作者掌握关于能和不能做什么的第一手知识

D. 公司正试图从造成重大损失的经济衰退中恢复，以致不得不裁员

13. 以下因素中______要求一个更集中的组织结构。

A. 决策的影响重大　　B. 当公司分散在不同的地理位置

C. 当组织正面临危机时　　D. 当环境是复杂的

14. 在______结构中，在一个项目经理的领导下从不同职能部门调配专家在一起工作。

A. 事业部型　　B. 职能型

C. 简单型　　D. 矩阵型

15. 在稳定和简单的环境中，______。

A. 有机式设计是最有效的　　B. 机械式设计是最有效的

C. 低形式化是必要的　　D. 分权是必要的

16. 在以下各项传统的组织设计中，重复的活动和资源会导致成本增加和效率低下的是______。

A. 事业部结构　　B. 团队结构

C. 矩阵结构　　D. 项目结构

17. ______是一个由独立的业务单元组成的组织结构，每个业务单元拥有有限的自治权。

A. 官僚结构　　B. 简单结构

C. 职能结构　　D. 事业部结构

18. 组织中正式的工作安排是______。

A. 组织设计　　B. 组织结构

C. 部门化　　D. 工作专门化

19. ______是一位希望在家工作的有孩子的合格女员工最好的选择。

A. 远程办公　　B. 工作共享

C. 弹性工作时间　　D. 压缩工作周

20. 网络组织______。

A. 倾向于执行所有的内部工作活动　　B. 也被制造业公司称为模块化组织

C. 通常无法发展它们的核心竞争力　　D. 有刚性和清晰定义的边界

21. 一家电信公司设立了几个部门，如移动通信服务、国内通话和国际通话等。它采用的是______部门化。

A. 产品　　B. 顾客

C. 职能　　D. 地区

22. 把工作活动划分为各项单独的工作任务的程度称为______。

A. 工作专门化　　B. 分化

C. 指挥链　　D. 管理跨度

23. 法约尔认为职员应该只对一个主管报告工作，这指的是______原则。

A. 劳动力划分　　B. 管理跨度

C. 统一指挥　　D. 集权化

24. ______结构内，清晰的指挥链是不存在的。

A. 团队　　B. 项目

C. 机械式　　D. 职能

25. 下列陈述中的______准确定义了工作专门化。

A. 它的基础是分组在一起工作

B. 个别员工专门做一个活动的一部分，而不是整个活动

C. 这是职权链从上层组织扩展到下层组织的过程

D. 阐明了谁向谁报告

判断题

1. 所有其他事物不变，管理跨度越窄，组织就越有效。（　）

2. 由于机械式组织设计尚不能应对环境的快速变化和不确定性，因此我们通常希望

组织采用更加有机化的结构设计。（ ）

3. 将更多的决策权给低层员工，组织的分权化程度就越高。（ ）

4. 在一个极端，组织可以绝对集权，而在另一个极端，组织可以完全分权。（ ）

5. 虚拟组织通常由一小部分的核心全职员工和临时聘请的外部专业人员作为项目工作所需的组成部分。（ ）

6. 如果一家公司拥有若干独立、分权的自治经营单位，每个单位有自己的产品、客户、竞争者和盈利目标，那么这家公司是事业部结构。（ ）

7. 对员工授权在一个团队结构中至关重要，此时从组织的高层到基层没有管理职权线。（ ）

8. 在非常正式的组织中，员工有更多的自由权决定如何做他们的工作。（ ）

9. 今天的组织主要是依靠严格的规则和标准化指导和规范员工的行为。（ ）

10. 特别行动组是由一个永久委员会或小组解决影响一个组织中几个部门的长期问题。（ ）

11. 创新者需要有效率、稳定性和严格控制的机械式结构。（ ）

12. 一旦组织成长到超过一定规模之后，规模对组织结构的影响将会加大。（ ）

13. 在事业部结构中，公司总部通常作为一个外部监管者，协调和控制组织的各个部门。（ ）

14. 如今大多数管理者将工作专门化视为提高生产率的无限源泉。（ ）

15. 分别建立工程、财会、生产、人事和市场部门属于职能部门化。（ ）

16. 压缩工作周是在一个工作周内，员工每天工作更长时间，但每周工作天数更少。（ ）

17. 在跨职能团队中，权力是集中化的，不能分享。（ ）

18. 经理如今继续重视工作专门化是很重要的，因为它帮助员工更有效率地工作。（ ）

19. 管理跨度越宽，组织结构图的层次越多。（ ）

20. 近几年的趋势朝着更宽的管理跨度以及与之相联系的管理者不断努力降低成本、加快决策速度的方向发展。（ ）

21. 组织内工作标准化的程度就是组织集权化的程度。（ ）

22. 顾客部门化很有效，因为它强调监控和响应顾客需求的变化。（ ）

23. 网络组织方式要求组织集中关注最擅长的工作，将其他工作外包出去。（ ）

24. 指挥链的一个原则是，一个人应该只向一个人报告。（ ）

25. 一些大型的组织比小组织更倾向于更高层次的专门化、部门化。（ ）

复习和讨论问题参考答案

1. 逐项讨论组织设计的六项要素的传统观点以及当今的观点。

传统上，工作专门化指的是把工作活动划分为各项单独的工作任务的程度。当今的观点认为工作专门化是一项重要的组织机制，但它也能够导致各种问题。指挥链以及与它密切相关的几个概念——职权、职责和统一指挥——被认为是在组织内维持控制的重要方式。当今的观点则认为它们在组织中没有以前那么重要。对于管理跨度，传统的观点认为管理者无法而且也不应该直接监管六个以上的下属。当今的观点则认为管理跨度取决于许多权变因素，例如管理者及其员工的技能和能力以及所从事工作的特征，等等。其他从略。

2. 你更愿意在一个机械式组织还是有机式组织中工作？为什么？

学生对这个问题的答案会各不相同。许多学生喜欢机械式组织井井有条的结构，也有些学生在严格、僵化的组织结构中效率不高。需要注意的是，在“自我评估”中有一个问题询问学生是否愿意为一个官僚（机械式）组织效力。在回答这个问题时，学生可能会考虑自己得到的评估结果。

3. 比较三种传统的组织设计。

简单结构是一种部门化程度低、管理跨度大、权力主要集中于一个人、正规化程度极低的组织设计。职能结构是把从事相似或相关职业的专业人员组合在一起的一种组织设计。事业部结构是一种由相对独立的事业部或业务单元组成的组织结构。

4. 在先进的信息技术下，组织工作可以在任何时间、任何地点完成，那么，组织职能仍然是一项重要的管理职能吗？为什么？

虽然一个组织的工作任务可以在任何时间、任何地点完成，但组织职能仍然是一项重要的管理职能，因为如果要完成一项工作，仍然需要对工作任务进行划分、组合与协调。

5. 区分矩阵结构和项目结构。

在项目结构中，员工持续不断地从事各种工作项目。与矩阵结构不一样的是，项目结构并不具有员工在完成一个工作项目后可返回的正式部门，而是让员工把自己的特殊技能、能力和经验带到下一个项目中。另外，在项目结构中，所有工作都是由员工团队来完成的。

6. 在管理员工灵活工作安排时，可能会出现什么问题？你在组织设计中学到了什么？信息对于管理者解决问题有何帮助？

当组织变得更加灵活时，控制和职权也成为非常重要的事项。没有直接监管（在实施远程办公时），指挥链非常不清晰，管理者可能会因此觉得缺乏控制。在实施远程办公时，员工可能会觉得自己游离在重要的组织决策之外，或者觉得自己不会被委以重任。

7. 如何使工作分享的设计有效率？一名工作分享者需要做什么来让设计生效？

工作分享需要从两个维度出发进行设计。首先，在工作维度上，进行分享的员工的工作必须具有相关性，我们不能期望毫不相关的个体进行工作分享。其次，员工需要对工作分享一事持相对积极的态度，也就意味着员工之间需要具有良好的关系，管理者可以通过积极沟通来增进员工间的关系。

8. 为什么今天越来越多的公司使用灵活就业员工？

技术的发展给社会就业环境带来了诸多影响，在互联网时代，环境变化剧烈而迅速，所以公司频繁面临裁员和结构调整等问题，因此对临时工作岗位的需求逐渐增加。

案例应用参考答案

案例应用 1

Punchkick Interactive：让扁平化组织卓有成效

1. 你将如何描述 Punchkick Interactive 公司的交互式组织设计元素？

从分工的角度出发，Punchkick Interactive 没有专业化程度很高的细分工作任务。从指挥链的角度出发，Punchkick Interactive 也并不是按照统一指挥原则运作，而是采用了有限的控制范围。总体而言，Punchkick Interactive 公司是一家组织结构十分灵活的企业。

2. Punchkick Interactive 的例子说明了哪些优点和值得关注的潜在领域？

Punchkick Interactive 公司的结构有助于员工快速识别顾客需求，并在全公司内部寻找可以运用的资源，这种快速反馈的模式给这家企业带来无与伦比的优势。然而，Punchkick Interactive 公司也不得不面临中长期项目带来的考验，因为在这样的项目中，整体规划与统一指挥是关键且必要的，并不是扁平模式的“短平快”能够实现的，因此其未来发展也存在变数。

3. 你认为像 Punchkick Interactive 这样扁平的、“没有老板”的结构是如何有效运作的？在什么情况下（例如行业、组织规模、员工特征）这种结构不会发挥同样的作用？

在 Punchkick Interactive 所在的信息技术行业，项目是工作的重要单位。尽管 Punchkick Interactive 没有十分严密的组织结构，但是由于项目主要依赖员工的个人知识，因此并不影响公司的运作。但是如果在相对传统的工业、建筑业、零售业等部门，这种零散的结构就存在许多细节问题。

4. 你对 Punchkick Interactive 有何建议，以确保它不会遭遇维尔福公司遇到的问题？

维尔福公司的发展启示 Punchkick Interactive，公司内部的松散只是表象，高层需要对企业的未来发展路径进行深入的探索与考察，以确保公司前进的方向。

案例应用 2

谷歌的隐形员工

1. 劳务派遣人员对于谷歌公司和谷歌公司员工自身有什么好处？

对于公司而言，首先，人员的灵活性为公司免去了长期职位安排带来的困扰。其次，多样化的员工也帮助公司获得了多样化的知识与技能，使得公司开展各种工作能够得心应手。对于员工而言，接触劳务派遣人员有助于提升员工的协作能力与工作水平，从而帮助员工更好地完成工作。

2. 作为劳务派遣人员，你认为最重要的问题是什么？

无论是什么类型的员工，首先关心的问题就是薪酬与福利，公司应该足额支付劳务派遣人员的工资，并保证其能享受到一些组织的福利。其次就是录用与辞退问题，没有人希望无缘无故被辞退，因此企业要制定一套合理且公正的招录与离职流程，最大限度保障劳务派遣人员的利益。

3. 你认为如何改善劳务派遣人员的聘用安排，以使劳务派遣人员和谷歌都能取得有效的工作成果?

该问题的答案比较开放。可以鼓励学生从公司内外等角度考虑。例如，在公司内部，可以将劳务派遣人员作为员工的一种纳入公司的章程，使其感受到归属感。在公司外部，公司可以严格规定招聘的流程，以确保临时员工能够感受到工作本身的正规性。

4. 你认为在机械式或有机式组织结构中，劳务派遣人员和正式员工会有使彼此的经历更相似的好机会吗？给出答案，并解释之。

该问题是一个相对开放的问题。但总体来看，由于机械式结构具备更明晰的职位界定与工作安排，因此无论员工的类型是什么，其都应该更相似。

选择题和判断题答案

选择题答案

1. D	2. A	3. A	4. A	5. B	6. B	7. C	8. A	9. C	10. D
11. B	12. C	13. C	14. D	15. B	16. A	17. D	18. B	19. B	20. C
21. A	22. A	23. C	24. A	25. B					

判断题答案

1. ×	2. √	3. √	4. ×	5. √	6. ×	7. √	8. ×	9. ×	10. ×
11. ×	12. ×	13. √	14. ×	15. √	16. √	17. ×	18. √	19. ×	20. √
21. ×	22. √	23. √	24. ×	25. √					

第12章 人力资源管理

Managing Human Resources

学习目标

12.1 解释人力资源管理的重要性以及人力资源管理过程。
12.2 描述影响人力资源管理过程的外部因素。
12.3 讨论与识别和甄选合格员工相关的工作任务。
12.4 解释企业如何向员工提供技能和知识。
12.5 描述留住胜任的高绩效员工的策略。
12.6 识别组织中职业生涯发展的两种重要趋势。
12.7 讨论当代的人力资源管理问题。

本章概要

管理要保证组织在正确的时间、正确的地点，拥有合适数量、恰当技能的员工。我们在本章将会学习管理者实现这一目标的过程，同时我们也会关注一些当代管理者面临的人力资源管理问题。

12.1 人力资源管理的重要性以及人力资源管理过程

1. 许多研究表明，组织的人力资源可以成为一项重要的战略工具，并且可以帮助组织建立持续竞争优势。原因有三：

（1）人力资源管理是竞争优势的一个重要来源。

（2）人力资源管理是组织战略的重要组成部分。

（3）组织对待员工的方式会对组织绩效产生显著的影响。

2. 有许多研究对人力资源管理政策和实践与组织绩效之间的关系进行了探索，结果表明，特定的人力资源管理政策对组织绩效有着显著的影响。高绩效工作实践是指能够使个体绩效和组织绩效都达到高水平的工作行为。

3. 人力资源管理过程包括八项活动，这八项活动对于招聘员工以及保持员工高绩效而言具有重大意义（见图表 12－1）。

12.2 影响人力资源管理过程的外部因素

许多环境因素都会约束人力资源管理活动。有四种因素直接影响着人力资源管理过程，分别是经济、工会、法律和人口趋势。

12.2.1 经济

经济的变化对工作的性质造成了深刻的影响。受到全球性经济衰退的影响，大多数发达国家的失业率（包括就业不足）居高不下。经济的潮起潮落与商业周期的变化直接影响着一个组织的人力资源状况。在经济低迷时期，管理层常常被迫裁员、减薪和重组工作活动。而在经济势头迅猛、劳动力市场紧俏的情况下，管理层必须提高工资、改善福利、寻找退休人员、提供内部培训，并作出其他调整，以吸引和留住合格的人才。

12.2.2 工会

工会可以影响一个公司的人力资源管理活动。

1. 工会是代表员工利益并通过集体谈判来保护他们利益的组织。

2. 良好的劳资关系，以及管理层与工会之间的正式沟通，这两者都是非常重要的。

3. 只有大约不到 11％的美国员工是工会成员；在其他国家，员工属于工会的比例往往更高。

12.2.3 法律

1. 一个组织的人力资源管理实践是由一个国家的法律管理的，而不遵守法律的代价是高昂的（一些影响人力资源管理过程的重要的美国法律见图表 12－2）。

2. 由于职场诉讼越来越多地针对管理者及其所在组织，所有管理者都需要知道，根据法律，他们能做什么，不能做什么。

3. 在国际市场上开展经营的管理者必须对东道国的特定法律非常熟悉。加拿大关于人力资源管理实践的法律与美国的法律有相似之处。在墨西哥，员工加入工会的可能性更高。在澳大利亚，直到20世纪80年代有关反歧视的法律才开始生效，并且通常是应用于针对女性的歧视和平权行动。德国在人力资源管理实践方面与大多数西欧国家十分相似，法律要求公司让员工大量参与到公司管理过程中，主要的参与形式包括工作委员会和董事会代表。

12.2.4 人口趋势

1. 随着劳动力来源的变化，人口趋势将继续对人力资源管理职能产生重要的影响。例如，“婴儿潮”一代的老龄化；随着拉丁裔人口的增加，美国劳动力的种族多样性不断提高。

2. 在过去50年里，有关美国劳动力的联邦法律为少数族裔和女性开放了就业申请的途径。这两类群体显著改变了20世纪后半期劳动力队伍的状况。尤其是女性群体，从30%上升到现在的46.9%。

3. 在21世纪的前半叶，劳动力队伍的趋势非常值得注意，有以下四方面原因：

（1）劳动力队伍中种族构成的变化。

（2）“婴儿潮”一代的老龄化。

（3）“Y世代”成为不断扩大的群体。

（4）技能不均衡。

4. 到2024年，美国劳动力队伍中，拉丁裔将会从当前的13%上升到19.8%，黑人将维持在13%左右，而亚裔将从5.6%微弱增加到6.6%。55岁及以上的群体如今占据了劳动力队伍16.3%的比例，并将在2024年提高到24.8%。Y世代（在1978—1994年出生的个体）是劳动力队伍中增长最为迅猛的部分，从14%上升到超过24%。

12.3 识别和甄选合格员工

12.3.1 人力资源规划

人力资源规划是管理者确保他们在正确的时间、正确的地点，拥有正确数量和类型的有能力的员工的过程。

1. 当前评估。管理者在开始人力资源规划之前，会对当前员工的情况进行统一整理。这种整理通常是通过一个人力资源数据库来实现的。当前评估的一个重要组成部分就是工作分析，这是对工作及从事该工作所需行为的评估。利用从工作分析中得到的信息，管理者可以制定或修订工作说明书。工作说明书是对工作内容、工作环境和工作条件的书面声明。此外，管理者还必须制定工作规范。工作规范描述的是任职者成功开展某项工作所必须拥有的最低任职资格。

2. 满足未来的人力资源需求。未来人力资源需求的确定依赖于组织的使命、目标和战略。在开展未来人力资源项目之前，管理者需要对组织中人员匹配不足或过剩的领域进行估计。

12.3.2 招聘和解聘

1. 招聘是指发现、识别和吸引合格的求职者。公司可以通过许多不同的渠道来发现求职者（见图表 12-3）。

2. 解聘是指减少组织的员工数量。具体来说，解聘包括解雇、临时解雇、自然减员、调职、压缩工作周、提前退休和工作分享等方式（见图表 12-4）。

12.3.3 甄选

甄选是指对求职者进行筛选以确定某项工作的最佳人选。甄选是一项带有预测性的活动。

1. 预测是非常重要的，因为任何一项甄选决策都会导致四种可能的结果（见图表 12-5）。甄选活动的重点在于，一方面提高正确决策的可能性，另一方面降低拒绝错误和接受错误的可能性。

2. 效度和信度。效度是指甄选工具与某种相关指标之间存在的一种已被证实的相关关系。信度是指甄选工具在测量同一事物上一直保持一致结果的能力。

3. 不同类型的甄选工具。管理者可以使用各式各样、种类繁多的甄选工具来对员工进行挑选。图表 12-6 列举了每一种工具的优缺点。

4. 真实工作预览是指对所招聘的工作岗位进行预览，不仅提供关于工作和公司的正面信息，也要提供负面信息。采取真实工作预览的方式有助于提高工作满意度，降低离职率。

12.4 向员工提供技能和知识

12.4.1 入职培训与社会化

入职培训是指向新员工介绍其工作岗位以及组织的相关信息。

1. 部门入职培训是使员工熟悉工作单位的目标，明确自身工作如何为部门的目标做贡献，也包括向新员工介绍新同事。

2. 组织入职培训是告知新员工关于组织的目标、历史、理念、程序以及规章制度。

3. 入职培训的主要目标如下。

（1）减少新员工的初始焦虑。

（2）让新员工熟悉自己的工作内容、部门以及整个组织。

（3）给新员工带来一种从外部角色到内部角色的转换。

4. 许多组织都有正式的入职培训计划，尤其是大型组织。管理者有责任确保新员工能够尽可能舒适而顺利地融入组织当中。

管理层还应该考虑帮助新员工开启社会化过程，以鼓励员工表现出受约束的、有纪律的，或独立而有创造性的行为。图表12-7列出了一些管理行为选择。

12.4.2 员工培训

员工培训是一项重要的人力资源管理活动。

1. 图表12-8描述了两种不同类型的员工培训：一般培训和具体培训。

2. 图表12-9描述了组织可以提供的一些培训方式。

（1）传统培训方式。在职培训非常普遍，而且它可能还包括工作轮换。工作轮换是在职培训的一种，它主要是指员工在某个特定领域从事不同的工作岗位，从而接触各种各样的工作任务。传统培训方式还包括辅导制、体验式练习以及课堂讲座等。

（2）基于技术的培训方式。今天的组织越来越依赖基于技术的培训方式，例如通过电子化学习的方式来传达重要信息和培训员工。

12.5 留住胜任的高绩效员工

12.5.1 绩效评估

管理者有必要了解他们的员工是否有效率且有成效地完成了工作，工作是否需要改进。绩效管理系统建立了一套用于评价员工绩效的标准。

图表12-10对每一种绩效评估方法及其优缺点进行了描述。

1. 书面描述法以书面形式描述一位员工的优缺点、以往绩效和潜能；提出改进建议。

2. 关键事件法通过聚焦关键工作行为来对绩效进行评估。这种方法要求考评者通过回忆一些具体的事件来描述员工的哪些行为是有效的，哪些又是无效的。相比于定义模糊的人格特质，这种方法更重视员工具体的行为。

3. 图尺度评价法是一种历史悠久并且非常流行的评价方法。这种方法根据一系列的绩效要素制定出一个评价量表。考评者在图尺度评价表上对员工的每一个绩效要素进行打分并将分数加总，然后对不同员工的总分进行升序排列。

4. 行为锚定等级评价法（行为定位法）使用一个包含具体工作行为的量表来对员工进行绩效评估。这种方法同时结合了关键事件法和图尺度评价法的一些要素。考评者根据量表上的评分项目给每名员工打分，量表中的项目是具体的工作行为，而非笼统的人物描述或人格特质。

5. 多人比较法通过与工作群体中的其他员工进行比较来评估员工。

6. 目标管理法也是一种绩效评估方法。这种方法通常用于评估管理者和专业人员的绩效。

7. 360度评估法利用来自上司、员工本人和同事的反馈来评估员工。

随着时代的发展，我们应该注意到，技术也在改变绩效数据的收集方式。尤其是在依靠电脑完成的工作中，主管的监督工作正越来越多地被电子绩效监控所取代，此举是指使用电子仪器或设备来收集、存储、分析和报告个人或团体的绩效。这样，主管就可以用客观的数据进行正式的绩效评估和纠正问题。

12.5.2 薪酬与福利

对于组织来说，如何决定员工的薪酬和福利水平？

1. 有效的激励系统的目的在于帮助组织吸引和留住那些能够帮助组织实现使命和目标的优秀人才。

2. 薪酬体系包括底薪（基本薪酬）、奖金、股权激励，以及其他福利和服务。

3. 什么因素决定了不同员工所获得的薪酬和福利？图表12－11对这些因素进行了总结。

（1）基于技能的薪酬是基于员工表现出的工作技能和能力来确定薪酬。研究表明，比起服务型组织和追求技术创新的组织，这种类型的薪酬体系在制造业组织中往往更加成功。

（2）浮动薪酬指的是由个人绩效水平决定的薪酬。

（3）在对组织薪酬体系进行设计时，灵活性已经成为一个关键的考虑因素。

（4）每年加薪一直是很多公司的常态。但由于加薪的局限性，部分专家建议用一次性奖金取代年度加薪。

（5）秘密支付是雇主的行为。从历史上看，雇主（尤其是大公司的雇主）会特别注意告诉员工，他们不应该分享工资信息，因为员工之间的比较容易产生问题。但员工可能会质疑分配的公平性，降低他们对组织的信任和忠诚，因此未来应该注重提升薪酬支付的透明度。

（6）员工薪酬不仅仅是工作报酬。吸引和留住优秀员工的一个关键因素是公司的福利计划。

12.6 职业生涯发展

在过去的30年里，作为员工责任的职业生涯发展已经成为一种趋势。虽然总体发展趋势是将职业生涯发展的责任推到员工身上，但有两个重要的趋势应该关注一下。

1. 企业通过支持"终身学习"的方式来帮助员工保持他们的技能跟上时代。

2. 公司正在扩大和推广它们的实习项目。

12.7 当代的人力资源管理问题

12.7.1 性骚扰

性骚扰是指任何带有性色彩的，会直接或间接影响目标员工的就业、工作绩效或工作环境的不必要的行为或行动。

1. 美国公平就业机会委员会按照这种方式来定义性骚扰："不受欢迎的性挑逗、性要求，以及其他带有性色彩的言语或肢体行为，当这些行为直接或间接地影响到个体的就业，不合理地干扰到个体的工作绩效，或形成了一种胁迫、充满敌意和攻击性的工作环境时，就构成了性骚扰。"

2. 一个组织可以通过以下措施防止性骚扰指控的出现：

(1) 明确的反骚扰政策。

(2) 明确说明可被视为骚扰的禁止行为。

(3) 具有鼓励员工主动投诉的程序。

(4) 对举报人、证人的保护。

(5) 既保护受害人的隐私权，又保护被告人的隐私权的调查策略。

(6) 持续进行管理培训和员工意识培训。

(7) 采取措施和程序，以确保迅速采取纠正行动，停止持续的骚扰，并对违规者采取适当的纪律行动。

12.7.2 职场欺凌

1. 职场欺凌是指一个职场人在一段时间内反复遭受一些负面行为的侵扰，导致其身体或精神受损的情况。欺凌行为包括辱骂、贬损言论、羞辱、恐吓和报复，还包括存在权力不平衡，进而导致一方处于不利地位，无法防御或保护自己免受欺凌。

2. 职场欺凌现象很普遍，而且还在增长。研究估计，大约29%的美国劳动力在工作中受到过欺凌。就其影响而言，这大约是性骚扰报告的4倍。

3. 美国没有针对欺凌行为的联邦法律。相比之下，西欧、加拿大和澳大利亚都有具体的反欺凌政策。

4. 针对这种现象，从最高管理层的领导开始，高管们必须在言语和行动上作出承诺。然后可以通过提出正式政策、行为规范，开办警示工作坊，为受害者建立正式申诉渠道，迅速开展欺凌事件调查，并对施虐者进行组织纪律惩罚来支持这一工作。

选择题

1. ______不是公司招聘的途径。

A. 员工推荐　　B. 公司网页

C. 互联网　　D. 提前退休

2. ______方案提到对自愿辞职或正常退休腾出的职位空缺不予填补。

A. 解雇　　B. 暂时解雇

C. 自然减员　　D. 工作分组

3. 在开展招聘工作、形成一个候选人团体之后，人力资源管理过程的下一步是决定谁能胜任工作。这一步称为______。

A. 自然减员 B. 解聘

C. 甄选 D. 上岗培训

4. 在甄选过程中，如果一个被选上的职务候选人后来表现很差，那么甄选过程出现了______。

A. 效度 B. 接受错误

C. 信度 D. 拒绝错误

5. 如果人力资源规划显示员工富余，管理者则可以通过______来减少组织的员工。

A. 招聘 B. 解聘

C. 增加工作时间 D. 减少工作分享

6. 如果甄选方法和有关工作标准之间存在能被证明的相关关系，那么甄选方法就具有______。

A. 效度 B. 信度

C. 公正性 D. 权威性

7. 使用专业招聘机构的缺点是______。

A. 产生许多不合格的候选人 B. 对特定组织承诺较少

C. 只适用于入门级职位 D. 不能增加员工的多样性

8. ______的优势之一是对有特定体力要求的职位具有效度。

A. 申请表 B. 履历调查

C. 体检 D. 笔试

9. 当高层职位候选人在甄选过程中被要求通过 2～4 天的真实问题模拟训练，那么这些候选人所经历的是______。

A. 敏感度培训 B. 过程会议

C. 一次模拟 D. 评价中心

10. 申请表______。

A. 是最有效的收集信息的方法 B. 包括个性和兴趣的表格

C. 使用实际的工作行为 D. 不能预测工作绩效

11. 在雇用中低层管理者时最有效的甄选方法是______。

A. 面试 B. 评价中心

C. 笔试 D. 申请表

12. 人力资源管理过程中的最后三项活动是确保______。

A. 组织主管和员工保持高绩效

B. 组织选择和培训合格的员工

C. 为新员工提供最好的薪酬组合

D. 为员工不断提供最新的知识和技能

13. 人力资源管理过程包括组织进行人力资源管理以及员工保持高绩效的必要活动。______不属于这八项活动。

A. 招聘 B. 员工培训

C. 薪酬与福利　　　　D. 员工外派

14. 确认行动计划的本质是______。

A. 提供积极的增援部队来鼓励合法的行为

B. 防止员工不道德的行为

C. 防止歧视和提高弱势群体成员的地位

D. 员工提供经验练习和在职训练

15. 反优先雇佣行动计划试图平衡______。

A. 受保护团体（如非白种人和女性）在就业、晋升和留职方面的地位

B. 超越组织目标的个体目标

C. 人力资源管理需要投入的巨大财务成本

D. 法律和条例

16. ______由一系列员工填写的表格组成，包括姓名、教育背景、培训和工作经历等方面的信息。

A. 人力资源目录　　　　B. 评价中心

C. 职务分析　　　　D. 薪酬系统

17. 就职场欺凌而言，这种现象______。

A. 包括辱骂、贬损言论、羞辱等行径

B. 西欧、加拿大和澳大利亚都有具体的反欺凌政策

C. 需要引起企业高层的重视

D. 以上各项

18. 指明任职者要成功地开展某项工作必须拥有何种最低限度的可以接受的资格标准的文件是______。

A. 工作规范　　　　B. 职位说明书

C. 工作分析　　　　D. 工作定义

19. 以下方案中，有助于解决公司性骚扰问题的是______。

A. 树立明确的反骚扰政策　　　　B. 具备鼓励员工主动投诉的程序

C. 对举报人、证人的保护　　　　D. 以上各项

20. 第一阶段的人力资源管理过程包括______。

A. 人力资源规划、薪酬和福利

B. 人力资源规划、培训和绩效管理

C. 人力资源规划、招聘和解聘、甄选

D. 人力资源规划、招聘和解聘、培训

21. ______包括工作及公司积极和消极方面的信息。

A. 结构化面试　　　　B. 工作分析

C. 真实工作预览　　　　D. 行为预览

22. 薪酬体系包括______。

A. 职务分析　　　　B. 基本工资和激励工资

C. 清晰的晋升路线　　　　D. 以上各项

23. 影响薪酬体系设计的因素包括______。

A. 公司股东对待薪酬的态度　　B. 高度集权化的管理

C. 国家和地方法律　　D. 员工的任期长短及其业绩

24. 裁员是在组织中有计划地减少______。

A. 岗位　　B. 管理层次

C. 跨职能团队　　D. 部门

25. 在企业薪酬问题上，______容易引起员工的不满。

A. 薪酬不透明　　B. 增加奖金

C. 益于家庭的福利　　D. 高温津贴

判断题

1. 真实工作预览只向申请者提供关于工作和公司的有利信息，而不提供不利的信息。（　）

2. 入职培训有两种类型：部门入职培训和组织入职培训。（　）

3. 向组织潜在候选人提供负面信息不是一个好主意，因为它将公司置于不利地位。（　）

4. 通过解雇途径控制劳动力供应的方式有两种：解聘和提前退休。（　）

5. 关键事件法是考评者以书面形式描述一个员工的所长、所短、过去的绩效和潜能的绩效评估方法。（　）

6. 360度评估法是利用与管理者有互动关系的所有人员的反馈信息的评估方法。（　）

7. 员工的薪酬受到多种因素的影响：工作类别，公司业务属于哪个产业，公司的业务是资本密集型还是劳动密集型。（　）

8. 工作轮换允许员工在特定的领域从事不同的工作，从而让他们接触到各种各样的任务。（　）

9. 书面描述法和关键事件法是绩效评估方法。（　）

10. 只有在美国的公司里，性骚扰才是一个法律问题，其他国家并没有受到这个问题的影响。（　）

11. 自我管理团队和分权形式对于组织的绩效提升意义重大。（　）

12. 高绩效工作实践能同时带来个人绩效和组织绩效的提升。（　）

13. 工会组织应代表工人并设法保护他们的利益。（　）

14. 反优先雇佣行动计划主张每名职位候选者都享受公平待遇。（　）

15. 人力资源规划过程目前越来越依赖电子信息技术。（　）

16. 职位说明书关注工作，而工作规范关注员工。（　）

17. 解聘是针对不合格的申请者劝说他们放弃对关键职位的申请的过程。（　）

18. 甄选是对申请者进行甄别、遴选，以确保最合适的候选人得到这一职位的过程。（　）

19. 效度指甄选手段测量同一事物的持续一致性的能力。 (   )

20. 法律禁止管理当局将测试成绩作为甄选的一种依据，除非有明确的证据证明这次测试得高分的人，一旦走上工作岗位，其表现将超过测试得低分的人。 (   )

21. 工作抽样是指给申请者提供与工作岗位相关的工作任务，让他们完成该岗位的一种或多种核心任务的人员甄选手段。 (   )

22. 招聘就是审查工作应聘者以保证雇用到最合适的应聘者的过程。 (   )

23. 作为求职者来源的员工推荐的一个缺点是易产生不合格的候选人。 (   )

24. 研究表明，申请表和表中所提供的信息是评估职务候选人未来能否成功的最好的预测器。 (   )

25. 招聘高层管理者的最好的甄选手段是评价中心。 (   )

复习和讨论问题参考答案

1. 讨论人力资源管理实践如何成为企业的竞争优势。

人力资本指数的一项综合研究表明，以人为本的人力资源管理通过创造超额的股东价值为组织带来了一种优势。另一项研究发现，71%的首席执行官声称人力资本是他们获取可持续经济价值的关键来源。

2. 讨论最直接影响人力资源管理过程的外部因素。

能够对人力资源管理过程产生影响的外部环境因素包括经济、工会、法律和人口趋势。

3. 请描述不同的甄选工具，以及哪种工具最适用于哪些工作。

不同的甄选工具有：申请表（适用于收集员工信息）；笔试（必须是与工作相关的）；工作抽样（适用于复杂的非管理工作和按部就班、标准化的工作）；评价中心（最适合高层管理岗位）；面试（广泛使用，但是最适合管理岗位，尤其是高层管理岗位）；背景调查（适用于核实求职者信息，但并不适用于核实推荐信）、体检（适用于对身体素质有某些特定要求的工作岗位，主要是出于保险目的）等。

4. 真实工作预览有什么优缺点？（请从组织和员工的角度分别考虑这个问题。）

这个问题同样可以作为班级辩论的好素材，让班上一半学生从组织的角度来考察真实工作预览，另一半学生则从员工的角度来考察真实工作预览。此外，鼓励学生描述他们在面试过程中体验真实工作预览的情况。也可以鼓励学生描述他们当前所从事的工作有哪些方面的特征是雇主在真实工作预览过程中需要向求职者展示的。

5. 请描述入职培训和员工培训的不同类型，以及组织该如何提供每种培训方式。

入职培训是非常重要的，因为它会使得新员工完成从外来者向内部人的转变，降低以后出现不良工作绩效的可能性，并且减少新员工在工作一两周就突然辞职的可能性。入职培训包括部门入职培训和组织入职培训。员工培训则主要分为一般培训（例如沟通技能、计算机系统应用与编程、客户服务、高管开发、管理技能与开发、个人发展、销售、监管技能、技术能力与知识）和具体培训（例如基本的生活-工作技能、创造力、客户教育、多样性/文化意识、写作辅导、管理变革、领导力、产品知识等）。员工培训可以通过传统培训方式（包括在职培训、工作轮换、辅导制、体验式练习、工作手册/指南、课堂讲座），或者通过基于技术的培训方式（包括 DVD/CD 播客、视频会议/电话会议/卫星电视、电子化学习、移动学习、虚拟现实）来完成。

6. 请列举一些影响员工薪酬和福利的因素。

这样的因素包括：员工工龄和绩效；所从事工作的类别；行业类别；工会；资本密集型还是劳动密集型；管理理念；地理位置；公司盈利性；公司规模。

7. 请描述不同的绩效评估方法。

书面描述法以书面形式描述一位员工的优缺点、以往绩效和潜能，并且提出改进建议。

关键事件法重点关注那些能够区分有效和无效绩效的关键行为。采用这种方法时，考评者通过实例来描述员工实施了哪些尤其有效或无效的行为。这种方法只强调具体的行为，而不是定义模糊的人格特质。

图尺度评价法是流行的绩效评估方法之一，它列出一系列绩效要素，并且制定一个评分量表，然后由考评者采用这个量表来评估员工在每种绩效要素上的得分，最后将得分相加。

行为锚定等级评价法是一种流行的绩效评估方法，它综合了关键事件法和图尺度评价法的一些要素。考评者使用某种评分量表进行评估，但量表中的评分项目是工作中的实际行为事例，而不是笼统的人格描述或人格特质。

多人比较法通过与工作群体中的其他员工进行比较来评估员工。

目标管理法也是一种绩效评估方法，它根据员工完成特定目标的程度来评估他们，通常用来评估管理者和专业人员的绩效。

360 度评估法利用来自上司、员工本人和同事的反馈来评估员工。

8. 你认为什么行为构成性骚扰？请描述组织应如何尽量避免工作场所中的性骚扰。

你可以让学生分成几个小组来讨论这个问题，并且鼓励他们研究（在课堂之外通过网络）大公司和小公司如今采用什么战略来尽可能减少工作场所中的性骚扰。在小组讨论之后的班级讨论中，要求学生就这个问题及相关事项分享他们的答案和意见。

案例应用参考答案

案例应用 1

联合利华：人力资源的“点球成金”

1. 人力资源管理过程中的哪些活动（见图表 12-1）与人力资源的“点球成金”方法有关？这些活动中采用的方法试图解决哪些挑战？

学生对此可能会有不同的看法。“点球成金”实际上就是招聘与甄选环节的技术。这种先进技术的应用能够提高员工与工作和公司的契合度。但是这种方法是否具备足够的稳定性、是否为可靠的招聘参考依然有待考察。毕竟,“看脸选人”的活动都值得深思。

2. 联合利华的招聘方法有什么优点和缺点?

这种方法具有趣味性,且融入了先进的技术,能够在一定程度上扩大公司招聘的可选择对象,也能为公司找来更合适的员工。但是这种方法并不能保证员工一定热爱公司,认同组织文化。公司都希望招聘到稳定的、长期工作的员工,这一点并不能运用该方法来实现。

3. 哪些必要的证据证明联合利华正在使用有效度的甄选工具雇用员工?有什么证据可以清楚地表明他们正在使用有信度的甄选工具?

一种有效度的甄选工具应该具备某种特征,这种特征是该甄选工具与某种相关指标之间存在一种已被证实的相关关系。对于“点球成金”而言,有效意味着员工确实为公司所需之人,这一点可以通过公司的绩效情况来考察。一种有信度的甄选工具意味着在测量同一事物上一直保持一致的结果。可以通过对同一员工的多次测试来证明这一工具的稳定性。

4. 你会向正在考虑实施类似于联合利华的方法的公司提供哪些建议?

该问题相对开放。实际上,招聘方法本身并不具备优劣差异,关键在于某种方法是否能够帮助公司完成招聘任务,适合远比优秀要重要。因此应该鼓励公司运用多种方法完成招聘任务。

案例应用 2

日产:留住汽车经销商的销售员

1. 影响人力资源管理过程的外部力量如何影响汽车经销商最近在员工离职方面的经历?

回想一下在本章学到的相关知识,劳动力群体的变化、科学技术的发展、国际逆全球化趋势的发展都会影响组织成员的离职。

2. 本章所述的若干薪酬问题可适用于本案例。这些问题有哪些,如何应用?

可以探讨的问题有很多,例如企业的福利待遇问题。汽车经销商雇用的销售员的工资状况与销售额紧密相关,而且以初入职场的新人为主,所以他们的收入状况不佳,此时就需要企业制定完善的福利制度来保障员工的诸多利益。

3. 你认为哪个经销商降低员工离职率的尝试似乎最有希望?还能做什么来降低员工离职率?

从根本上讲,提高收入才是最本质的解决方案,没有任何一位销售员会对高收入存在偏见。但是这又是十分困难的,因此可以通过提升对员工的关怀、提供给学生助学贷款等辅助方式提升员工的收入。

4. 对于汽车经销商的潜在销售人员来说,真实工作预览能帮助降低员工离职率吗?

真实工作预览可以帮助求职者筛选出那些认为工作不适合他们的个性和技能的人。改进招聘流程应该会带来更大的适应性和更低的离职率。

选择题和判断题答案

选择题答案

1. D	2. C	3. C	4. B	5. B	6. A	7. B	8. C	9. D	10. A
11. B	12. A	13. D	14. C	15. A	16. A	17. D	18. A	19. D	20. C
21. C	22. B	23. D	24. A	25. A					

判断题答案

1. ×	2. √	3. ×	4. ×	5. ×	6. √	7. √	8. √	9. √	10. ×
11. √	12. √	13. √	14. ×	15. √	16. √	17. ×	18. √	19. ×	20. √
21. √	22. ×	23. ×	24. ×	25. √					

第 13 章 管理群体和团队

Managing Groups and Teams

学习目标

13.1 定义群体和群体发展的阶段。
13.2 描述决定群体绩效和满意度的主要因素。
13.3 定义工作团队和影响团队绩效的最佳实践。

本章概要

为什么团队变得如此受欢迎？为什么这些团队看起来如此相似？管理者要如何搭建高效团队？在本章中，我们会探讨这些问题的答案。然而在理解团队之前，我们需要首先了解一些关于群体和群体行为的基础知识。

13.1 群体与群体发展

群体会表现出不同的行为——不只是每个群体成员的个体行为之和。在这一节中，我们将考察群体行为的不同方面。

13.1.1 什么是群体？

群体是为了实现某个（些）具体目标而组合到一起的两个或更多相互依赖、彼此互动的个体。

1. 正式群体是由组织结构所确定的工作群体，有着明确的工作分工和特定的工作任务（见图表13-1）。

2. 非正式群体是工作场所中出现的社会性群体。

13.1.2 群体发展阶段

研究表明，群体发展通常要经过五个阶段（见图表13-2）。

1. 形成阶段是群体发展的第一个阶段。在这个阶段，人们加入该群体，并且定义该群体的目标、结构和领导。这个阶段具有极大的不确定性。当成员开始认同自己是该群体的一部分时，这一阶段就结束了。

2. 震荡阶段是群体发展的第二个阶段，其重要特征是群体内的冲突。当这一阶段结束时，群体成员将会就本群体的领导层级和发展方向达成共识。

3. 规范阶段是群体发展的第三个阶段，其重要特征是群体成员之间形成密切关系和凝聚力。

4. 执行阶段是群体发展的第四个阶段。在这个阶段，群体结构发挥有效作用，而且被群体成员所接受。群体成员致力于完成工作任务。

5. 解体阶段是临时性群体的最后一个阶段，其重要特征是群体成员的主要精力用于善后事宜而非从事工作。

13.2 工作群体绩效和满意度

我们需要考察群体是如何工作的。为什么有些群体比其他群体更成功？这个问题的答案是相当复杂的。有五种因素会影响这种关系（见图表13-3）。

13.2.1 施加于群体的外部条件

这类因素包括所在组织的战略、权力关系、正式的规章制度、资源的可获得性、员工选聘标准、绩效管理系统与文化以及群体工作场所的总体布局。

13.2.2 群体成员资源

这些资源包括群体成员的知识、能力、技能和个人特质。在跨文化工作群体非常普遍的跨国组织中，群体绩效与群体成员的资源之间的关系会更加错综复杂。

13.2.3 群体结构

群体的内部结构包含七个方面。本章将讨论其中六个方面，另外一个方面（领导）

将在第17章讨论。

1. 角色指的是人们期望在社会单元中占据某个特定位置的个体所表现出的行为模式。当一个个体面临几种不同的角色期望时，可能就会出现角色冲突。

2. 规范是群体成员共同接受和认可的标准或期望。虽然每个群体都有自己独特的一系列规范，但不同的组织往往会存在一些共同的规范。

3. 从众主要强调的是努力与绩效、着装和忠诚。因为个体往往希望被自己所在的群体接纳，所以非常容易受到从众压力的影响（见图表13-4）。当某个成员的观点截然不同于其他群体成员的观点时，该群体往往会对该成员施加巨大的压力，以使其与其他成员的观点保持一致，这种现象称为群体思维。

4. 地位系统对于理解群体行为具有非常重要的意义。地位是指群体内的威望等级、位置或职衔。

5. 群体规模也会影响群体的整体表现。这种影响取决于该群体将要完成什么任务。一个有关群体规模的重要研究发现了社会惰化，它指的是个体在群体中工作不如单独工作时努力的倾向。

6. 群体凝聚力强的群体通常比凝聚力弱的群体更加有效。不过，群体凝聚力与群体效率之间的关系非常复杂。一个关键的调节变量是群体与组织目标的一致程度（见图表13-5）。

13.2.4 群体程序

群体程序包括群体成员用来交换信息的沟通模式、群体决策过程、领导者行为、冲突管理以及其他行为。

1. 群体决策（见图表13-6）。群体需要制定许多组织决策。群体决策的优势包括：

（1）获得更全面、更完整的信息和知识。

（2）产生更多样化的选择方案。

（3）提高一项解决方案的可接受度。

（4）提高决策的合理性。

群体决策的劣势在于：

（1）更加耗时。

（2）少数人主导决策。

（3）群体思维。

（4）责任模糊。

2. 冲突管理是需要了解的另一个群体程序。冲突指的是由某种干扰或对立状况所导致的不协调或差异。这种不协调或差异只存在于人们的感觉中，它们是否真实存在并不重要。

（1）传统冲突观认为必须避免发生冲突，冲突意味着群体内出现了问题。

（2）人际关系冲突观认为冲突是所有群体自然而然、不可避免的结果，是为群体绩效作出贡献的潜在积极力量。

(3) 相互作用冲突观认为冲突不仅可以成为群体中的一种积极力量，而且有些冲突对群体有效开展工作是绝对必要的。

(4) 良性冲突是建设性的、支持群体的工作目标和改进其绩效的冲突。恶性冲突是破坏性的、妨碍群体实现目标的冲突。图表 13 - 7 说明了冲突和群体绩效的关系。

3. 三种类型的冲突如下：

(1) 任务冲突与工作内容和目标有关。

(2) 关系冲突指的是人际关系冲突。

(3) 程序冲突指的是关于工作如何完成的冲突。

13.2.5 群体任务

工作任务的复杂性和相互依存性会影响到群体的绩效。

13.3 使群体转变为高效团队

13.3.1 工作团队与工作群体之间的区别

虽然绝大多数学生都熟悉“团队”这个词的含义，但是许多人并不熟悉“工作团队”这个概念。工作团队是由通过积极协作、个人与集体责任制度以及彼此互补的技能来努力完成某个特定的共同目标的成员组成的群体。所有工作团队都是群体，但是只有正式的群体才可以称为工作团队。图表 13 - 8 强调了工作群体与工作团队之间的差异。

13.3.2 工作团队的类型

根据某些特定的特征可以把工作团队区分为以下几种类型。

1. 问题解决团队是由来自同一个部门或职能领域的员工组成，以改进工作实践或解决具体问题为目的的团队。

2. 自我管理型工作团队是由员工组成的不包含管理者的一种正式群体，单独负责一个完整的工作程序或部门。

3. 跨职能团队是由来自不同职能领域的个体组成的工作团队。

4. 虚拟团队是利用信息技术把分散在各地的成员连接起来，以实现某个共同目标的工作团队。

13.3.3 塑造高效团队

在工作场所中创建工作团队并不会自动提高生产率。管理者必须仔细考虑自己如何能够打造和管理高效团队。

1. 关于团队的研究揭示了通常与高效团队联系在一起的一些特征。这方面的研究指出，高效团队往往具有一些特定的特征。

2. 有八种特征与高效团队相关（见图表 13－9）。

（1）清晰的目标；

（2）相关的技能；

（3）相互的信任；

（4）一致的承诺；

（5）良好的沟通；

（6）协商的能力；

（7）合适的领导；

（8）内部和外部的支持。

选择题

1. 当群体对个体施加较大的压力，使其观点与其他人相一致时，这种现象叫作______。

A. 德尔菲技术　　B. 群体思维

C. 地位　　D. 规范

2. ______并不是本章所述的群体发展阶段。

A. 形成阶段　　B. 震荡阶段

C. 规范阶段　　D. 交流阶段

3. 群体规模会对群体运行过程造成影响的是______。

A. 群体规模越大，决策质量越差

B. 小规模群体会产生搭便车效应

C. 大规模群体能提供更全面的信息和更多的备选方案

D. 对群体运行过程没有影响

4. ______是指群体内的威望等级、位置或职衔。

A. 作用　　B. 地位

C. 所有权　　D. 会员

5. 主管赚得比其下属少时会发生的现象是______。

A. 工作丰富化　　B. 群体思维

C. 角色模糊　　D. 状态不一致

6. 对群体凝聚力和生产率之间关系的研究表明，当群体凝聚力______时，群体与组织目标的一致性______时，群体的生产率会明显提高。

A. 强；高　　B. 强；低

C. 弱；高　　D. 弱；低

7. 群体决策有许多优势，包括______。

A. 促进才智的融合　　B. 激发管理层进行战略性思考

C. 促进员工队伍的多元化　　D. 提供更完整的信息

8. 群体决策的劣势在于______。

A. 耗费时间　　B. 少数人主导决策

C. 责任模糊　　D. 以上各项

9. ______是群体决策相对于个体决策而言的优势。

A. 浪费时间　　B. 分配职责

C. 提高解决方案的可接受度　　D. 减少冲突

10. 如果一位管理者认为群体冲突是不可避免的，是群体工作的固有部分，那么他的观点属于群体冲突的______观点。

A. 传统　　B. 人际关系

C. 相互作用　　D. 积极

11. 有关工作内容和目标的冲突属于______冲突。

A. 过程　　B. 任务

C. 关系　　D. 传统

12. 以下关于群体决策的表述，______是正确的。

A. 群体倾向于营造平等参与决策的机会

B. 在群体决策中从众的压力很低

C. 群体花费更多的时间来作出决定

D. 群体通常基于不完整的信息来作决策

13. ______交互的主要目的是分享信息和作出决策，以帮助每一个成员高效开展工作。

A. 非正式群体　　B. 工作群体

C. 工作团队　　D. 自我管理团队

14. ______是由来自同一个部门或职能领域的员工组成，以改进工作实践或解决具体问题为目的的团队。

A. 工作团队　　B. 问题解决团队

C. 虚拟团队　　D. 跨职能团队

15. ______将不同工作领域的个体的知识和技能汇集在一起，以提出解决运行过程中出现的各种问题的办法。

A. 命令群体　　B. 跨职能团队

C. 自我管理团队　　D. 特别行动小组

16. 没有一个管理者负责整个或者局部的工作流程的是______团队类型。

A. 问题解决　　B. 自我管理

C. 跨职能　　D. 虚拟

17. 领导对于高效团队是非常重要的。在大多数情况下，有效的团队领导充当______。

A. 独裁者　　B. 监管机构

C. 控制者　　D. 促进者

18. 社会网络结构是指______。

A. 群体内个体间的非正式交往

B. 群体内成员必须遵守的正式规范和规则

C. 正式群体内成员多元化的程度

D. 群体成员具备的不同技能和知识

19. 就其本质而言，跨职能团队______。

A. 成员可以来自不同部门　　B. 在多个行业都有出现

C. 有助于提升工作成效　　D. 以上各项

20. 在______阶段，群体集中精力于活动本身而不是任务绩效。

A. 震荡　　B. 执行

C. 形成　　D. 规范化

21. 在______阶段，密切的群体内关系得以发展，群体表现出了凝聚力。

A. 形成　　B. 震荡

C. 规范　　D. 执行

22. 临时性群体发展的最后一个阶段是______。

A. 形成　　B. 震荡

C. 解体　　D. 执行

23. ______是群体规范的消极方面。

A. 作为群体中的一员有能力增进一个人的反社会行为

B. 与着装有关的规范成为最广泛的规范

C. 当遵守严格的规范时群体运行出现功能障碍

D. 规范不影响员工的绩效

24. 应对“有害”员工的好方法是______。

A. 以同样的态度对待他（她）　　B. 直接离职

C. 在行为和情感上疏远此人　　D. 报警

判断题

1. 群体思维会削弱批判性思维并损害决策制定的质量。（　）

2. 规避、强制、妥协等策略是用来解决高水平冲突的。（　）

3. 群体形成的震荡阶段，组织成员之间的矛盾可能会逐渐增多。（　）

4. 产生社会惰化是因为个体在群体中工作比单独一个人工作更努力。（　）

5. 研究一致表明，强凝聚力群体比弱凝聚力群体的工作效率更低。（　）

6. 如果凝聚力弱、群体的目标对组织有利，则生产率能够提高，但是不如群体凝聚力强且目标支持组织时带来的生产率高。（　）

7. 群体决策倾向于比非群体决策更快，带来责任更清晰的产出结果。（　）

8. 群体内成员背景的多样性会影响到群体资源的丰厚程度。（　）

9. 全球团队与高水平的群体思维相关。（ ）

10. 社会惰化的表现与集体主义文化一致。（ ）

11. 由于全球团队具有更高水平的不信任、误解和压力等特征，群体凝聚力通常更难实现。（ ）

12. 妥协是冲突双方各自放弃一部分利益从而解决冲突的策略。（ ）

13. 当完成任务需要多种技能、经验和判断时，团队比个人做得更好。（ ）

14. 虚拟团队是来自不同领域的专家组成的一个混合式的团队，目的是并肩作战完成各种各样的任务。（ ）

15. 在一个工作团队中，团队成员个体努力的结合带来的绩效水平比个体投入的绩效水平之和更高。（ ）

16. 由来自同一职能领域或部门的员工组成的，目标在于改进工作活动或解决具体问题的团队叫作自我管理团队。（ ）

17. 高效团队的特点是成员之间高度相互信任，成员之间相互信任对方的能力和品行。（ ）

18. 自我管理团队以一种独立的和非正式的方式运行。（ ）

19. 在某些情况下，高水平的冲突可导致高水平的群体绩效。（ ）

20. 群体角色是指群体成员在其中所处的特定位置。（ ）

21. 作用于群体的外部环境包括组织战略、权力、结构和正式的规章等。（ ）

22. 规范是指在一个社会单元中，人们对于占据特定位置的个体所期望的一套行为模式。（ ）

23. 个体扮演不同的角色，当遇到不同的角色期望时，他们可能会发生角色冲突。（ ）

24. 群体中个体的角色不是由群体的内部结构确定的。（ ）

25. 关系冲突、程序冲突都是组织冲突的重要类型。（ ）

复习和讨论问题参考答案

1. 描述群体的不同类型以及群体发展的五个阶段。

群体是由为了实现某个（些）具体目标而组合到一起的两个或更多相互依赖与互动的个体组成的。正式群体是由组织结构所确定的工作群体，有着明确的工作分工和具体的工作任务，而且所有这些都是为了实现该组织的目标。非正式群体是工作场所中出现的社会性群体。

群体发展通常要经过五个阶段：形成阶段；震荡阶段；规范阶段；执行阶段；解体阶段。形成阶段包含两个分阶段：人们加入群体；定义该群体的目标、结构和领导。震荡阶段是一个发生群体内部冲突的阶段，在这个阶段，群体内会出现相对清晰的领导层级和对该群体发展方向的共识。规范阶段是形成密切关系和群体凝聚力的阶段；当群体结构变得稳定，群体成员对群体行为预期（或者行为规范）达成共识时，这个阶段就结束了。到了执行阶段，群体结构行之有效，而且被群体成员接受，成员的主要精力放在从事本群体的工作任务上。解体阶段是群体准备解散的阶段。

2. 解释外部条件和群体成员资源如何影响群体的绩效和满意度。

外部条件，例如资源的可获得性、组织的战略以及其他因素，会影响工作群体。群体成员资源（知识、能力、技能以及个人特质等）会影响成员在群体中能够做什么以及如何有效地去做。

3. 讨论群体结构、群体程序和群体任务如何影响群体绩效和满意度。

群体角色通常涉及使工作完成或者使群体中的成员开心。群体规范能够对成员个体的表现产生显著影响，而且会决定许多事情，例如工作产出水平、缺勤率、工作节奏以及工作中的人际交往程度。从众压力会严重影响个体成员的判断和态度。如果发展到极端的情况，群体思维会成为一个严重的问题。地位系统是一种显著的激励因素，能够对个体成员的行为产生激励，尤其是当成员认为自己应该具有的地位与其他成员认为他应该具有的地位之间存在分歧或差异时。多大的群体规模最有效率和成效，取决于该群体将要完成什么任务。群体凝聚力与群体的生产率息息相关。

群体决策和冲突管理是重要的群体程序，能够显著影响群体的表现和满意度。如果精确性、创造性以及被认可程度至关重要，那么群体决策可能更胜一筹。关系冲突几乎总是恶性冲突。低程度的程序冲突以及中等或以下程度的任务冲突是良性冲突。当工作任务复杂并且相互依赖时，有效的沟通和控制在一定程度内的冲突能够对群体表现产生最直接的影响。

4. 比较工作群体和工作团队。

工作群体的特征包括：由一位确定的领导者负责；只承担个人责任；目标与整个组织的目标相同；独自完成工作；会议有高效的特征，不存在协作或开放式讨论；根据该群体对其他群体的影响来间接衡量绩效；工作由群体领导者决定并分配给群体成员。工作团队的特征包括：共同分担领导角色；承担个人责任和团队责任；由团队制定具体目标；协作完成工作；会议具有开放式讨论和协作解决问题的特征；通过评估集体工作来直接衡量绩效；工作是由团队共同决定并完成的；能够快速组建、部署、重新聚焦、解散。

5. 描述最为普遍的四种工作团队类型。

问题解决团队是由来自同一个部门或职能领域的员工组成，以改进工作实践或解决具体问题为目的的团队。自我管理型工作团队是由员工组成的不包含管理者的一种正式群体，单独负责一个完整的工作程序或部门。跨职能团队是由来自不同职能领域的个体组成的工作团队。虚拟团队是利用信息技术把分散在各地的成员连接起来，以实现某个共同目标的工作团队。

6. 列举高效团队所具备的特征。

高效团队的特征包括：清晰的目标；相关的技能；相互的信任；一致的承诺；良好的沟通；协商的能力；合适的领导；内部和外部的支持。

7. 解释非正式（社会）网络在团队管理中发挥的作用。

对社会网络的研究表明，当人们需要其他人来帮助完成工作任务时，他们更愿意求助于一个友善的同事，而不是一个更有能力的同事。一项对工作团队进行全面考察的综述性研究指出，成员彼此间联系程度高的团队能够更好地实现自己的目标，而且成员更愿意聚在一起。

案例应用参考答案

案例应用 1

Alphabet 让配送无人机成为现实

1. 哪一种工作团队类型适用于 Wing 团队?

回答这个问题时应该运用更加综合的观点。针对设计问题，该企业运用了问题解决团队的相关设计和跨职能团队的工作方法。

2. 不同的群体发展阶段可如何运用于这个团队？在你的回答中，注意如何对无人机设计进行修改可能会影响到群体发展阶段。

首先，在形成阶段，企业用具有吸引力的话语（你想不想在一个用无人机配送墨西哥卷饼的团队里工作?）吸引员工，让大家因为一个具有吸引力的梦想相聚在一起。其次，在规范与执行阶段，Wing 团队的成员紧密合作，积极思考，动用多种可以动用的资源，成功解决了设计难题，使无人机团队的发展速度更快。

3. 你认为在案例中描述的不同时刻可能发生了什么样的冲突？为什么这些类型的冲突对团队是有效或者无效的?

这一问题是相对开放的，加入团队的个体各不相同，因此可能会产生各种各样的问题。例如，早期的产品设计问题带来的挑战，团队成员增加带来的人员矛盾与组织结构问题，团队成长带来的收益分配问题，等等。

4. 施加于群体的外部条件是如何助力或阻碍 Wing 团队的？请解释。

外部强劲的需求促使 Wing 团队快速成长，但是政府的路线规定与空中交通管制给公司带来了很多挑战。

案例应用 2

核心地带公司的“远程工作周”

1. 参加核心地带公司“远程工作周”的团队代表了什么类型的工作团队?

学生对于该问题的认识会有所不同。与上一案例的第一个问题相似，这个项目也混合了诸多工作团队特征，可从不同的角度作答，如问题解决团队、跨职能团队等。

2. 请解释一下，在“远程工作周”期间，规范和角色是如何让核心地带的营销团队发挥良好作用的。

回答该问题时，应该注意引导学生发现案例中的细节因素。首先，该团队设立了引导者的角色来帮助大家发言，防止出现“金鱼脸”的现象。其次，针对新加入的成员，该团队设计了标准化的行为，如果有人有问题，团队成员就会迅速准备好进行视频通话，以帮助新人更好地适应工作。

3. “远程工作周”试图解决虚拟团队经常面临的哪些挑战?

首先，该团队解决了线上工作人员参与度不足的问题，采用多种方式保证参会人员都能积极发言。其次，该团队解决了创新点子的沟通问题，人们只要有全新的想法就可以随时沟通。最后，该团队通过各种类型的会议解决了跨部门协调的问题。

4. 创建高效团队的各个特征如何与虚拟团队相关联?

虚拟团队就像其他团队一样，需要清晰的目标来引导其未来的发展路径，要求团队中的成员具有相关的技能，相互信任，能进行良好的沟通，在统一的、合适的领导下开展工作。简而言之，使用非虚拟团队有效的技能和属性对虚拟团队仍然很重要。

选择题和判断题答案

选择题答案

1. B	2. D	3. C	4. B	5. D	6. A	7. D	8. D	9. C	10. B
11. B	12. C	13. B	14. B	15. B	16. B	17. D	18. A	19. D	20. B
21. C	22. C	23. A	24. C						

判断题答案

1. √	2. √	3. √	4. ×	5. ×	6. √	7. ×	8. √	9. ×	10. ×
11. √	12. √	13. √	14. ×	15. √	16. ×	17. √	18. √	19. √	20. √
21. √	22. ×	23. √	24. ×	25. √					

第 IV 篇 管理实践

Management Practice

管理者的困境

设想一下，如果你是谷歌公司海得拉巴（印度南部城市）分部的一位管理者。你将如何衡量一位求职者是否具有团队合作的能力，以及当新的工程师和设计人员加入队伍之后，你将如何维持你的团队的创新性？

对于这个问题有各种各样的答案，但管理本身必须非常有创意，创新不能仅仅依靠外界激励来开展。管理人员需要与员工保持对话，以让他们持续参与，并了解他们的愿望和对未来的计划。另一个要考虑的因素是世代差异。从 Y 世代的角度来询问学生：谷歌可以做些什么来让这种成功的创新文化持续下去？单纯的金钱和津贴可能不是对新一代员工的唯一激励。可能最好的激励方法是灵活性和更多的休息时间。

全球观

1. 组织设计如何影响劳动生产率？参考组织设计的六项要素。

组织设计和劳动生产率之间有很强的联系，这种联系类似于组织战略和环境之间的联系。一些组织设计旨在提高效率，还有一些组织设计旨在增加成效，然而最佳的组织设计选择取决于客户的需求和外界的环境。选择最佳设计将提高公司的长期劳动生产率。组织设计的关键要素是工作专门化、指挥链、管理跨度、部门化、集权与分权和正规化。

2. 适应性强的组织设计中，哪种类型有助于提高员工生产率？哪种类型可能会抑制员工生产率？

第 11 章讨论了各种灵活的组织设计。这些设计利用决策的分散化、团队的使用和技术的使用来创建一个更有效率的组织。可以使用的灵活设计的类型包括：

- 团队结构；

- 矩阵结构；
- 项目结构；
- 虚拟组织；
- 学习型组织。

虽然每种类型都有一定的优点，但同时也有其缺点。例如，矩阵结构通过一起使用功能和产品/服务结构来提高效率。但矩阵结构也违反了统一指挥原则。团队结构可以是有利的，因为它包括雇员赋权和更灵敏的决策手段。但团队结构需要大量的培训，不一定适合所有类型的员工或职位。

3. 组织中的人力资源管理方法可能会如何影响员工的生产率？管理者应该如何应用人力资源程序来提高员工的生产率？

大多数经理意识到，员工是一个组织的重要竞争优势，而员工的待遇对于他们的表现有着直接的影响。包括人员配置、培训、薪酬和绩效考核等人力资源政策以各种方式影响员工。将学生分成小组，并分配给他们人力资源管理的其中一个职能。要求学生集思广益，思考恰当的管理是如何提高组织的最低生产率的。

4. 团队比个人更有效率吗？讨论并解释你的观点。

这个问题没有“是”或“否”的答案。首先，有效率与否取决于正在执行的任务。为了更好地执行任务，团队需要创新，而员工参与的任务又如此复杂，以至于一个人不能单独执行完整的任务。团队的形成需要更长的时间，并且团队也有着影响个人表现的一面，例如社交压力和群体思维。其次，凭借培训、凝聚力、团队目标、信任和适当的领导能力，有些团队比个人表现得更好。

5. 管理者能做些什么来减轻员工因管理者对于生产率的追求而造成的压力？

虽然案例中显示的数据表明，一些国家的员工生产率已经被扼杀或正在不断下降，但大多数学生会惊讶地发现，美国员工的生产率自从首次测量以来一直稳步增长。随着技术的进步，管理人员应该期望生产率会提高，并且仅在全球市场对产品和服务的需求减弱（这意味着需要生产更少）的时候受损。这种对生产率不断提高的需求意味着公司将越来越多地转向更灵活的组织设计。管理层可以控制的因素已经被证明可以减少或控制员工的压力，包括确保员工的技能与工作匹配，改善沟通以减少分歧，以及提供明确的绩效目标。公司也可以提供时间管理课程。

连续案例

星巴克——组织

1. 星巴克采用了哪种类型的部门化？请解释之。（提示：除了案例中提及的信息，你也许需要了解公司网站上提供的公司高层的完整信息和详细描述。）

如果在教室可以连接互联网，请与学生一起访问星巴克公司的以下网址：http：stories. starbucks. com/leadership/（你可以建议学生在课外访问此网站，并打印副本以作为研究星巴克案例的参考）。如果在教室不能上网，学生应该在课下访问。

阅读本案例和第Ⅳ篇管理实践中的信息，学生可能会对星巴克组织结构中的高级职位的数量印象深刻。在学习关于部门化的内容并参考第11章的图表11-3后，学生应该能够识别和举例说明各种形式的部门化，包括职能部门化、地区部门化和产品部门化等。

2. 星巴克的矩阵结构可能会遇到什么问题？他们能做什么来使这些问题最小化？

矩阵结构的通病就是双重指挥问题，员工可能会因为多头领导而犯难。合理的解决措施是明确区分权力的运用时间与边界，例如，什么时候应该由什么人来指挥工作，两位领导同时下达命令时应该优先完成哪一项工作，等等。

3. 如果星巴克想要提供压缩工作周、弹性工作时间或工作分享等灵活就业形式，他们需要考虑什么？在星巴克提供这些就业选择的优点和缺点是什么？

星巴克并不是轻资产运营的企业，而是需要员工时刻在店面内为顾客提供服务。因此，企业允许员工灵活安排时间的前提是确认企业的客流量与高峰时段。在相对清闲的时段，公司可以让员工灵活工作，提升员工的工作满意度。但是缺点在于，灵活的工作时间无法将员工聚集在一起，不利于组织文化的培育。同时，一旦出现突发情况，店内可能面临人手不足的困境。

4. 星巴克表示，其目标是将外卖服务扩展到1/4的美国门店，并将每股收益提高10%。组织职能将如何有助于实现这些目标？

学生对这个问题的回答应该反映出他们对组织设计的六个要素如何在保持公司不妥协的原则的同时提高星巴克的增长能力的理解。在课程开始之前，可以将星巴克的长期目标写在教室的黑板上，如下所示：

- 将外卖服务扩展到1/4的美国门店。
- 每股收益提高10%。

发起课堂讨论，让班上的三个学生帮助回答这个问题，每个人站在写在黑板上的不同的长期目标旁边。请课堂上的学生就组织设计的六个要素如何有助于实现星巴克的每一个长期目标提出建议，并由三个站着的学生记录在黑板上。

5. 星巴克曾表示，它想要的是那些有能力在某一刻真正与顾客建立联系、愿意学习并在帮助其他团队成员的同时完成工作的人。公司如何确保其招聘和甄选过程能识别出这类人？

该问题没有固定答案，学生可以从各个角度回答，如扩大招聘的范围、增加实习岗位、加强广告宣传等。

6. 评估星巴克的培训工作并思考，其他哪些类型的培训可能是必要的？

学生将通过访问公司网站获得更多信息，然后回答此问题。例如《绿围裙手册》为咖啡师、班次主管、助理商店经理、商店经理和地区经理提供不同时长和内容的培训。他们还应该关注为“伙伴”所举办的关于咖啡教育的课程，企业支持中心提供的各种课程，以及星巴克提供的职业咨询、职业指导、工作轮换和领导发展机会等。

7. 假设你是星巴克门店的经理。有三位新的时薪伙伴（咖啡师）加入了你的团队。请描述你将如何向新员工介绍情况。

教师可以将这个问题作为一个跳板，让其他学生讨论对于有效导向计划的建议。

第 V 篇

领　　导

第14章 沟通管理

Managing Communication

学习目标

14.1 定义沟通的本质和职能。
14.2 描述沟通过程。
14.3 解释沟通如何在组织中实现最有效的传达。
14.4 描述互联网与社交媒体如何影响管理沟通与组织。
14.5 讨论如何成为更好的沟通者。

本章概要

在本章，我们关注人际与组织的沟通过程、阻碍有效沟通的因素以及克服这些困难的方法。最后，我们将提供给你一些成为更好的沟通者的建议，并以此来结束本章。

14.1 理解沟通

沟通是极其重要的！因为管理者所开展的一切工作都涉及沟通。

14.1.1 什么是沟通?

沟通是意思的传递和理解。

1. 如果没有表达出信息和想法，沟通就不会发生。

2. 为了使沟通能够成功，意思必须被准确地传达和理解。

3. 良好的沟通并不要求双方对信息达成一致意见，而是要求双方清楚地理解对方的信息。

4. 沟通包括人际沟通（两人及两人以上的沟通）和组织沟通（组织中的各种沟通模式、网络和系统）。

14.1.2 沟通的职能

沟通发挥着五项重要的职能：管理、激励、情感共享、游说和信息交换。

14.2 沟通过程

图表 14－1 说明了沟通过程的七个要素：来源（发送者）、信息、编码、渠道、解码、接收者和反馈。需要注意的是，整个过程很容易受到噪声的影响。噪声是指对信息的传送、接收和反馈造成干扰的因素。

14.2.1 沟通方式

组织中的个体如何在他们之间传递信息？他们依赖于口头沟通、书面沟通以及非语言沟通几种方式。

1. 口头沟通。信息传递的主要方式之一便是口头沟通。及时性、反馈性以及交流性是其优势所在。其主要缺陷在于，无论什么时候，信息可能都要经由很多人传递，因此信息可能会失真。

2. 书面沟通。书面沟通方式有书信、电子邮件、即时通信、博客、组织期刊以及其他任何传递书面文字与符号的方式，是相对正式的沟通方式。

3. 非语言沟通。非语言沟通包括肢体语言、语音语调以及面部表情。而肢体语言和语音语调尤其能包含有分量的信息。肢体语言可以表达自己的状态，传达出地位、参与程度以及心情。面部表情也可以传达信息，面部表情与语音语调一样，可以表现出自大、好斗、胆小、害羞以及其他的特质。

14.2.2 有效沟通的障碍

1. 信息超载是指信息超出人们的处理能力。当面临信息超载时，接收者往往会忽略、遗漏、遗忘或者选择性接收信息。或者，他们也可能会停止沟通，直到信息超载结束，但这也会导致信息的丢失和无效的沟通。

2. 过滤是使信息更容易被接收者认同的故意操纵。

（1）在组织中，当信息通过各个层级向上传递时，发送者会有意地对信息进行浓缩和精简，以使得高层管理者不会面临信息超载的问题。信息发送者会根据个人的利益和对自己重要信息的理解来对信息进行过滤。

（2）组织纵向层级越多，过滤的机会就越多。

（3）组织奖励越是青睐形式和外表，管理者就越是受到激励，并按照这种风格来过滤信息。

3. 接收者在接收某条信息时的情绪会影响到他如何理解这条信息。所以，对于接收者来说，最好避免在心情低落时接收信息，因为这时他们可能无法进行清晰的思考。

4. 语言也是影响沟通的重要因素，即使我们用相同的语言进行沟通，同样的词语，对于不同的人来说意味着不同的含义。

5. 沉默或者沟通不足，进而造成信息缺失，是影响沟通的重要因素。

6. 国家文化深刻影响着沟通的方式。例如，日本人更多采用面对面的沟通。而在美国，管理者很大程度上依赖报告、备忘录以及一些其他的正式沟通方式。

14.2.3 克服障碍

1. 利用反馈。反馈可能是言语上的，也可能是非言语上的，也可能两者皆是。

2. 简化语言。

（1）管理者应该考虑那些直接接收信息的听众，并通过调整自身的措辞满足他们的需求。

（2）信息发送者应该记住，使用接收者较为熟悉的语言能帮助接收者增进对信息的理解。

3. 积极倾听。

（1）在倾听时，无论是接收者还是发送者，双方都在思考。倾听是一种积极获取信息的方式。

（2）积极倾听是指要求人们全神贯注、集中注意力，聆听说话者的完整意思而不作出先入为主的判断或解读。

（3）发挥对发送者的移情作用能够使积极倾听得到强化——也就是设身处地地站在发送者的角度考虑问题。

4. 控制情绪。管理者在进行沟通之前，首先应该冷静下来，使自己的情绪保持在可控状态。

5. 注意非言语线索。行动胜于空谈，所以对于信息发送者而言，应该确保行动匹配并强化与之相伴的语言。

14.3 有效的组织沟通

14.3.1 正式沟通与非正式沟通

1. 正式沟通是指在规定的指挥链或组织安排内发生的沟通。

2. 非正式沟通是不受限于组织层级结构的组织沟通。

（1）非正式沟通使得员工能够满足自身的社交需求。

（2）通过提供各种非正式但往往更快速、更有效的可替代沟通渠道，能有效改善组织绩效。

14.3.2 沟通的流动方向

1. 下行沟通是指从管理者流向下属员工的沟通。下行沟通通常用于通知、指挥、协调和评估员工。

2. 上行沟通是指从下属员工流向上级管理者的沟通。

（1）上行沟通使管理者得以了解员工大体上如何看待他们的工作、同事和组织。

（2）上行沟通的使用程度取决于组织的文化。一种彼此信任、相互尊重的氛围会在很大程度上鼓励上行沟通。而高度结构化、权力更集中的环境则会抑制上行沟通。

3. 横向沟通是指在组织同一层级的员工之间发生的沟通。

4. 斜向沟通是指横跨不同工作领域和组织层级的沟通。

（1）电子邮件的日益普及促进了斜向沟通的应用。

（2）如果员工没有向管理者告知已作出的决策或已采取的行动，那么斜向沟通可能会导致问题的发生。

14.3.3 组织沟通网络

1. 图表14-2列举了三种常见的组织沟通网络。

（1）在链式网络中，无论是上行沟通还是下行沟通，都是沿着正式的指挥链流动。

（2）在轮式网络中，由一位明确的强有力的领导者与工作群体或团队中的其他成员进行沟通。

（3）在全通道式网络中，沟通在工作团队所有成员之间自由流动。

2. 小道消息是指非正式的组织沟通网络。

（1）在绝大多数组织中，小道消息非常活跃。63%的员工声称他们最先都是通过流言蜚语或小道消息得知某些重要事情的。

（2）小道消息既是信息过滤器，也是一种信息反馈机制。

（3）社交媒体成为越来越重要的小道消息媒介。通过使用推特、脸书和其他流行的网站，员工可以与更广泛的受众分享信息，但缺点是可能会对组织或特定的管理者造成不利的宣传。

14.4 互联网与社交媒体时代的沟通

如今，信息技术与几乎所有组织运营的方方面面息息相关，这对于人们如何、何地、何时开展沟通影响深远。

14.4.1 24小时/7天的工作环境

信息技术极大地改善了管理者监督员工和团队绩效的能力，同时也使员工掌握更加完整的信息以快速作出决策，并为员工提供了更多的机会开展合作，共享信息，使人们在任何时间、任何地点都能联系到组织中的人成为可能。

14.4.2 社交媒体

社交媒体能够为组织带来竞争优势。首先，社交媒体拓宽了组织之内沟通的渠道。其次，借助社交媒体，员工可以分享他们的经验，为创造竞争优势提出建议。虽然社交媒体作为组织内部交流的工具具有令人振奋的潜力，但也不能忽视它的缺点：社交媒体具有成瘾性。它会消耗员工大量的时间，并降低生产力。同时，互联网时代带来的另一个交流挑战是缺乏个人化的互动。即使两个人面对面交流，也不一定能理解对方。

14.4.3 网络安全

组织对于黑客而言是最脆弱的。这使得网络安全受到重视。虽然不可能完全消除这种风险，但必须采取某些行动。

可以减少黑客行动的行为包括：使用安全的密码；警惕外部下载和电子邮件；备份数据；确保无线网络安全；在每台电脑上安装并更新完整的杀毒软件、反间谍软件和防火墙。

14.5 成为更好的沟通者

有效的沟通不仅意味着时刻保持与员工和客户的联系，还意味着有能力与组织的所有利益相关者保持联系。大部分管理者都会告诉你，成为一名卓有成效的沟通者是成就一番事业的要素之一。

14.5.1 磨砺你的游说技能

游说技能可使人们影响他人，改变他人的思想或者行为。维珍集团的创始人布兰森认为，成功说服别人的四个最基本的要素包括：(1) 清楚"谁""什么""为什么"；(2) 保证简单易懂；(3) 在形成论点的时候，考虑到对方的需要、动机和兴趣；(4) 通过有机结合理性与情感来吸引"大脑"和"心灵"。

14.5.2 磨砺你的演讲技能

演讲技能指的是通过说话来传达信息和想法，并让别人理解的能力。一项调查显示，70%会做演讲的员工表示：良好的演讲技巧对职业成功很重要。

14.5.3 磨砺你的写作技能

写作技能可实现有效的文本沟通，而文本沟通对于受众而言是最得体的，尤其是正式书面往来。

有一些相当直接的规则可以帮助你简明、清楚和准确地写作：

1. 动笔前思考。在动笔前专注于自己要说的内容，有助于避免语无伦次、词句冗长以及重复。

2. 直达主题。快速点明主旨。

3. 避免使用行话以及浮夸的言辞。注意表达清楚，并不是让人印象深刻。

4. 体现专业。商业备忘录、信件、报告与电子邮件、短信以及社交媒体评论不同，因为这里不是说缩略语、首字母缩略词或短信的地方。这一建议对“千禧一代”“Z 世代”以及靠智能手机生活的人尤为适用。

14.5.4 磨砺你的阅读技能

阅读技能使人能理解所写的与工作相关文件的句子和段落的含义。人人都应重视阅读技能。

选择题

1. 组织的小道消息是______。

A. 管理者沟通的官方政策　　B. 管理者控制信息传播的方式

C. 是正式沟通，也是非正式沟通　　D. 一种过滤器和反馈

2. 以下关于组织沟通的描述正确的是______。

A. 使用正式沟通技巧，而不是使用非正式沟通技巧

B. 包括通过小道消息的非正式沟通

C. 信息根据组织命令链流动

D. 不包括人际沟通

3. 为了增加员工之间面对面的沟通，工作场所设计应该______。

A. 最大化可见性和密度　　B. 最大化可见性和最小化密度

C. 最小化可见性和密度　　D. 最小化可见性和最大化密度

4. 当提供的数据量超过收件人的处理能力时______会发生。

A. 知觉障碍　　B. 信息超载

C. 概念块　　D. 物理障碍

5. 沟通的职能包括______。

A. 管理、激励

B. 管理、激励、情感共享

C. 管理、激励、情感共享、游说

D. 管理、激励、情感共享、游说和信息交换

6. 不是沟通过程中的一项的是______。

A. 编码　　B. 解码

C. 反馈　　D. 过滤

7. ______可以帮助个人理解实际信息内容。

A. 反感　　B. 移情

C. 冷漠　　D. 授权

8. 不由组织的层次结构所决定的是______沟通。

A. 外部　　B. 被动

C. 非正式　　D. 控制

9. 跨职能团队非常依赖______沟通，如果员工不向管理者报告所作的决策，那么会引起麻烦。

A. 向下　　B. 向上

C. 垂直　　D. 横向

10. 在全通道沟通网络，信息流______。

A. 从强有力的领导管理者流向下属工作小组

B. 在一个平行的方向，直到所有的工作小组的成员都通知到

C. 自由地在所有成员之间流动

D. 在某个职能领域内流动

11. 在______沟通网络，信息流根据正式的指挥链，既向下也向上。

A. 链式　　B. 全通道式

C. 轮式　　D. 水平

12. 通过小道消息传播，传闻和流言无法杜绝，但管理者可以通过______，最小化其负面后果。

A. 完全忽视它们　　B. 与员工进行公开和坦诚的沟通

C. 使用全通道式沟通网络　　D. 尽可能使用过滤

13. Beern 公司是一家专用设备设计与生产公司。公司需要员工在相对安静与清洁的环境中完成设备调校。______工作场所设计最适合这家公司的需求。

A. 开放的工作场所　　B. 专业化生产单间

C. 高度的分区　　D. 个人办公室

14. SmallStuff 公司是一家刚成立的公司。尽管规模不大，但在细分的服务市场中运

行良好。公司首席执行官麦康奈尔先生推崇开放的工作场所，因为公开透明的办公场所可以增加责任感。如果确实是这样，______将破坏他的策略。

A. 公司拥有较高的员工密度
B. 员工处理专有信息并可以在没有监督的情况下高效工作
C. 公司正经历艰难的经济状况和必须省钱
D. 公司拥有一个全通道式沟通网络

15. 信息技术改变沟通方式，其优势具体体现在______。
A. 人们可以随时保持联络　　B. 运用社交媒体的反馈意见
C. 居家办公成为可能　　D. 以上各项

16. 近年来，虽然信息技术改进了组织的沟通，但______仍是大问题。
A. 及时性　　B. 安全
C. 成本　　D. 宽度潜力

17. ______包括组织内部所有的沟通模式、网络和系统。
A. 小道消息　　B. 人际沟通
C. 组织沟通　　D. 正式沟通

18. 当员工被要求遵循工作说明书，遵守公司政策时，沟通是用来______。
A. 管理　　B. 激励
C. 情感共享　　D. 游说

19. 在沟通的过程中，消息被转换为一个符号形式。这个过程称为______。
A. 解码　　B. 编码
C. 破译　　D. 扩大

20. 如果公司关注于获得高的员工满意度，对于所有的参与者，______沟通网络是最好的。
A. 链式　　B. 水平
C. 轮式　　D. 全通道式

21. 当一个人只告诉他的经理其想听的内容时，有效沟通的障碍是______。
A. 过滤　　B. 选择性认知
C. 反馈　　D. 防御

22. 听取说话者的完整意思而不作过早的判断和解读的是______。
A. 被动聆听　　B. 横向沟通
C. 积极倾听　　D. 解码

23. 当管理者要求雇员完成一项任务，他是在用______沟通。
A. 上行　　B. 横向
C. 非正式　　D. 正式

24. ______沟通是由管理者流向员工。
A. 横向　　B. 上行
C. 下行　　D. 水平

25. ______管理风格的管理者更有可能鼓励上行沟通。
A. 独裁　　B. 家长式
C. 参与式　　D. 专制

判断题

1. 在轮式网络中，领导作为所有沟通信息都会经过的中心。 （ ）
2. 非正式组织沟通网络即为小道消息。 （ ）
3. 信息技术可以显著提高管理者监控个人的能力和团队业绩。 （ ）
4. 黑客的行为对于公司收益有益时，应该鼓舞。 （ ）
5. 如果一个经理用清楚的语言向下属下达指示，即为沟通。 （ ）
6. 沟通不仅是告知信息，也可以控制行为。 （ ）
7. 正式的沟通可以控制行为，非正式的沟通不能。 （ ）
8. 沟通过程容易受到噪声的干扰。 （ ）
9. 互联网技术极大改善了组织的沟通框架。 （ ）
10. 在沟通过程中，解码由接收者完成。 （ ）
11. 字迹模糊的印刷是一个噪声的例子。 （ ）
12. 语调指手势、面部表情和其他身体动作所传达的意思。 （ ）
13. 非语言沟通有时能传递出更多隐晦的信息。 （ ）
14. 电子邮件增加过滤，因为电子通信更快。 （ ）
15. 当信息超过接收者的处理能力时，即产生过滤现象。 （ ）
16. 积极的倾听者要避免提问和眼神接触，这样他们不会分散注意力。 （ ）
17. 非正式沟通是不被组织的层次结构限定的。 （ ）
18. 下行沟通是信息流从管理者流向员工。 （ ）
19. 上行沟通是用来通知、指导、协调和评估员工。 （ ）
20. 游说、写作、演讲与阅读是一位优秀沟通者应该具备的能力。 （ ）

复习和讨论问题参考答案

1. 定义沟通、人际沟通以及组织沟通。为什么有效沟通不等于达成共识?

沟通是意思的传递和理解。人际沟通是两个或更多人之间的沟通。组织沟通包括组织中各种沟通模式、网络与系统。有效沟通不等同于同意。如果某个人不赞同我们，那么我们假定这个人没有完全理解我们的立场。换句话说，我们中的很多人将良好沟通定义为使别人接受我们的看法。但是清楚地理解别人的想法却不赞同别人的观点是完全可能的。

2. 沟通的职能有哪些?

沟通的职能包括：管理、激励、情感共享、游说和信息交换。

3. 解释沟通过程的组成部分。

在沟通发生之前，我们必须存在一个意图，即我们所要传达的信息。信息在发送者与接收者之间传递。信息需要首先被转化为符号形式（编码），然后通过某种媒介传达到接收者。接收者对发送者的信息进行再译（解码）。沟通的结果是信息在人与人之间的交换。整个过程容易受到噪声干扰。噪声是指对信息的传送、接收与反馈造成干扰的因素。

4. 管理者可以使用哪些沟通方式？这些沟通方式的优点和缺点是什么？

沟通的方法包括面对面沟通、电话沟通、群体会议、正式宣讲、备忘录、邮寄邮件、传真、出版刊物、公告栏、录音带和录像带、热线电话、电子邮件、视频会议、语音信息、电话会议等。管理者可以依据反馈潜力、复杂性处理能力、宽度潜力、保密性、编码容易度、实时解码容易度、空间限制、成本、人情味、正式程度、信息可得性等维度来对沟通方式进行评估。

5. 比较正式沟通与非正式沟通。

正式沟通是指在规定的指挥链或组织安排内发生的沟通。非正式沟通则不被组织层级结构所限制。

6. 解释沟通的流动方向、三种常见的组织沟通网络以及管理者应该如何处理小道消息。

组织沟通的流动方向包括下行、上行、横向或者斜向。下行沟通是指从管理者流向下属员工的沟通。上行沟通是指从下属员工流向上级管理者的沟通。在组织同一层级的员工之间发生的沟通称为横向沟通。斜向沟通是指横跨不同工作领域和组织层级的沟通。有三种常见的组织沟通网络：链式网络、轮式网络和全通道式网络。在链式网络中，无论是上行沟通还是下行沟通，都是沿着正式的指挥链流动。在轮式网络中，由一位明确的强有力的领导者与工作群体或团队中的其他成员进行沟通。该领导者充当所有沟通都会经过的中心。在全通道式网络中，沟通在工作团队所有成员之间自由流动。管理者应当把小道消息作为一种重要的沟通网络来进行管理。通过与员工进行充分的、诚实的、公开的沟通，谣言的负面效果可以降至最低限度。

7. 互联网与社交媒体是如何改变组织沟通的？

互联网正在改变工作场所。如今的经理每周要花 1/4 以上的时间处理电子邮件，几乎全天候待命，而且可以在任何地方工作。通过使用 YouTube 这样的社交媒体，经理们可以交流信息，帮助公司实现目标。

8. 你能通过哪些具体行为成为一名更好的沟通者？

优秀的沟通者有很强的听、说、写和读的能力。通过磨砺你的游说技能、演讲技能、写作技能以及阅读技能，你便能成为一名更好的沟通者。学生应该探索《管理学（第 15 版）》第 359 页的技能练习，看看如何发展这些技能。

案例应用参考答案

案例应用 1

互随：沟通伴随公司成长发展

1. 霍尔默斯的沟通技巧以何种方式阐述了本章所讨论的沟通的职能？

回答该问题时，应该首先引导学生回顾沟通的职能：管理、激励、情感共享、游说和信息交换。从案例内容来看，霍尔默斯用各种手段来与员工沟通交流，促进了信息的交换与传递，鼓励了员工的工作热情，也培养了团队情感与精神。

2. 当霍尔默斯的员工使用本案例中描述的沟通技巧时，会有哪些阻碍有效沟通的因素？

对于该问题，需要引导学生进行情境思考。例如，在进行“随机咖啡匹配”沟通时员工可能会面临现实环境的限制（吵闹、嘈杂等），线上沟通时也可能会因为网络出现许多问题。需要根据具体的情境进行区分。

3. 在克服障碍的五种方法中，霍尔默斯在哪种方法上做得很好？哪些克服障碍的方法可能需要进一步探讨？

通过案例的内容可以发现，霍尔默斯很少以首席执行官身份出现在员工中发表看法，而是通过发表视频和举行公开会议的方式听取人们的意见。由于借助的是社交媒体的方式，霍尔默斯往往能够得到许多的回应，在最大限度上体现了人们的意见。

4. 霍尔默斯的沟通技巧解决了哪个方向的沟通流动（下行、上行、横向、斜向）？他们还能做些什么来更全面地处理沟通流动的方向？

对于该问题，建议学生进行讨论后发言，因为其中不仅包含上行沟通（首席执行官听取下面员工的意见），也包括横向沟通（员工间的沟通）。

案例应用 2

脸书的沟通挑战

1. 当员工在脸书内部留言板上发帖时，涉及哪一种沟通网络（链式、轮式、全通道式）？

由案例内容可知涉及全通道式沟通，因为在发生沟通与信息传递时各个层级的成员都有参与，上至副总裁，下至普通职员。

2. 卡普兰在美国国会听证会上现身属于哪一种非语言沟通形式？

在开庭时，卡普兰坐在了相对明显的位置。他的具体行动代替了他的语言，很容易被人解读为一种对被告人的支持。

3. 你认为在员工针对卡普兰出席美国国会听证会的反应中，小道消息可能扮演了怎样的角色？员工对博斯沃思发在公司留言板上的帖子的回应是如何与小道消息产生关联的？

小道消息的特点就是“不胫而走”。对于组织而言，小道消息是扩展最为迅速的信息类型之一。所以，员工了解卡普兰的行为，小道消息功不可没。同样，小道消息也是员工交流博斯沃思帖子的手段之一。

4. 针对员工对卡普兰现身的担忧，博斯沃思要如何做才能更有效地回应员工的忧虑？

博斯沃思第一次的发言更像是针对个体的不满的发泄，而不是对大家忧虑的考虑。实际上，对于组织而言，领导者应该表现得更加沉着冷静，例如，用更加风趣幽默的方式回应员工的忧虑，或者让卡普兰出面解释，这样更容易解决问题。

选择题和判断题答案

选择题答案

1. D	2. B	3. A	4. B	5. D	6. D	7. B	8. C	9. D	10. C
11. A	12. B	13. B	14. B	15. D	16. B	17. C	18. A	19. B	20. D
21. A	22. C	23. D	24. C	25. C					

判断题答案

1. √	2. √	3. √	4. ×	5. ×	6. √	7. ×	8. √	9. √	10. √
11. √	12. ×	13. √	14. ×	15. ×	16. ×	17. √	18. √	19. ×	20. √

第 15 章 理解和管理个体行为

Understanding and Managing Individual Behavior

学习目标

15.1 识别组织中个体行为的重点和目标。
15.2 解释态度在工作绩效中发挥的作用。
15.3 描述不同的人格理论。
15.4 描述知觉及其影响因素。
15.5 讨论各种学习理论及其与行为塑造的关系。

本章概要

在本章中，我们将探讨员工行为——特别是态度、人格、知觉以及学习。正如我们所展示的那样，管理者需要理解员工的行为，以获得在招聘决策、激励员工、选择领导行为和留住高绩效员工方面的洞见。

15.1 组织行为学的重点和目标

组织行为学就是对工作中的人的行为进行研究。如同冰山一样，组织行为只有很小一部分是可见的，而更多的是隐藏在底下的一大部分（见图表 15-1）。

15.1.1 组织行为学的重点

组织行为学聚焦于两个领域。

1. 个体行为。

2. 群体行为。

15.1.2 组织行为学的目标

组织行为学的目标在于解释、预测和影响行为。研究发现，有六种重要的员工行为：员工生产率、缺勤、离职、组织公民行为、工作满意度、工作场所反生产行为。

15.2 态度与工作绩效

态度是对事物或人的评论性陈述——可以是支持性的，也可以是反对的。态度由三种成分构成：认知、情感和行为。

1. 认知成分是指个体所持有的信念、观点、知识或信息。

2. 情感成分是态度中的情绪或感受部分。

3. 行为成分是个体以某种特定的方式对某人或某事采取行动的意向。

管理者尤其关注员工对于工作的态度。最广为人知的四种态度包括工作满意度、工作投入、组织承诺和员工敬业度。

15.2.1 工作满意度

工作满意度是指员工对自己工作所持有的总体态度。

1. 关于美国员工的研究大体上表明了大部分员工对自己的工作感到满意。2017年，这个数值为51%。虽然收入会影响工作满意度，但是员工所从事的工作类型可能对工作满意度的影响更大。

2. 霍桑实验之后，管理者认为快乐的员工通常是生产率高的员工。研究证实，满意度和生产率之间的关系是相当显著的。

3. 研究表明，满意度和缺勤率之间的相关性并不显著。

4. 研究表明，满意度和离职率之间的关系表现得更加显著。

5. 工作满意度会影响客户满意度，反之，客户满意度也会影响工作满意度。

6. 组织公民行为是一种超出员工正式工作要求的自愿行为，这种行为可以促进组织的有效运行。研究表明，工作满意度与组织公民行为之间总体上呈现出中等程度的相关关系，但是这种关系会受到公平感和组织公民行为类型的影响。

7. 当员工对自身的工作感到不满意时，会作出一些回应。尽管很难预测这种回应，但管理者还是应该对可能出现的一些不当行为和（或）暴力保持警惕。

15.2.2 工作投入与组织承诺

工作投入是指员工对工作的认同、积极参与以及对工作绩效重视的程度。组织承诺是指员工认同所在组织及其目标，并愿意留在组织中的程度。

15.2.3 员工敬业度

具有高敬业度的员工对他们自身的工作充满热情，并且高度关注。而敬业度不高的员工只进行一些必要的“核查”工作，对于自身工作并不关注。

15.2.4 态度与一致性

研究大体上表明，人们会尽量在他们所持有的各种态度以及他们的态度与行为之间寻求一致性。

15.2.5 认知失调理论

认知失调是指态度之间或者态度与行为之间的不协调或不一致。

1. 不一致会令人感到不适，因而个体会尽力减少这种不适，也就是失调。
2. 人们为减少失调而付出的努力程度取决于以下三件事情：

(1) 产生失调的各项因素的重要性。

(2) 个体认为他们自身对这些因素的影响力大小。

(3) 失调所涉及的奖赏。

3. 为了降低失调感，个体可能会：

(1) 改变自己的行为。

(2) 得出这种失调的行为并没有那么重要的结论。

(3) 改变自己的态度。

(4) 识别出比这些失调因素更为重要的其他兼容因素。

15.2.6 态度调查

公司经常使用态度调查，以了解员工对自己的工作、工作群体、上司或组织的看法。图表 15-2 为我们展示了态度调查的一个示例。

15.2.7 对管理者的意义

关于满意度与生产率之间的关系，学界目前还未达成一致意见。开心的员工是否就是生产率高的员工呢?

1. 管理者应当关注员工的态度，因为这些态度会影响员工的行为。例如，对工作感到满意和认可的员工拥有更低的离职率和缺勤率。

2. 关于员工生产率的一项综合研究表明，尽管满意度能对生产率造成影响，这种影响却是极其微小的。

3. 管理者应该重点关注那些已经被证明有助于提高员工工作满意度的因素：让工作更具挑战性、更有趣，提供公平的酬劳，营造支持型的工作环境，以及鼓励员工彼此相互支持。

4. 管理者还应该对员工进行态度调查，因为有证据表明，具有高满意度和组织承诺的员工的离职率和缺勤率更低。然而，满意度高的员工是不是生产率高的员工，这个问题还有待研究。

15.3 人　格

人格是指个体情感模式、思维模式和行为模式的独特组合，这些模式通常会影响一个人应对各种状况以及与他人互动的方式。

15.3.1 MBTI®

迈尔斯-布里格斯类型指标（MBTI®）是一种人格评估工具。该工具包括四个维度：

1. 社会互动：外向型或内向型。
2. 数据收集偏好：感觉型或直觉型。
3. 决策偏好：思维型或情感型。
4. 决策风格：判断型或知觉型。

这些偏好的组合为我们提供了16种人格类型的描述。图表15－3简要介绍了其中的两种类型。

15.3.2 大五人格模型

大五人格模型是一种包含五个人格变量的人格特质模型。研究证实，这五项人格特质与工作绩效之间存在重要关系。大五人格模型的五项人格特质是：

1. 外倾性。
2. 随和性。
3. 尽责性。
4. 情绪稳定性。
5. 开放性。

15.3.3 黑暗三联征

黑暗三联征由三部分组成，分别是马基雅维利主义、自恋以及精神变态。上述的每一个都是负面的特质，尽管被称作“三联征”，但是它们并不一定同时表现出来。

1. 在马基雅维利主义维度上得分较高的个体通常比较现实，与他人保持着情感距离，并且相信结果能够对手段进行正当的解释。高马基雅维利主义的员工会通过操纵他人为自己谋利，在短期内会获得成功，但从长期来看，他们会失去这些收获，因为他们不受欢迎。

2. 自恋指的是一个人有一种过于夸大的自我重要性感知，他需要过度的赞美，而且态度傲慢。这一类人有利用环境和他人的倾向。尽管他们有权利意识，但缺乏同理心。自恋者更有可能被选中担任领导职位，因为其他人往往认为他们魅力十足。

3. 精神变态指的是个体缺乏对他人的关心，缺少羞愧感以及行为给他人造成伤害时的自责感。这类人具有反社会倾向。一旦担任领导岗位，他们就会过度依赖于恐吓、操纵以及欺凌等手段，并将其作为影响他人的方式。

15.3.4 其他关于人格的观点

人格领域的研究者发现，还有五种人格特质也能够对组织中的行为进行有效的解释和预测。这五种人格特质包括控制点、自尊、自我监控、冒险、主动型人格。

1. 控制点描述了个体认为自己能够在多大程度上掌控自己的命运。控制点可分为内控型和外控型。

2. 自尊是个体喜爱或厌恶自己的程度。

3. 自我监控是指根据外部情境因素调整自己行为的能力。

4. 冒险衡量了人们承担风险的意愿。

5. 拥有主动型人格的个体能够发现机会、表现出主动性以及采取行动，直到发生有意义的变化。这与通常被动回应环境的人是不同的。

15.3.5 不同文化中的人格类型

上面讨论的人格类型，在不同国家中会有所不同吗？我们知道没有一种人格类型是整个国家的国民所共有的，然而一个国家的文化确实会对其国民普遍的人格特质有所影响。该结论尤其适用于控制点这种人格类型。

15.3.6 情绪和情绪智力

情绪是对某人或某事的强烈感觉。情绪智力指的是人们察觉并管理情绪线索和信息的能力。

1. 情绪智力包括五个维度。

（1）自我感受。

（2）自我管理。

（3）自我激励。

（4）感同身受。

（5）社交技能。

2. 研究表明，在各组织层级中，情绪智力与工作绩效之间呈现出一种正相关的关系。

15.3.7 对管理者的意义

通过理解人格差异，管理者可以更好地对员工进行甄选。不同个体的人格有差异，工作与工作之间也有差异。应该使员工的人格与工作岗位协调统一。

1. 霍兰德提出了著名的人格-工作匹配理论（见图表 15－4）。

2. 这一理论的关键观点在于：

（1）不同个体之间人格的本质差异是显而易见的。

（2）存在各种各样的工作类型。

（3）人们在与自身人格兼容的工作环境下工作能够比在不兼容情况下获得更高的满意度和更低的离职率。

3. 与招聘有关的四点建议：

（1）在招聘过程中评估职业兴趣。

（2）如果你正在寻找一种可能与出色工作表现有关的个性特征，那么你最好雇用在责任心方面得分高的人。

（3）当社会互动作为填补岗位空缺的主要考虑因素时，雇用高情绪智力的人。

（4）花点时间通过高强度的面试、背景调查等方式仔细筛选求职者，以识别和拒绝那些具有黑暗三联征的人。

15.4 知　觉

知觉是指个体通过组织和解读自己感觉到的印象而对周围环境赋予意义的过程。

15.4.1 影响知觉的因素

一些因素会影响知觉的形成，有时候甚至扭曲知觉。这些因素包括：

1. 知觉者。

2. 感知的对象（见图表 15－5）。

3. 知觉形成的情境。

15.4.2 归因理论

归因理论指的是我们对他人作出的判断取决于我们对于某种特定行为的归因。对行为原因的判断取决于三种因素：区别性、一致性、一贯性。

1. 区别性是指某一个体是否在不同的情境下表现出不同的行为。

2. 一致性是指身处相似情境的每一个人都以同样的方式予以回应。

3. 一贯性是指个体长期表现出一致的行为。

4. 图表 15－6 简要概括了归因理论的关键因素。

5. 在归因理论的研究中有一项有趣的发现，错误或者偏见会扭曲我们对行为的归因。

（1）基本归因错误是指，当人们判断他人的行为时，总是倾向于低估外因的影响，而高估内因的影响。

（2）自我服务偏见是指人们把自己的成功归于内因，而把自己的失败归于外因。

15.4.3 评判他人时使用的捷径

1. 选择性知觉是指我们会依据自身兴趣、背景、经验以及态度等选择想看到的事物。

2. 假设相似性是指我们假设其他人与我们相似。

3. 刻板印象是指我们有时会根据自身对对方所属群体的看法来判断对方。

4. 晕轮效应是指我们根据个体的某种单一特征而形成对该个体的总体印象。

5. 对比效应是指我们的反应会受到近期遇到的人的影响。

15.4.4 对管理者的意义

管理者需要意识到，员工作出的反应是基于知觉而非现实。管理者在进行管理时也会受到偏见的影响，这种偏见可能会带来不准确的绩效评估以及不公正的薪酬水平，从而会对员工的公平感造成消极的影响。

15.5 学　习

学习是作为经验的结果而发生的相对持久的行为变化。

15.5.1 操作性条件反射

操作性条件反射是一种为了获得奖励、避免惩罚而调整自身行为的自愿的学习过程。

1. 在谈及操作性条件反射理论时，往往都会提到心理学家斯金纳。

2. 行为是后天习得的，而不是来源于内部，也就是并非反射行为或先天行为。

3. 如果一种行为会导致满意、愉悦的结果，那么这种期望行为出现的频率就会提高。

4. 如果在发生期望行为之后立刻得到了期望的回应，这种奖励效果最为显著。

15.5.2 社会学习

通过直接经验以及观察他人来学习的观点称为社会学习理论。示范者对某一个体的影响取决于以下四个过程。

1. 注意过程。当人们意识到并关注到示范者的关键特征时，他们就是在从示范者身上学习。

2. 保持过程。某位示范者的影响取决于个体记住该示范者行为的程度，即使是该示范者之后不再出现这一行为。

3. 再现过程。在某一个体通过观察示范者而了解到一种新行为之后，这种观察的过程必须转化为行为再现。

4. 强化过程。如果提供积极的诱因或奖励，个体会受到激励从而表现出该示范行为。

15.5.3 行为塑造：一种管理工具

在进行行为塑造时，管理者可以通过系统性的强化使个体接近期望行为的一系列步骤，以达到行为塑造的目的。行为塑造包括四种方式。

1. 正强化是指在某一行为出现之后给予某些令人愉悦的诱因。
2. 负强化是指通过消除或撤销某些不愉快的诱因来奖励某种反应。
3. 惩罚是通过对达不到期望的行为进行处罚以消除这种行为。
4. 自然消退是指消除维持某一行为所需的所有强化。

15.5.4 对管理者的意义

通过了解学习理论，管理者应该认识到员工会在工作过程中学习。一个关键问题是：管理者是希望通过奖惩措施来管理员工的学习过程，还是放任自流、不管不顾？

选择题

1. ______是个体所具备的独特心理特质的总和，它影响着个体与他人交往的方式，通常被描述为个体具有的可测量的品质。

A. 态度　　B. 情绪智力
C. IQ　　D. 人格

2. 态度中的______成分是基于情感的。

A. 认知　　B. 行为
C. 情感　　D. 实践

3. 根据迈尔斯-布里格斯类型指标，如果两位管理者在探讨员工的问题解决模式，例如解决新出现的问题等，管理者会讨论他们的______维度。

A. 社会倾向
B. 资料收集
C. 决策偏好
D. 决策风格

4. 在大五人格模型中，______是指更加外向，乐于参与社会互动的类型。

A. 外倾性
B. 随和性
C. 责任意识
D. 情绪稳定性

5. 研究表明，______型的员工对自己的工作满意度更低，对其工作环境更加疏远，对工作的参与程度也更低。

A. 外控
B. 马基雅维利主义
C. 内控
D. 自尊

6. 一位员工如果对于权力有着极强的欲求，甚至不惜伤害他人，那么他具有______的特点。

A. 控制点
B. 自我监控
C. 冒险性
D. 马基雅维利主义

7. 在其他国家，普遍认为______。

A. 每个国家都有共同的人格特质
B. 国家文化能够并且确实会影响主流人格特质
C. 人格特质与工作满意度之间并无关联
D. 美国人更愿意冒险

8. 自我激励和感同身受是______五个维度中的两个。

A. 情绪智力
B. 马基雅维利主义
C. 积极强化
D. 控制点

9. 霍兰德的人格类型中，将会成为一家小企业经理或律师的人格类型是______人格。

A. 实际型
B. 研究型
C. 传统型
D. 企业型

10. 如果我们解释人们对事物感知的差异来源于他们的态度、动机、兴趣等因素，我们对知觉的理解就是基于______的性质。

A. 知觉者
B. 目标
C. 过程
D. 情境

11. ______的经常使用可以提醒管理者潜在的问题和员工的意图从而尽早采取措施应对。

A. 失调减少
B. 行为激励
C. 雇员福利计划
D. 态度调查

12. 我们的归因常存在各种偏差。当一位管理者高估内部因素对员工行为的影响而低估外部因素对之的影响时，管理者______。

A. 表现出自我服务偏见
B. 犯了基本归因错误
C. 曲解了员工的控制点
D. 犯了假设相似性的错误

13. 一个高______的人表现为乐于参与投资活动，认为投身高风险活动是快乐的。

A. 自尊
B. 马基雅维利主义
C. 冒险主义
D. 承担风险

14. “工会成员总是无中生有”以及“已婚员工比单身员工更稳定”是______的事例。

A. 假设相似性
B. 晕轮效应
C. 性别歧视
D. 刻板印象

15. ______的行为是自愿或习得行为。

A. 反射性
B. 不和谐
C. 操作性
D. 活性

16. 通过循序渐进的步骤指导员工的学习活动进而塑造员工的过程是______。

A. 操作性条件反射
B. 选择性
C. 行为塑造
D. 社会学习理论

17. 在组织中个体行为包括______。

A. 战略、规范和角色
B. 态度、学习和动机
C. 结构、文化和团队建设
D. 政策和程序

18. ______与个体行为研究相关联。

A. 规范
B. 角色
C. 团队建设
D. 知觉

19. ______是一种员工自己决定的行为，不包括在员工正式的工作要求中，但会促进组织的有效性。

A. 员工生产率
B. 组织公民行为
C. 社区服务
D. 工作承诺

20. 对人、物和事件进行的评论性陈述叫作______。

A. 知觉
B. 态度
C. 人格特质
D. 失调

21. 个体持有的信念、观点、知识或信息是______。

A. 态度的行为成分
B. 态度的认知成分
C. 态度的情感成分
D. 认知失调

22. ______被定义为没有按时到岗工作。

A. 营业额
B. 迟到
C. 缺勤
D. 过失

23. ______最能描述工作满意度与客户满意度之间的关系。

A. 满意的员工会提升客户的满意度和忠诚度
B. 不满意的员工会提升客户的满意度和忠诚度
C. 不满意的客户会提升员工的满意度
D. 满意的客户会增加员工的不满意

24. 认知失调是______。

A. 人们通过其认知心智提高对事物的认知

B. 一个非理性的过程，使人们在解决争议前都处于疯狂状态

C. 是人们感知世界并试图在其中工作的方式

D. 是两种或多种态度之间，或者态度与行为之间存在的任何不协调或不一致

判断题

1. 内控型的人相信外部力量决定着他们的命运。 ( )

2. 当我们判断他人的行为时，倾向于低估外因的影响，而高估内因的影响。这种倾向称为自我服务偏见。 ( )

3. 高自我监控者更擅长在他们公开的角色与私人自我之间表现出惊人的差异。 ( )

4. 研究表明，情绪智力与工作绩效正相关。 ( )

5. 如果管理者能将人格与工作相匹配，那么员工更可能表现出更高的工作绩效和满意度。 ( )

6. 知觉是指个体通过组织和解读其感知的印象从而对他们所在的环境赋予意义的过程。 ( )

7. 约翰发现有个人在不同的会议上都紧皱眉头。在一种情况中，约翰认为那个人对会议的内容不满意；在另一种情况中，他认为是室内灯光过亮造成了此人的不满。这就是归因理论的一个例子。 ( )

8. 马基雅维利主义没有丝毫的可取之处，哪怕只有一点。 ( )

9. 操作性条件反射认为行为是其结果的函数。 ( )

10. 运用惩罚和忽视不会导致员工的学习。 ( )

11. 总的来说，积极和消极的强化都会导致员工的学习行为。 ( )

12. 假装工作场所中不存在不当行为是消除工作场所不当行为的有效方法。 ( )

13. 个体行为的特征包括群体规范、角色、团队建设、领导和冲突等课题。 ( )

14. 员工表现出组织公民行为与领导者的引导息息相关。 ( )

15. 研究表明，对工作满意的员工比不满意的员工缺勤率更低，并且这种关联程度很强。 ( )

16. 高工作投入的员工更认同和真正关心他们所做的工作。 ( )

17. 工作投入是指员工对工作的认同，而组织承诺是员工对其所在组织的认同。 ( )

18. 当个体的态度与行为不一致时，他会改变态度或行为，抑或是为这种不一致寻求合理的解释，来弱化这种不一致。 ( )

19. 低组织认同感会导致低的离职率。 ( )

20. 态度调查几乎不能为管理者提供有价值的帮助。 ( )

21. 人格通常被描述为个体展示出来的可测量的品质。 ( )

22. 大五人格模型是组织招聘时的好帮手，但不能完全依赖这一工具，需要辩证

看待。（　）

23. 近年来，迈尔斯-布里格斯类型指标被研究证明是人格特质分类的一种有效方法。（　）

24. 在大五人格模型中，情绪稳定性与工作绩效是正相关关系。（　）

复习和讨论问题参考答案

1. 对于组织中不同层次的管理者而言，组织行为学的重要性是否有所不同？如果是，会有什么差别？如果不是，为什么？请具体解释。

组织行为学对于公司内所有层级的管理者都很重要，因为所有层级的管理者都需要与人打交道。低层级的管理者可能需要直接监管员工，所以他们需要更多学习态度、知觉和学习方面的内容。他们如果还负责员工招聘的相关事项，那么还需要学习人格方面的内容。中层管理者需要态度与人格方面的知识，因为他们管理基层管理者。高层管理者需要了解态度，因为他们负责组织设计与人力资源管理的相关决策。

2. 请解释为什么一个组织犹如一座冰山这一观点如此重要。

就像撞沉泰坦尼克号的冰山一样，冰山真正的危险之处不在它露在水面上的部分，而是水面下藏着的部分。在试图理解员工行为时，需要注意的是隐藏的组织要素如态度、知觉、规范等，正是这些因素使理解个体行为变得更有挑战性。

3. 请定义六种重要的员工行为。

员工生产率是对员工效率与成效的一种绩效测量。缺勤是指没有在工作岗位上工作。离职是指自愿或非自愿地退出某个组织。组织公民行为是指并不属于员工正式工作要求但可以促进组织有效运行的自愿行为。工作满意度是指员工对于自己的工作所持有的总体态度。工作场所反生产行为是指可能会对组织或其成员造成伤害的行为。

4. 请描述态度所包含的三种成分，并解释与工作相关的四种态度。

态度的认知成分是指个体所持有的信念、观点、知识或信息。态度的情感成分是态度中的情绪或感受部分。态度的行为成分是个体以某种特定的方式对某人或某事采取行动的意向。

与工作相关的四种态度是工作满意度、工作投入、组织承诺、员工敬业度。

5. 请比较MBTI®和大五人格模型。请描述有助于解释组织中个体行为的其他五种人格特质。

MBTI®聚焦于学习类型并主要测量四个维度：社会互动、数据收集偏好、决策偏好以及决策风格。大五人格模型是一种依据多种不同的重要行为来划分人格的尝试，主要包括五项人格特质：外倾性、随和性、尽责性、情绪稳定性以及开放性。另外五种可以帮助揭示组织中个体行为的性格特质是控制点、自尊、自我监控、冒险以及主动型人格。

6. 请解释对于知觉的理解如何帮助管理者更好地理解个体行为。请描述在评判他人时所采用的五种捷径。

知觉指的是我们通过组织和解读自己感觉到的印象而对周围环境赋予意义的过程。

因为人们的行为取决于知觉，因此管理者必须了解知觉。五种评判他人的捷径分别是选择性知觉、假设相似性、刻板印象、晕轮效应以及对比效应。

7. 请描述归因理论的关键因素。请讨论基本归因错误和自我服务偏见。

归因理论取决于三个要素。区别性是指某一个体是否在不同的情境下表现出不同的行为。一致性是指身处相似情境的每一个人都以同样的方式予以回应。一贯性是指个体长期表现出一致的行为。这三个要素有助于管理者明确员工行为是由内因还是外因导致的。基本归因错误是由于低估了外因的影响而高估了内因的影响。自我服务偏见则是一类把成功归于内因而将失败归于外因的倾向。

8. 请描述操作性条件反射理论以及管理者如何塑造行为。

操作性条件反射理论认为行为是受结果影响的，管理者可以利用这一点来解释、预测与影响行为。管理者可以通过使用正强化（通过给予积极的刺激来增强想要的行为）、负强化（通过减少负面刺激来增强某种行为）、惩罚（通过处罚来消除不想要的行为）或者自然消退（消除维持某一行为所需的所有强化）。

案例应用参考答案

案例应用 1

IBM 员工的经历

1. 为什么员工敬业度得分高的员工能提供更好的客户服务？

根据案例展示出的研究结论，敬业度更高的员工有着更高的工作满意度，而高工作满意度能够促使员工积极思考、勤奋工作、待客友善、对事认真。因此，这样的员工更容易提供更好的客户服务。

2. 为什么公司在员工经历上的投资会对行为（例如，生产力、缺勤、离职）和态度的产生有所裨益（组织承诺、组织支持感）？

公司在诸多行为上对员工提出要求，会帮助员工形成一套组织独有的工作模式，而这种工作模式会塑造员工的组织认知与组织身份，进而形成员工的组织承诺和支持感。

3. 当询问员工什么对他们重要时，“倾听情绪”有什么好处？

情绪是非语言交流的一种方式。倾听员工的情绪会告诉公司什么对员工最重要。

4. 你认为怎样才能使员工体验法行之有效？什么会让员工的体验无效？

员工体验法的本质是反馈与改变，如果企业并不对员工的体验和反馈有所反应，那么员工体验就没有达到效果。

案例应用 2

将公司标志做成文身

1. 一旦一名员工将公司标志作为文身，那么他的工作满意度、工作投入、组织承

诺、旷工以及离职情况与没有文身的员工相比，会有什么不同？产生差异的原因是什么？

员工文身本质上是一种个人行为，受到诸多因素的影响，包括个人的受教育程度、意识形态类型、体制、宗教信仰等。如果一名员工将公司标志作为文身，可能能够证明他是热爱公司、认同公司文化的。但是这些只是推测，文身与不文身的员工可能并没有什么不同，如果有不同，也许是其他方面的因素带来的。

2. 如果员工对于公司的态度是积极的，那么他可能会将公司标志作为文身。如果他们对于公司的态度是消极的，应如何运用认知失调理论解释此种情形？

认知失调是指态度和行为不相容。个人如果不喜欢公司，但是由于自己所在的公司是其薪酬的来源，不得不表现出喜欢的样子，也就产生了认知失调的现象。

3. 那些用来判断他人的方法（例如，选择性知觉、假设相似性、刻板印象等）怎么能适用于一名有公司标志文身的员工呢？

对于该问题，可以从多个角度出发进行回答。例如从刻板印象的角度出发，我们有时会根据自身对对方所属群体的看法来判断对方。针对文身群体，我们可能认为他是一名脾气暴躁、追求绝对自由、不受束缚的员工，但这其实是社会对于文身群体的刻板印象导致的。

4. 有时员工的家人会认为，突然决定去文身是不明智的。家庭成员可能如何应用归因理论解释一名员工将公司标志作为文身的决定？

归因理论认为，个体的归因情况可以分成外因与内因。如果员工因组织要求去文身，那么此时的文身就是外因导致的，是员工个人无法控制的。但是如果家人认为文身是个人的选择，也就是内因，那么就会希望员工不要文身，因为这看起来是个人可以控制的行为。

选择题和判断题答案

选择题答案

1. D　2. C　3. B　4. A　5. A　6. D　7. B　8. A　9. D　10. A
11. D　12. B　13. C　14. D　15. C　16. C　17. B　18. D　19. B　20. B
21. B　22. B　23. A　24. D

判断题答案

1. ×　2. ×　3. √　4. √　5. √　6. √　7. ×　8. ×　9. √　10. ×
11. √　12. ×　13. ×　14. √　15. ×　16. √　17. √　18. √　19. ×　20. ×
21. √　22. √　23. ×　24. ×

第16章 激励员工

Motivating Employees

学习目标

16.1 定义动机。
16.2 比较早期的动机理论。
16.3 比较当代的动机理论。
16.4 讨论当代的激励问题。

本章概要

管理者需要理解并运用激励理论和实践来激励员工全身心地投入工作。本章将对与激励有关的概念和内容进行讨论。

16.1 什么是动机？

动机体现了个体为实现目标而付出努力的强度、方向和坚持性。努力要素是强度、驱动力和活力的一种衡量指标。高强度的努力不一定会带来优秀的工作绩效，除非这种努力朝着有利于组织的方向。

16.2 早期的动机理论

尽管早期的动机理论的效度如今已受到人们的质疑，但是这些理论提供了关于员工动机的最广为人知的解释。

16.2.1 马斯洛的需求层次理论

心理学家马斯洛提出了著名的需求层次理论。他提出每个人都有五个层次的需求（见图表16-1）。

1. 这五种需求包括：生理需求（人们对食物、水、住所、性以及其他生理方面的需求）；安全需求（保护自身免受生理和情感伤害的需求）；社会需求（爱情、归属、接纳以及友谊方面的需求）；尊重需求（内部尊重因素包括对自尊、自主和成就感的需求，外部尊重因素包括对地位、认可或被关注的需求）；自我实现需求（对自我发展、自我潜能发挥和自我理想实现的需求）。

2. 每个需求层次都必须得到充分的满足，才能使下一层次的需求占据主导地位。

3. 马斯洛还将这五种需求划分为低层次需求和高层次需求。生理需求和安全需求被认为是低层次需求；社会需求、尊重需求和自我实现需求被认为是高层次需求。

16.2.2 麦格雷戈的X理论和Y理论

X理论和Y理论是由麦格雷戈提出的两种关于人性的截然不同的假设。

1. X理论认为员工没有雄心壮志，不喜欢工作，只要有可能就会逃避责任，为了保证工作效果必须严格监控。

2. Y理论认为员工喜欢工作，他们接受甚至主动寻求工作责任来自我激励和自我指导。

3. X理论认为个体受到马斯洛需求层次理论中的低层次需求的主导；而Y理论恰恰相反，认为个体受到高层次需求的主导。

4. 没有任何证据证实哪一种人性假设更为有效或者是利用Y理论是管理者激励员工的唯一途径。

16.2.3 赫茨伯格的双因素理论

双因素理论（也称激励-保健理论）由赫茨伯格提出，该理论认为内在因素与工作满意相关，而外在因素与工作不满意相关（见图表16-2）。

1. 赫茨伯格认为满意的反面不是不满意（见图表16-3）。消除了工作中的不满意特征并不一定会使个体对工作更加满意（或者受到激励）。

2. 保健因素是指那些导致工作不满意的因素，包括监督、公司政策、工资、工作条件以及工作保障等。这些因素是与工作内容和工作环境有关的外部因素。

3. 激励因素是指能给员工带来激励，提高员工工作满意度的因素，包括成就、认可、晋升等。这些因素是与工作内容和工作环境有关的内在因素。

4. 针对赫茨伯格的批评主要体现在对他的统计工具和方法论的质疑上。然而抛开这些批评不说，赫茨伯格的理论对当今的工作设计依然具有重要影响。

16.2.4 三种需求理论

三种需求理论由麦克莱兰和他的助理提出，该理论认为主要有三种后天的（而不是先天的）需求推动人们从事工作。这三种需求分别为成就需求、权力需求以及归属需求。

1. 成就需求即在一套标准之下获得成功、追求卓越的愿望。

（1）麦克莱兰发现，具有高成就需求的人与其他人的区别在于，他们总是渴望将事情做得比以前更好、更高效。

（2）高成就需求者喜欢具有适度挑战性的工作。

（3）高成就需求者会尽量避免他们认为过于容易或者过于困难的工作任务。

2. 权力需求即让他人听从自己的指示以某种特定方式行事的愿望。

3. 归属需求即建立友好、亲密的人际关系的愿望。

4. 这三种需求都可以通过一项投射测验（如著名的主题统觉测验，见图表 16－4）进行测量。

16.3 当代的动机理论

当代的一些动机理论体现了对员工动机的最新解释。当代的这些动机理论因为都获得了实证研究的支持而具有比较合理的效度。

16.3.1 目标设置理论

目标设置理论认为，具体的工作目标会提高工作绩效，困难的目标一旦被员工接受，将会比容易的目标产生更高的工作绩效。

1. 努力实现某一目标的意愿是工作动机的一个重要来源。具体的、富有挑战性的目标是极为有效的激励力量。与泛泛而谈的目标相比，这样的目标可以导致更高水平的产出。

2. 目标设置理论与成就动机之间是否存在矛盾？实际上，它们之间并不矛盾，原因如下。

（1）目标设置理论是针对普通大众的，但成就动机的结论仅仅适用于高成就需求者。困难目标的设置仍然适用于大多数员工。

（2）目标设置理论的结论适用于那些接受并致力于实现目标的人。困难的目标只有在被接受的情况下，才会带来更高的绩效。

3. 如果员工有机会参与到目标设置的过程中，他们是否会更努力工作？

（1）员工并不总是希望参与目标设置。

（2）当员工可能会抗拒接受困难的挑战时，参与目标设置可能会提高他们对目标的接受程度。

4. 如果员工在实现目标的过程中能够获知进展情况，他们是否会表现得更好？

（1）反馈能够指导员工的行为。

（2）自我反馈——员工对自身的改进情况进行监控——比起来自他人的反馈更具激励作用。

5. 目标设置理论存在哪四种权变因素？

（1）反馈会影响目标与绩效之间的关系。

（2）当目标被公开设定、员工有较好的自控力或者目标由自己而不是别人设定时，员工最有可能对目标产生认同。

（3）自我效能指的是员工相信自己能够完成工作任务。

（4）国家文化也是一种能够影响目标设置理论的权变因素。

6. 我们可以得出结论：为实现困难、具体的目标而努力的意愿是一种强大的激励力量。

（1）在合适的条件下，这种意愿能够导致更高的绩效。

（2）不过，没有证据表明这样的目标能够提高工作满意度。

（3）图表16－5简要总结了目标、动机以及绩效之间的关系。

16.3.2 强化理论

强化理论与目标设置理论针锋相对。强化理论认为，行为是结果的函数。

1. 强化理论认为，行为是由外部条件导致的。

2. 强化物指的是在某种行为之后立即出现，并且会提高该行为未来重复的可能性的某种结果。

3. 强化理论不考虑诸如目标、期望、需求等因素，它只关注个体采取某种行动后产生的结果。

4. 如何利用强化的概念来解释动机？

（1）如果某种合意的行为会获得奖励，人们就最有可能再次实施这种行为。

（2）在某种合意的行为之后立即实施的奖励最为有效。

（3）如果某种行为没有获得奖励，或者受到了惩罚，那么该行为重复的可能性就会降低。

5. 管理者可以通过强化他们希望员工实施的工作行为来影响员工行为。

16.3.3 工作设计理论

工作设计指的是将各种工作任务组合成完整工作的方法。管理者应当对工作进行精心设计，以反映不断变化的环境需求、组织的技术以及员工的技能、能力和偏好等。

1. 早期，克服工作细化和专业化的弊病主要是通过横向扩大工作范围，即一份工作所包含的任务数量以及这些任务重复的频率。

（1）这种工作设计类型称为工作扩大化，即横向扩展工作或者扩大工作范围。

（2）仅仅强调增加工作任务数量的工作设计方案很少能够取得成功。

（3）不过，知识扩大化活动（扩大工作中知识的使用范围）有助于提高工作满意度，改进客户服务，减少错误的发生。

2. 工作丰富化是另一种工作设计方式，它指的是通过增加计划和评估责任使工作纵向扩展。

（1）工作丰富化增加了工作深度。工作深度指的是员工对于工作的控制程度。

（2）对于工作丰富化可以带来的利益，研究证据还没有达成一致意见。

3. 工作特征模型。工作特征模型是一种用来分析和设计工作的框架，它确定了五个核心工作维度，它们的相互关系，以及它们对员工生产率、动机和满意度的影响（见图表 16-6）。

技能多样性指一项工作需要多种活动从而使员工能够利用不同技能和才干的程度。

任务完整性指一项工作需要完成一件完整的、可辨识的工作任务的程度。

任务重要性指工作对人们生活和其他人工作的实际影响程度。

工作自主性指一项工作在安排工作内容、确定工作程序方面给员工的自由度、独立权和决定权。

工作反馈指员工在完成工作任务的过程中，可以获得关于自己工作绩效的直接而明确信息的程度。

（1）技能多样性、任务完整性和任务重要性组合起来使员工体会到工作的意义。工作自主性能够使员工感到对结果负有个人责任。工作反馈可以使员工更了解自己工作活动的实际结果。

（2）工作特征模型表明，当员工得知（通过反馈了解结果）自己很出色地（通过工作自主性体会到责任感）完成了自己所重视的工作任务（通过技能多样性、任务完整性和任务重要性体会到工作的意义）时，他们很可能会受到激励。

（3）一项工作具备这三个方面的内容越多，员工积极性越高，工作业绩越好，满意度越高，缺勤率和离职率也可能越低。

（4）除了工作扩大化和工作丰富化的影响，有关工作特征模型的研究还指出：合并任务、形成自然的工作单元、建立客户（外部或内部）关系、纵向拓展工作、开通反馈渠道都对工作有深刻影响。

4. 工作设计方法的发展。考虑到工作特征模型可能并不完全适合当今社会的工作，两个新兴观点引发了人们的注意。

（1）关系取向的工作设计观。该观点主要聚焦于员工的任务和工作如何日益依赖各种社会关系。员工在开展自身工作的过程中，越来越依赖周围的其他人获取信息、建议和帮助。这意味着管理者需要考虑到这些员工关系中的重要组成部分，例如获取组织中社会支持的途径及其程度、与组织外部的互动类型、工作任务的相互依赖程度以及人际反馈。

（2）主动的工作设计观。该观点认为员工积极主动地改变自己的工作方式。根据这种观点，重要的工作设计因素包括工作自主性（这也是工作特征模型中的一项重要因素）、模糊性及责任性程度、工作复杂性、应激源水平以及社会或关系背景。

16.3.4 公平理论

公平理论认为，员工首先将自己从工作中得到的（所得）和投入的（付出）进行比较，然后将自己的付出-所得比与其他相关人员的付出-所得比进行比较（见图表 16－7）。

1. 参照对象指的是个体为了评估公平性而与自己进行比较的其他个体、系统或者他自己。

2. 公平理论认为，个体不仅关心自己获得的奖励总量，而且还会关心自己获得的奖励与他人获得的奖励之间的关系。

3. 当员工感觉到不公平时，他们将会做什么？

(1) 扭曲自己或他人的投入或产出。

(2) 采取某种方法来诱使他人改变投入或产出。

(3) 采取某种方法来改变自己的投入或产出。

(4) 选择另一个不同的参照对象。

(5) 辞职。

4. 以前，公平理论强调分配公平。近来关于公平的研究主要考察程序公平。

16.3.5 期望理论

期望理论认为，如果个体预期某种行为会带来特定的结果，而且该结果对自己具有吸引力，那么该个体往往会采取这种行为。该理论包含了三个变量或者关系（见图表 16－8）。

1. 努力-绩效关系（期望），是个体所认为的付出一定的努力能达到某一特定绩效水平的概率。

2. 绩效-奖励关系（手段），是个体所认为的某一特定绩效水平有助于获得期望结果的程度。

3. 奖励的吸引力（效价），是在工作中可能获得的结果或奖励对个体的重要程度。

4. 期望理论可以概括为以下几个问题。

(1) 员工认为该工作能够为自己提供什么结果？

(2) 员工认为这些结果有多大的吸引力？

(3) 员工必须表现出哪些行为来实现这些结果？

(4) 员工认为自己能够实现既定水平的可能性有多大？

5. 期望理论的关键在于理解个体目标以及三种关系，即努力与绩效的关系、绩效与奖励的关系、奖励与个体目标满足的关系。

16.3.6 当代动机理论的整合

图表 16－9 的模型融合了我们所知道的大部分激励理论。

1. 基础是简化的期望模型。

2. 融合了成就需求、强化理论、公平理论和工作特征模型。

3. 奖励在该模型中发挥着重要作用。

4. 工作任务的特征在两个方面对工作激励造成了影响：第一，围绕着五种核心工作维度的工作设计可能会提高实际工作绩效。第二，围绕着五种核心工作维度的工作设计也会提高员工对于工作中核心要素的掌控程度。

16.4 当代的激励问题

理解和预测员工动机是管理研究中最为热门的领域之一。在理解动机时，需要考察工作场所中的一些重要问题。

16.4.1 管理跨文化激励的挑战

1. 在当今的全球商业环境下，管理者不能想当然地认为在某一地区起作用的激励计划在其他地方也行之有效。

(1) 大多数当代动机理论都是由学者针对一个或几个地区的人进行研究得出的，因此普适性较低。例如，在日本、希腊和墨西哥这样的国家中，不确定性规避的特征特别明显，安全需求则是低需求层次，与马斯洛的需求层次理论不符。

(2) 成就需求的相关研究指出，高成就需求是一种内在动机，这样的个体乐于接受中等程度的冒险以及重视绩效，但这种情况在英国、美国、加拿大更加明显，而在智利、葡萄牙等国家中几乎不存在。

2. 尽管在动机方面存在一些跨文化差异，但是也存在非常明显的跨文化一致性。

(1) 有研究发现，受到尊重、工作-生活的平衡、从事工作的类型、同事特点和组织领导风格特点（得分相同）、基本薪酬、可为他人提供优质服务的工作环境、长期的职业潜能、灵活的工作安排、学习发展机会和福利（得分相同）、晋升机会、奖金或津贴等项工作动机具有普遍性。

(2) 另一项研究表明，无论员工来自什么样的国家文化，工作有趣的需求似乎对所有员工都非常重要。与此相似，一项研究调查了美国、加拿大、澳大利亚和新加坡的毕业生对于工作偏好的比较，结果表明成长、成就和责任排在前三位，并且呈现出一模一样的排列顺序。

16.4.2 激励独特的员工队伍

1. 为激励一支多元化的员工队伍，管理者需要从灵活性的角度加以考虑。生活方式（例如，单身的父亲或母亲）是一项重要因素。

(1) 压缩工作周指一个员工在一个工作周中每天工作更长时间，只工作较少天数。

（2）弹性工作时间是一种要求员工每周工作一定时间但允许他们在一定范围内改变工作时间的制度安排。

（3）工作分享指的是让两个或者更多的人分担一份全职工作。

（4）远程办公是一种允许员工在家办公并通过电脑与公司办公场所互连的工作安排。

1）远程办公的优势包括：减少通勤时间和压力，获得更大的灵活性来应付家庭需求。

2）远程办公的主要缺点在于：缺乏社会互动，可以采取的奖励体系有限，难以区分工作事项和家庭事项。

2. 激励专业人员。

这类人员重视以下事项：有挑战性的工作；问题的解决；支持和激励。

3. 激励灵活就业员工。

（1）灵活就业员工并不具备长期员工所拥有的保障或稳定性。

（2）管理者可以提供成为长期员工的机会、培训机会以及公平的待遇来激励灵活就业员工。

4. 激励只具有低技能并只获得最低工资的员工，这是管理者在员工激励方面面临的最困难的挑战之一。

（1）虽然金钱是十分重要的激励物，但它并不是这类员工追求的唯一目标，也不是管理者可以运用的唯一工具。

（2）工作设计理论和期望理论能够为如何激励低技能的、获得最低工资的员工提供一些答案。

16.4.3 设计合适的奖励机制

1. 开卷管理（公开账目管理）是一种激励方法，指的是组织与自己的所有员工共享财务报表（账目）。

（1）开卷管理的目的是通过让员工看到自己的决策对财务结果的影响，从而激励他们以主人翁意识思考问题。

（2）要想使开卷管理奏效，组织必须向员工传授基本的财务报表分析技能。

2. 员工认可计划包括对员工的关注以及对出色的工作表现给予关注、赞扬和感谢。

3. 绩效薪酬方案是指根据对绩效的衡量来支付员工工资的浮动薪酬方案。

（1）绩效薪酬很可能最符合期望理论的观点。

（2）绩效薪酬方案之所以日益流行，可以从激励及成本控制这两方面来解释。

（3）研究表明，绩效薪酬方案确实有效。

选择题

1. ______认为员工应该首先将自己从工作中得到的（所得）与自己投入的（付出）进行比较，然后将自己的付出-所得比与其他相关人员的付出-所得比进行比较。

A. 目标设置理论　　B. 公平理论

C. 期望理论　　D. 工作特征模型

2. ______是确定报酬分配的程序是否让人觉得公平。

A. 分配公平　　B. 程序公平

C. 人际公平　　D. 参照公平

3. 期望理论中的奖励的吸引力是指奖励的______。

A. 效价　　B. 手段

C. 可及性　　D. 期望

4. 期望理论的核心是______。

A. 努力-绩效关系　　B. 绩效-奖励关系

C. 奖励的吸引力　　D. 以上各项

5. 期望理论中，______是指个体相信达到一定的绩效水平后即可获得期望结果的可能性。

A. 效价　　B. 目标实现

C. 手段　　D. 努力-绩效关系

6. 在各种动机理论中，显然强化理论______。

A. 只适用于高成就、激励因素来自内部的人

B. 在公平理论中占有重要地位，有助于保持高绩效

C. 加强来自工作满意的激励

D. 以上都不是

7. 激励那些在工作任务上需要相互合作、相互分担的员工的一个有效办法是______。

A. 临时工作　　B. 弹性工作制

C. 工作分享　　D. 压缩工作周

8. ______激励方法是指所有员工可以分享公司财务报表。

A. 绩效工资方案　　B. 员工认可计划

C. 开卷管理　　D. 自我改变模型

9. 当激励有轻微的马基雅维利主义倾向的员工时，主要的激励因素是______。

A. 金钱　　B. 认可

C. 权力　　D. 工作挑战

10. 灵活就业人员可以通过______来激励。

A. 提高待遇　　B. 提高市场销售技能的工作

C. 认可和非经济的奖励计划　　D. 提供成为长期员工的机会

11. 开卷管理是管理者______。

A. 尊重所有员工的道德背景　　B. 让员工自定目标和工资

C. 向员工公开财务报表　　D. 以上各项

12. ______是绩效薪酬方案的例子。

A. 计件工资方案　　B. 利润分成

C. 包干奖金　　D. 以上各项

13. 关于进行人员与工作匹配的正确说法是______。

A. 人员与工作匹配时，没有直接的激励联系

B. 很难实现，因此多数管理者没有尝试

C. 研究表明这是一个很有效的激励因素

D. 以上都不是

14. 根据马斯洛的需求层次理论，当雇主给员工提供健康保险，他是在关注员工的______需求。

A. 安全　　B. 社会

C. 尊重　　D. 自我实现

15. 麦格雷戈的 Y 理论假设雇员______。

A. 几乎没有耐心　　B. 想要逃避责任

C. 享受工作　　D. 需要紧密控制的有效工作

16. 双因素理论是由______提出的。

A. 麦克莱兰　　B. 马斯洛

C. 麦格雷戈　　D. 赫茨伯格

17. ______不是麦克莱兰和他的助理提出的三种需求之一。

A. 成就　　B. 归属

C. 权力　　D. 安全

18. 如果一个人具有高权力需要，那么他______。

A. 希望左右他人的行为

B. 会建立友好和亲密的人际关系，营造合作的氛围等

C. 不喜欢投机取巧，承担个人责任，回避那些他觉得特别容易或者特别困难的工作任务

D. 具有强烈的成功驱动力，希望在某些事上比别人做得好

19. 目标设置理论认为______。

A. 不清楚的、适度挑战性的目标会是有效的激励

B. “尽力而为”这样的目标有可能产生最有效的高绩效

C. 困难的目标一旦被接受，将会比容易的目标产生更高的工作绩效

D. 对于高层管理者来说，有效设置目标是很容易实现的

20. ______认为个体的需求呈现层次化的特征，但是近年来的研究开始发现需求具有复杂性，因此该理论也在发展中。

A. 马斯洛的需求层次理论　　B. 目标设置理论

C. 成就理论　　D. 强化理论

21. ______是指通过扩展工作范围或增加工作任务的数量以及提高工作任务重复的频率来横向扩大工作。

A. 工作丰富化　　B. 授权

C. 工作扩大化　　D. 工作分享

22. 在工作特征模型中，如果一位管理者想增加一项工作的任务完整性，他应该______。

A. 常常向员工提供及时和诚实的反馈

B. 将各种各样的任务碎块组合成一个工作模块

C. 给员工更多的自由和自主性

D. 增加完成工作所需要的技能和才干的数量

23. 如果一位管理者垂直下放工作，那么他增加了工作的______。

A. 乏味性　　B. 复制性

C. 任务完整性　　D. 工作自主性

24. ______是个人与环境相互作用的产物。

A. 动机　　B. 需要

C. 努力　　D. 紧张

25. 关系取向的工作设计观认为______。

A. 员工的关系意义重大　　B. 关系网络是工作设计的参考对象之一

C. 管理者应该重视员工间的工作互动　　D. 以上各项

判断题

1. 开卷管理的目标是通过让员工看到自己的决策与活动对组织财务结果的影响，使员工像企业的主人那样思考问题。（　）

2. 绩效薪酬方案倾向于与期望理论相冲突。（　）

3. 股票期权是一种金融工具，它赋予员工以指定的价格购买一定数额的股票的权利。（　）

4. 动机不仅因人而异，对同一个人来说还因时而异，因情境而异。（　）

5. 公平理论认为，比较的过程是员工产生不公平感的环节之一。（　）

6. 根据马斯洛的需求层次理论，较低层次的需求主要通过内部使人得到满足，较高层次的需求主要通过外部使人得到满足。（　）

7. 研究表明，Y 理论比 X 理论更能有效地激励员工。（　）

8. 赫茨伯格的激励-保健因素理论指出，内在因素与工作满意相关，外在因素与工作不满意相关。（　）

9. 赫茨伯格的双因素理论将工作满意和工作不满意看作一个二维连续体，认为工作不满意和工作满意是相互对立的。（　）

10. 三种需求理论认为主要有三种后天的需求推动人们从事工作，分别是成就需求、权力需求和归属需求。（　）

11. 三种需求理论认为高成就需求者回避那些他们认为特别容易或者特别困难的工作任务。（　）

12. 根据目标设置理论，“尽力而为”会比具体的、富有挑战性的目标产生更好的效

果。 （ ）

13. 经理在激励员工时应注意参考激励理论的内容，尤其要注意目标的可实现性。 （ ）

14. 工作设计中的工作扩大化会导致更高的满意度。 （ ）

15. 如果一位管理者授权员工去做一些通常是由管理者来做的工作，从而加强了员工对于自己工作的控制程度，那么这位管理者使用了工作扩大化来激励员工行为。 （ ）

16. 根据工作特征模型，合并零碎任务可以增强技能多样性和任务完整性。 （ ）

17. 工作扩大化是指通过增加工作范围横向扩张工作。 （ ）

18. 在公平理论中，员工只考虑他们通过努力获得绝对报酬。 （ ）

19. 积极公平是指感知到的在报酬数量和报酬分配上的公平性。 （ ）

20. 理解期望理论的关键是理解个体目标。 （ ）

21. 期望理论只考虑想法，与现实无关。 （ ）

22. 尽管跨文化研究表明了各国员工在工作动机上具有相似性，但实际上依旧存在诸多文化差异现象。 （ ）

23. 激励多元化员工队伍的核心是薪酬，每个人都受金钱驱使。 （ ）

24. 研究表明，在大多数情况下绩效薪酬方案表现出积极的结果。 （ ）

25. 大多数专业人员只对他们受雇的组织忠诚，而不是对他们的职业忠诚。 （ ）

复习和讨论问题参考答案

1. 什么是动机？请解释动机的三个关键因素。

动机是一种过程，它体现了个体为实现目标而付出努力的强度、方向和坚持性。努力要素是强度、驱动力和活力的一种衡量指标。如果这种努力不指向有利于组织的方向，则高努力水平未必会产生令人满意的工作绩效。朝向组织目标并与其保持一致的努力才是组织真正需要的。最后，动机还有一个坚持性维度，即员工必须能够为实现最终目标而不懈努力。

2. 请描述早期的四种动机理论。

马斯洛的需求层次理论认为，每个人都有五个层次的需求：生理需求、安全需求、社会需求、尊重需求以及自我实现需求。一个需求层次必须得到实质的满足后，才会激活下一个目标；个体的需求是由低到高逐层上升的；一旦某种需求得到实质性的满足，这种需求就不再具有激励作用。持有X理论的管理者认为员工没有雄心壮志，不喜欢工作，只要有可能就会逃避责任，为了保证工作效果必须严格监控。持有Y理论的管理者认为员工喜欢工作，他们接受甚至主动寻求工作责任来自我激励和自我指导，把工作视为一种自然而然的活动。赫茨伯格的双因素理论认为，内在因素与工作满意相关，而外在因素与工作不满意相关。导致工作满意的因素与导致工作不满意的因素是相互独立的，而且差异很大。导致工作不满意的外部因素称为保健因素，要想真正激励员工努力工作，必须注重激励因素。三种需求理论认为主要有三种后天的（而不是先天的）需求推动人们从事工作，这三种需求分别为成就需求、权力需求以及归属需求。

3. 目标设置理论、强化理论和公平理论是如何解释员工动机的？

目标设置理论认为，具体的工作目标会提高工作绩效，困难的目标一旦被员工接受，将会比容易的目标产生更高的工作绩效。目标设置理论的重要内容包括：努力实现某一目标的意愿是工作动机的一个重要来源；与泛泛而谈的目标相比，具体的、富有挑战性的目标能够导致更高的绩效水平；员工参与目标设定往往比管理者为员工制定目标更可取，但并不总是如此；反馈，尤其是自我反馈，能够指导和激励员工的行为。有四种权变因素会影响目标设置理论，它们是反馈、目标认同、足够的自我效能以及国家文化。强化理论认为，行为是结果的函数。为了激励员工，可以采用积极强化物来强化合意的行为，应当忽略而不是惩罚不合意的行为。公平理论强调员工如何将自己的付出-所得比与参照对象的付出-所得比进行比较。如果员工感觉不公平，他们会设法采取行动来改变这种状况。分配公平与程序公平都对员工满意度有影响。

4. 有哪些不同的工作设计方法可用于激励员工？

工作扩大化是指通过增加任务数量以及这些任务重复的频率来横向扩展工作或扩大工作范围。工作丰富化指的是通过增加计划和评估责任使工作纵向扩展，即增加工作深度。工作特征模型认为，有五种核心工作维度（技能多样性、任务完整性、任务重要性、工作自主性、工作反馈）可以用来设计有激励作用的工作。还有两个新兴的关于工作设计的观点是关系取向的工作设计观和主动的工作设计观。

5. 请解释期望理论中的三个关系以及它们在动机中的作用。

期望理论认为，如果个体预期某种行为会带来某种特定的结果，而且该结果对自己具有吸引力，那么该个体往往会采取这种行为。期望是一种努力-绩效关系（我需要付出多少努力来实现某一特定绩效水平）；手段是一种绩效-奖励关系（达到某一特定绩效水平将使我获得某种特定奖励）；效价是奖励的吸引力（这种奖励是我想要的吗？）。

6. 管理者在激励当今的员工队伍时面临什么挑战？

管理者在激励独特的员工队伍时面临多种挑战。面对当今员工队伍的多元化，为了最大限度地激励每一名员工，管理者必须从灵活性方面入手。专业人员希望工作具有挑战性，想要获得支持和激励，而且工作本身就能够对他们产生激励作用。灵活就业员工想获得成为长期员工的机会，或者获得技能培训。认可计划以及对工作努力的真诚赞赏可以用来激励低技能的、获得最低工资的员工。

7. 请描述开卷管理、员工认可计划和绩效薪酬方案。

开卷管理是指将公司财务报表和相关信息公开披露给员工，使员工更积极地作出有利于工作的决策。员工认可计划则是由对员工的关注、赞扬以及感谢所组成的。绩效薪酬方案是指根据对员工绩效的衡量来支付员工工资的浮动薪酬方案。

8. 个体是否会受到过度激励？请讨论。

这个问题为小组讨论提供了很好的素材。答案取决于学生的就业经历以及他们所访谈的管理者和员工类型，他们能够就这个问题阐述自己的鲜明观点。他们的答案很可能会引发全班同学讨论关于动机的道德问题以及有些个体为实现目标而抛弃道德标准不择手段的意愿。

案例应用参考答案

案例应用

激励那些热爱户外活动的REI员工

1. REI的工作环境在哪些方面可以帮助满足三种需求理论中的一种需求?

根据所学的知识，三种需求理论所探讨的需求分别为员工对成就、权力和归属的需求。总体来看，REI首先塑造了一种归属感，公司让员工在丰富的活动中感受到组织对个人需求的关注，因此员工在快乐中逐步建立起对组织的认知。其次，REI也让员工感受到深切的个人成就感，这主要表现为丰富的福利与薪酬，员工能够建立起一种相对自信的认知。权力在案例中表现得并不是非常明显，但也可以鼓励学生讨论。

2. 如何用期望理论解释REI提供的以户外活动为导向的福利?

从期望理论的角度出发，员工主要需要思考三重关系，即努力与绩效的关系、绩效与奖励的关系、奖励与个体目标满足的关系。由于员工大多因热爱户外活动聚集在一起，因此以户外活动为福利设计的主体导向能够引起员工的注意。同时，这些活动看起来也是可得的，不会因为难度过高而让员工望而却步。

3. REI还能做什么来改善其激励员工的方式?

可以先带领学生复习一些相关的理论。例如，从工作分享的角度出发，可以将员工结成分担小组，减轻员工工作压力的同时也能促进员工的交流，增强组织的凝聚力。

4. 在REI雇用不像其他员工那样喜欢户外活动的员工有什么优点和缺点?

户外活动是公司的主营业务。如果员工对于户外活动没有兴趣，那么他或许不能对工作充满热情，充其量只是将工作作为一种谋生的手段。但是由于该员工的兴趣不在此处，所以他有可能为公司带来观察问题的全新视角，注入全新的活力，为公司的发展贡献力量。

选择题和判断题答案

选择题答案

1. B	2. B	3. A	4. D	5. C	6. B	7. C	8. C	9. C	10. D
11. C	12. D	13. C	14. A	15. C	16. D	17. D	18. A	19. C	20. A
21. C	22. B	23. D	24. A	25. D					

判断题答案

1. √	2. ×	3. √	4. √	5. √	6. ×	7. ×	8. √	9. ×	10. √
11. ×	12. ×	13. √	14. √	15. ×	16. √	17. √	18. ×	19. ×	20. √
21. √	22. √	23. ×	24. √	25. ×					

第17章　成为有效领导者

Being an Effective Leader

学习目标

17.1　定义领导者和领导。
17.2　对比分析早期的领导理论。
17.3　描述三种主要的领导权变理论。
17.4　描述当代领导观。
17.5　比较各种领导理论的有效性。
17.6　探讨当代的领导问题。

本章概要

领导的质量是企业获得成功的一个重要元素，因为领导者会对员工施加影响，使他们为了履行公司使命、实现公司目标而团结协作。

17.1　谁是领导者？什么是领导？

管理者与领导者之间存在一定的差别。

1. 管理者由企业任命，具有法定的企业内部权力；而领导者是能够影响他人并拥有管理职权的人。

2. 领导是指影响团队来实现组织目标的过程，是领导者所做的事。

17.2 早期的领导理论

20 世纪初期，研究者开始对领导展开研究，这些研究重点关注领导者（领导特质理论）以及他们如何与组织成员互动（领导行为理论）。

17.2.1 领导特质理论

1. 20 世纪 20 年代和 30 年代的研究重点是领导者的特质，目的是总结归纳出可用来区分领导者和非领导者的一些个人特质。

2. 结果证明，始终与领导过程相关联的特质要比总能体现领导者与非领导者之间差异的特质更有效。

3. 图表 17-1 对与领导相关的十种特质作了描述。

17.2.2 领导行为理论

1. 关于领导的本质，研究者开始希望行为理论能够在这方面提供比特质理论更为明确的答案。

2. 图表 17-2 概括介绍了四大领导行为理论研究。

（1）艾奥瓦大学的研究将领导风格划分为三大类：独裁型风格、民主型风格和放任型风格。

（2）俄亥俄州立大学的研究界定了领导行为的两大重要维度：定规维度和关怀维度。

（3）密歇根大学的研究设定了领导行为的两大维度：员工导向和生产导向。

（4）管理方格是用来评估领导风格及其有效性的二维方格，两个维度分别是关心员工和关心生产。

3. 对成功领导的预测不只是归纳出几个领导特质或可取行为这么简单。由于难以获得一致的结果，研究者遂将研究重点纷纷转向了情境的影响。

17.3 领导权变理论

17.3.1 费德勒权变模型

费德勒权变模型是以提出人弗雷德·费德勒的名字命名的，该理论认为：有效的团体绩效依赖领导风格与情境中控制力、影响力的合理匹配。

1. 为了测定一个人的基本领导风格是任务导向型还是关系导向型，费德勒设计了一份最难共事者问卷。该问卷包括 18 对反义形容词，受访者要在填表前先回想一下所有与自己共过事的同事，然后找出一个最不喜欢的同事，并用这 18 对形容词对其进行评估。费德勒认为，一个人的基本领导风格可以根据受访者的回答来确定。

2. 费德勒还对影响领导风格的三个情境因素作了归纳，他认为，可以通过对这三个因素的分析控制使领导者的行为导向与所处的情境相适应。

（1）领导者-成员关系指员工对其领导者的信心、信任和尊重程度。

（2）任务结构指工作任务正式化和结构化的程度。

（3）职位权力指领导者对在其职权基础上所进行的一系列活动（如雇用、解聘、惩处、晋升和加薪）的影响力程度。

3. 费德勒利用上述变量对情境进行评估。他根据上述三个条件，将领导者所处的情境分为八种类型（见图表 17－3）。

4. 费德勒模型提出通过最难共事者问卷与三个权变变量评估的合理匹配来实现领导效能的最大化。

5. 任务导向型的领导者在非常有利和非常不利的情境中表现较好。

6. 关系导向型的领导者在适度有利的情境中表现较好。

7. 一个人的领导风格是固定不变的。提高领导效率的方法只有两种。

（1）找到一个能与情境更好匹配的新领导者。

（2）改变情境使之与领导者匹配。

8. 调查研究总体上支持了费德勒权变模型的有效性，不过，该模型仍存在一些不足。

17.3.2 赫塞和布兰查德的情境领导理论

赫塞和布兰查德的情境领导理论是一个重点研究下属成熟度的权变理论。

1. 领导者的领导风格要与下属的成熟度相适应才能实现成功的领导。

2. 成熟度是指员工完成特定任务的能力和意愿的程度。

3. 该理论运用了费德勒所界定的两个领导维度：任务和关系行为。

4. 将每个维度按高、低进行细化，然后组合成四种特定的领导风格。

5. 为验证和支持此理论而进行的研究工作，其结果通常是令人失望的，原因可能是内部概念不明，或者模型本身存在不一致。

17.3.3 路径-目标理论

路径-目标理论是罗伯特·豪斯提出的领导理论（见图表 17－4）。该理论认为，领导者的任务是帮助下属实现他们的目标，并提供所需的信息、支持及其他的必要资源以确保他们的目标与组织的总体目标相一致。

1. 豪斯将领导行为分为四种。

（1）指挥型领导：让下属了解对他们的期望是什么，制定工作日程安排，提出完成任务的具体建议。

（2）支持型领导：表现出对员工需求的关心、态度友好。

（3）参与型领导：咨询团队成员，在做决策之前会听取他们的建议。

（4）成就型领导：设定有挑战性的目标，要求下属发挥他们的最佳水平。

2. 路径-目标理论提出了两个情境或权变变量作为领导行为-绩效关系的调节变量：

（1）在下属可控范围之外的环境变量。

（2）下属的部分个人特质变量。

3. 路径-目标理论的一些预测结果包括：

（1）当任务模糊不清或者更有压力时，指挥型领导的效果要好于任务高度结构化和安排合理的情况。

（2）如果组织要求员工执行结构化的任务，支持型领导能带来高员工绩效和满意度。

（3）对于理解能力好或者经验丰富的员工，指挥型领导似乎是多余的。

（4）正式权力关系清晰时，领导者应增加支持性行为，减少指挥性行为。

（5）如果工作团队中存在重大冲突，指挥型领导可以带来更高的员工满意度。

（6）内控型的下属对参与型领导的满意度更高。

（7）外控型的下属对指挥型领导的满意度更高。

（8）当任务结构模糊不清时，成就型领导会提高下属的预期，使他们相信付出努力可以获得更好的绩效。

4. 虽然并不是每项研究发现都具有积极的意义，但是大多数证据都支持路径-目标理论的下列逻辑。

（1）当领导者选择能弥补员工或工作环境不足的领导风格时，可以正向影响员工的工作绩效和工作满意度。

（2）然而，当领导花时间解释已经很清楚的任务或当下属有能力和经验在无干涉的情况下处理好工作时，下属会觉得指导性的行为是多余甚至无礼的。

17.4 当代领导观

这一节将探讨最新的领导观。

17.4.1 领导者-成员交换理论

领导者-成员交换理论指出，领导者对下属建立了圈内人和圈外人的概念，圈内下属的绩效排名更高，离职率更低，有更高的工作满意度。

1. 领导者会将下属划入“圈内”或“圈外”，领导者和下属都必须对这种关系进行“投资”。

2. 领导者作出选择，但下属的一些特质促进了决策的形成。

3. 调查研究支持该理论。

17.4.2 魅力型领导

1. 魅力型领导者是指利用自身的人格魅力和行动影响人们作出特定表现的充满热情和自信的领导者。

（1）已经有研究者对魅力型领导者的五项人格特质作了描述：有愿景，有清晰地描述愿景的能力，愿意为实现愿景承担风险，对环境约束和员工需求很敏感，有打破常规的行为。

（2）越来越多的研究证据表明，魅力型领导与好的绩效以及员工满意度之间存在显著联系。多数专家认为个人可以经由训练表现出魅力型行为。

（3）实现员工出色绩效并不总是需要魅力型领导。当下属的工作具有某种观念形态的目的或者工作环境涉及高强度的压力和不确定性时，这类领导似乎可以发挥最大的效能。

2. 愿景型领导是指领导者有能力创造并清晰描述可行、可信、吸引人、有利于改善现状的未来愿景。

（1）愿景的适当选取和妥善执行，可以激励人们运用自身的技术、才能和资源来实现愿景。

（2）组织的愿景应当充分利用人们的情感因素，激发工作热情。一般情况下，表达清晰明确的愿景更容易被人接受。

17.4.3 变革型领导与交易型领导

交易型领导和变革型领导的差别是什么？

1. 交易型领导主要通过社会交换（或交易）进行领导。

2. 变革型领导鼓舞并激励下属（作出变革），从而实现出色的工作成果。关于变革型领导比交易型领导更具优势的证据支持还是相当具有说服力的。

17.4.4 诚信领导

诚信领导注重领导者道德方面的修养，他们知道自己是谁，坚信什么，并且公开、坦率地依照这些价值观与信念行事。

诚信领导者拥有四种品质：自觉、透明、公开征求挑战他们固有立场的意见以及受到较强道德准则的指引。由于他们集上述品质于一身，所以追随者认为他们是有道德的人，并信任他们。

17.4.5 道德领导

领导并非价值中立的，在评价其有效性的时候，我们需要提出领导者为实现目标采取的手段以及目标的内容。道德水平较高的领导者会得到下属较高的评价，他们自身对工作更加满意和投入，也会经历更低水平的焦虑，离职意向更低。跟随这样的领导者，员工也会更加富有动力，绩效更高，表现出更多的公民行为和更少的反生产行为。

17.4.6 仆人式领导

仆人式领导者关注能够帮助员工成长和发展的机会，甚至会不顾个人利益。相对于其他领导形式，其将跟随者的利益置于个人利益之上。该领导模式的特点包括：关心员工的个人问题与幸福感；赋予员工责任和决策影响力；帮助下属成长并获得成功；以身作则，是正直的标杆。仆人式领导者倾向于创造一种服务文化，并通过增加员工对组织的认同感来改善员工的态度，提升绩效。另外一个有趣的现象是，仆人式领导在某些文化中可能更为普遍和有效。

17.4.7 追随力

领导者-追随者互动是双向的。首先，领导者需要激励并吸引追随者来实现最终目标，这是显而易见的。但是常常忽视的事情是，追随者也在影响领导者的态度、能力以及行为。因此，我们认为，领导是一个在领导者和追随者之间的关系中不断演进的过程，他们作为同一社会群体的一部分被联系在一起。为了成功，追随者需要一套与领导者互补的技能，包括：自我管理；致力于某些身外之物；热情；提升能力并集中力量以求得产出最大化；充满信心、诚实守信、可靠可信。

17.5 领导理论的整合

在本章中，我们已经介绍了很多领导理论，让我们试着寻找这些理论中可能存在的共性，它们可能如何互补或重叠，以及如何将它们整合起来。这将会帮助你更好地理解是什么造就了有效的领导者。

1. 特质。在图表 17－1 中我们分析了十种特质。其中，最有影响力的似乎是智慧、情绪智力和责任心。

2. 行为。我们讨论的行为理论集中在几个维度：民主、独裁还是放任；指导型还是参与型；定规维度还是关怀维度；员工导向还是生产导向；关心员工还是关心生产。此外，交易型、变革型、魅力型领导理论和领导者-成员交换理论都包含了领导行为。

而对这些行为进行简化之后我们发现，有三个元分类几乎概括了上述所有内容：

（1）任务导向行为。该分类用于概括交易型领导者行为、定规维度、指导型行为以及生产导向行为。

（2）关系导向行为。它描述了关心下属需要的领导者，他们平等地对待员工，为人友善，平易近人。它描述了体贴的、民主的、员工导向的、参与型的、变革型的以及领导者-成员交换的领导行为。

（3）变革导向行为。这种领导行为包括交流变革愿景、鼓励创新性思考、风险行为。该行为是变革型领导和魅力型领导的主要行为组成部分。

同时，我们对比了诚信领导、道德领导与变革型领导，发现重叠的部分很多。

3. 权变因素。为帮助解释什么时候领导者最可能是有效的，我们借助了权变因素。首先，在领导与追随关系中，追随者的经验似乎很重要。员工的经验越多，他对领导的依赖就越少。当员工是新人时，领导的指导显得尤为重要。其次，追随者的能力也很重要。像经验一样，高水平的能力让员工在很少的监督下完成他们的工作。当然，文化一直被证明是领导中高度相关的权变因素。组织文化决定了什么样的领导风格是合适的。

17.6 21 世纪的领导问题

17.6.1 管理权力

领导者的领导权力有五大来源：法定权力、强制权力、奖赏权力、专家权力和参照权力。

1. 法定权力等同于权威，代表领导者所拥有的由其在组织中的职位所带来的权力。

2. 强制权力是指领导者实施惩罚和控制的权力。对于领导者的强制权力，下属会害怕不服从而导致的不良后果。

3. 奖赏权力是给予正面奖赏的权力。奖赏可以是个人认为有价值的任何东西，例如钱、有利的绩效评估、晋升、有趣的工作任务、友好的同事以及有利的工作变动或销售区域。

4. 专家权力是基于专业技术、特殊技能或知识而拥有的权力。如果有一个员工具备对于组织而言关键性的技能、知识或专业技术，该员工的专家权力就会有所提升。

5. 参照权力是由于个体拥有令人羡慕的资源或个人特质而产生的权力。如果我认可你并且想和你建立关系，你就可以对我运用权力，因为我想取悦你。

大部分有效领导者都会依靠一些不同形式的权力来影响下属的行为和绩效，这很重要。

17.6.2 建立信誉和信任

我们需要理解什么是信誉和信任，以及为什么它们如此重要。

1. 诚实、胜任力以及鼓舞人心是下属信任上司的重要衡量标准。

2. 信任被定义为对领导者的正直、品质和能力所持的信心。信任和信誉是紧密相连的，可以相互替换使用。有研究确定了构成信任概念的五个维度：正直、胜任力、一致性、忠诚、开放性。

17.6.3 领导虚拟团队

虚拟团队因不具备“面对面”的沟通方式，而给管理者提供了很多挑战。

1. 由于没有现实意义上的连接，工作团队很难达成共识，也没有机会实现直接的监督，而且经常会存在时差。

2. 在面对面沟通的时候，尖刻的言辞可以被非语言动作缓和。但在线上，由于缺乏情绪与感受，一封邮件或者短信很可能会扩大冲突，而这种冲突在面对面沟通时可能不会发生。

3. 用于缓解气氛的闲聊等行为在虚拟世界中往往无法实现。但虚拟领导者可以通过分享兴趣、经历和八卦，以及与工作相关的文件、图片、视频等来弥补这一缺陷。

4. 虚拟的环境对那些有很强的口头表达能力的人不利，对具备写作技巧的人来说是有利的。

5. 发展有效的虚拟人际交往技能也是一个挑战。

17.6.4 领导力训练

首先，让我们认清显而易见的事实。有些人不具备成为领导者的素质。其次，重点在于学习“愿景构建”的相关技能。

对于有效的领导力培训的特点是有一些共识的。一是情境化（确保学习是在组织的战略和文化中设置的），二是个性化（使参与者寻找与他们的目标相关的学习）。

17.6.5 什么时候领导力或许并不重要

在许多情况下，领导者所表现出的任何行动都是无关紧要的。某些个体、工作和组织变量可以作为领导者的替代品，或者抵消领导者对下属的影响。例如，中和因素使领导者的行为不可能对追随者的成果产生任何影响。替代品因素使领导者不会产生影响，而且这种影响是不必要的。它们发挥了领导者影响力的替代作用。

选择题

1. 路径-目标理论和费德勒权变模型的不同点在于路径-目标理论______。

A. 假定一个领导者的风格可以是灵活多样的，可以表现出任何一种或所有的领导风格

B. 是基于特质的理论，而不是权变理论

C. 采用的风格基于任务而不是员工需要

D. 基于以上所有因素，而费德勒权变模型相反

2. 根据俄亥俄州立大学的研究，领导行为的______维度被定义为管理者在工作中尊重下属的看法与情感并与下属建立相互信任的程度。

A. 定规　　B. 关怀

C. 文化　　D. 物理

3. 根据路径-目标理论，______的领导让下属知道他们需要完成的工作并进行安排，同时对如何完成任务给予具体的指导。

A. 指挥型　　B. 成就导向型

C. 参与型　　D. 支持型

4. ______是充满热情而自信的，他的人格魅力和活动能力影响着人们以某种特定的方式行事。

A. 魅力型领导者　　B. 愿景型领导者

C. 团队领导者　　D. 冲突管理者

5. 根据艾奥瓦大学的行为研究，关于群体成员的满意度水平，______。

A. 从长远来看，独裁型领导者所领导的群体的满意度水平更高

B. 当领导者是生产导向时满意度水平会提高

C. 在短期内，独裁型领导者所领导的群体的满意度水平不变

D. 相比独裁型领导风格，民主型领导者所领导的群体的满意度更高

6. 始终注意关注员工的成长与需求，努力做好服务者的角色，甚至会牺牲一部分个人利益成全员工的领导理论是______。

A. 领袖魅力的领导理论　　B. 仆人型领导

C. 愿景规划的领导理论　　D. 归因理论模型

7. 实现团队领导的最大挑战是______。

A. 用有效的团队领导步骤来培训员工

B. 识别有效的团队领导者的特质

C. 向管理者传授如何成为有效的团队领导者

D. 设立一套规则和程序

8. 教练、冲突管理者、对外联络官、难题处理者都是______领导角色的例子。

A. 团队　　B. 民主型

C. 独裁型　　D. 放任型

9. 当外聘技术人员对企业的图纸提出建议时，这位技术人员使用了______。

A. 强制权力　　B. 奖赏权力

C. 专家权力　　D. 参照权力

10. 信任建立在五个概念的基础上，包括______。

A. 正直　　B. 胜任力

C. 一致性　　D. 以上各项

11. 如果管理者开明、公正、敢于表达自己的感受，则他们能够建立______。

A. 他们的参照权力　　B. 自己的信誉

C. 员工对他们的信任　　D. 他们的权变领导技能

12. 授权现象在不断增加，因为______。
A. 将管理者培训成群体领导者的尝试普遍遭遇失败
B. 组织进行了精简
C. 对领导的归因理论的接受程度上升
D. 员工越来越团结
13. 在其他国家，国家文化会影响领导风格，因为______。
A. 要求领导者具有高度的指导性　　B. 存在性别歧视
C. 需要一位突出的魅力型领导者　　D. 下属的回应方式不同
14. 下列关于其他国家的领导的说法正确的是______。
A. 男性和女性可以十分自由地选择他们的领导风格
B. 在阿拉伯国家的文化中，如果对方没有请求你，就不要表现出仁慈和慷慨
C. 亚洲文化倾向于具有指导性、沟通程度低的领导风格
D. 在丹麦和芬兰，指导优于参与
15. 如果______，领导可能就没有必要了。
A. 对下属的培训效果不佳　　B. 领导者缺乏专业知识
C. 组织目标明确，工作团队凝聚力强　　D. 不提供培训
16. 认为应该依据员工成熟度的情况选用不同的领导方法的理论是______。
A. 行为理论　　B. 领导特质理论
C. 情境领导理论　　D. 路径-目标理论
17. 领导特质理论忽略了______。
A. 领导者的身体特质
B. 诚实和正直的行为表现
C. 领导者和成员间的交往以及情境因素
D. 领导者应该能够制定愿景并解决问题
18. ______的领导者倾向于集权管理，采用命令方式告知下属使用何种方法，作出单边决策，并限制员工参与。
A. 独裁型风格　　B. 民主型风格
C. 放任型风格　　D. 命令和控制型风格
19. ______研究得出结论，(9，9) 型管理者工作效果最佳。
A. 俄亥俄州立大学　　B. 密歇根大学
C. 艾奥瓦大学　　D. 管理方格
20. 从领导者-成员关系、任务结构、职位权力三方面出发分析领导情境的理论框架是______。
A. 路径-目标理论　　B. 领导者参与模型
C. 费德勒权变模型　　D. 赫塞和布兰查德的情境领导理论
21. 根据费德勒权变模型，______。
A. 领导者的行为应该是弹性灵活的，能够适应情境的变化
B. 只能通过替换领导者或改变情境来改进领导的有效性

C. 任何一个人都能在任何情境中学会领导

D. 领导特质最终选择的是领导者采用的权力形式

22. 马克斯认为自己是一个民主型领导者——他让下属参与决策过程，下放权力并且鼓励员工参与。然而员工并没有感到被授权。______能解释这种明显的差异。

A. 下属习惯于独裁型的领导

B. 尽管马克斯认为他的决策是群体共识的结果，但下属认为决策实际上是早有预谋的

C. 下属认为他们的工作绩效和满意度完全取决于其可控制的因素

D. 组织的决策过程高度分权

23. 赫塞和布兰查德的情境领导理论描述了______型领导风格，领导者与下属共同决策。

A. 告知　　B. 推销

C. 参与　　D. 授权

判断题

1. 费德勒权变模型认为有效的群体绩效取决于两个方面的恰当匹配：其一是与下属发生相互作用的领导风格；其二是领导者能够控制和影响情境的程度。（　）

2. 工作任务的正规化和程序化的程度叫作领导者-成员关系。（　）

3. 情境领导理论关注下属的成熟度。（　）

4. 最难共事者问卷衡量一个领导者是任务导向还是关系导向。（　）

5. 路径-目标理论的实质是领导者帮助下属实现他们的目标。（　）

6. 费德勒权变模型提出领导的有效性取决于下属的能力及他们的意愿。（　）

7. 路径-目标理论的假设之一是，当工作群体内存在重大冲突时，参与型领导会带来高的员工满意度。（　）

8. 根据费德勒的研究，任务导向型的领导者在非常有利和非常不利的情境下表现较好。（　）

9. 变革型领导一定程度上可以促进员工的成长与发展。（　）

10. 大多数管理者自然能够成为有效的团队领导者，因为他们已经接受了如何通过其他人来完成工作任务的培训。（　）

11. 基于专业技术、特殊技能或知识而拥有的权力是职位权力。（　）

12. 交易型领导和变革型领导完成事情的方式是对立的。（　）

13. 信任是下属判断一个人的诚实、胜任力和鼓舞他人的能力的程度。（　）

14. 为魅力型领导工作的人肯付出更多的工作努力，但显示出较低的满意度。（　）

15. 构成信任概念的五个维度中，忠诚在评价他人的可信任度时是最关键的因素。（　）

16. 提供道德领导包括强调实现目标所使用的手段。（　）

17. 通过授权员工来实现领导的做法呈下降趋势，因为越来越多的员工拒绝承担责

任，除非提高工资。 （ ）

18. 女性领导者不善于运用权变思维。 （ ）

19. 当女性在男性掌管的组织中工作时，女性领导者更为民主的倾向削弱了。 （ ）

20. 奖赏权力源于个人所具备的令人羡慕的资源或人格特质的权力。 （ ）

21. 领导的一个重要方面是影响一个组织以完成其目标。 （ ）

22. 权变思维的运用推动领导力理论的相关研究进入新阶段。 （ ）

23. 根据密歇根大学的研究，生产导向的领导者重视人际关系及员工的需要。 （ ）

24. 管理方格理论提供了一个对领导风格的概念化框架，并通过许多研究证据总结出（9，9）型管理者工作效果最佳的观点。 （ ）

复习和讨论问题参考答案

1. 四种领导行为理论的主要内容是什么？

艾奥瓦大学的研究考察了三种领导风格：独裁型风格、民主型风格以及放任型风格。最初的研究结果发现，民主型领导风格有助于同时实现工作的高质量和高数量，但是后来的研究得出了五花八门的结果。当考察群体成员的满意度时，民主型风格比独裁型风格更为有效。俄亥俄州立大学的研究界定了领导行为的两大重要维度：定规维度和关怀维度。该研究发现，在这两个维度上都得分高的领导者有时会实现高水平的群体任务绩效和高水平的群体成员满意度，但并不总是如此。密歇根大学的研究也设定了领导行为的两大维度：员工导向和生产导向。该研究得出结论，员工导向的领导者能够实现高水平的团队生产率和成员满意度。最后，管理方格理论试图对领导风格进行分类。管理方格理论为领导风格的概念化提供了一种框架，但并未正面回答这个问题：什么使得一位管理者成为有效的领导者。

2. 请解释费德勒权变模型。

费德勒权变模型认为，有效的团队绩效依赖两种因素的合理匹配：一种因素是领导者的领导风格；另一种因素是领导者对情境的控制和影响程度。在通过最难共事者问卷来评估一名领导者的领导风格之后，费德勒考察了三种权变维度：领导者-成员关系；任务结构；职位权力。最后，权变模型提出当领导者与管理情境匹配时管理的效果会更好。

3. 情境领导理论和路径-目标理论是如何解释领导的？

情境领导理论关注下属的成熟度。它将领导与下属关系比作父母与孩子的关系。随着孩子日益成熟，父母也需要逐渐放松控制。路径-目标理论则重点关注领导者和其指导下属清除障碍的能力。

4. 什么是领导者-成员交换理论？它是如何理解领导的？

领导者-成员交换理论认为，领导者会划分圈内人和圈外人，圈内人具有更高的绩效排名、更低的离职率以及更高的工作满意度，这是因为领导者和圈内人都“投资”这种关系。

5. 区分交易型领导者和变革型领导者，道德领导者和仆人式领导者。

交易型领导者指的是主要通过社会交换（或交易）来进行领导的领导者。变革型领导者指的是激励和鼓舞（变革）下属实现出色的工作成果的领导者。道德水平较高的领导者创造了一种文化，让所有员工都认为他们可以而且应该做得更好。仆人式领导者关注能够帮助员工成长和发展的机会，甚至会不顾个人利益。

6. 领导权力的五大来源是什么？

领导权力的五大来源是：法定权力；强制权力；奖赏权力；专家权力；参照权力。

7. 你是否认为现实生活中大多数的管理者会运用权变方法来提升领导效果？请详细解释。

通过各种辅导、领导力开发培训、人际关系开发以及实际工作经验，管理者应当能够熟悉和掌握一种权变方法来增强自己的领导效果。组织向管理者提供的领导培训通常会包括权变方法。要求学生举例说明在工作场所中的管理者如何使用某种权变方法来实现成功的领导。

8. 为什么领导者和员工之间的信任很重要？领导者应如何构建信任？

信任是指对领导者的正直、品质和能力所持的信心。相信领导者的下属愿意受到领导者行为的支配，因为他们坚信自己的权力和利益不会受到侵害。建立信任需要领导者保持开放、公平公开、说出自己的感受、实话实说、展现一致性、言出必果、保持信心。研究发现，领导过程中的信任与积极的工作成果显著相关。

案例应用参考答案

案例应用 1

Stitch Fix：颠覆时尚产业

1. 在这个案例中有哪些例子可以说明莱克是如何展现真正的领导力的？

对于该问题的回答是相对开放的。由案例内容可知，莱克是一个身体力行的领导者，她不会因为自己的地位而对下属颐指气使，也不会因为自己的成功而过分骄傲，从她亲自见客户与带着儿子敲钟就能看出来。正因为如此，她向员工展示了一个真正的领导者形象——对事认真，对人谦和。

2. 莱克的什么举动使其有可能成为一个有信誉和值得信任的领导者？

莱克并不因为自己是创业元老就对公司控制权极度迷恋，相反，她已经开始帮助培养下一代的领导者。她向员工展示了一位合格的创业者应有的舍得之道，让员工感受到一个领导者承诺应该给予和松手的部分，而不是事无巨细的控制。因此，她也容易赢得信任。

3. 莱克用什么方式展示了仆人式领导的行为？她能做些什么来更充分地展示仆人式领导呢？

莱克常常积极指导员工，全心全意地培养下一代的领导者，这种真诚的关心充分表明她的确是一个具有“仆人精神”的领导者。

4. 人们认为，莱克的 Stitch Fix 让个人购物变得更实惠、耗时更少，从而改变了时

尚业。如果莱克是一位变革型领导者，她的追随者会表现出什么样的行为？

在案例中，莱克没有表现出太多与变革型领导有关的特质。但是如果莱克是具有变革型领导特质的个体，她的追随者应该十分具备创新精神，并对未来的挑战充满信心，准备为自己的理想努力奋斗。

案例应用 2

金州勇士队：认识到需要什么样的领导力

1. 在这个案例中，你看到了什么样的领导模式、理论或概念？列出并描述。

关于这一问题的答案，建议先引导学生对相关的知识框架进行回顾再进行作答。举例来说，根据情境领导的相关内容，科尔根据球员的态度与成熟度来选用训练方法，甚至是非常规的激励方式来激励队伍。

2. 你认为什么样的情境或什么样的领导行动对球员开展有效的自我训练是必要的？

学生对于篮球运动总有很多自己的看法，因此建议鼓励学生积极发言，哪怕与案例关系没有那么紧密。举例来说，球员开展自我训练的前提是教练对球员的技术路线有着明确规划，这样球员就可以在正确的方向上努力。但是领导风格不能过于控制严密，应给予球员足够的训练空间。

3. 这个案例说明了追随力（以及领导者与追随者之间的关系）是什么？

追随力是与领导力相对的概念。对于组织成员而言，无人追随的领导者不称为领导者。因此，追随者是因为受到感动，或者心中充满信任才会跟随领导者，而这就需要领导者进行合理的安排与引领。科尔提供了一个不错的例子——集中管教与自由成长的有机结合。

4. 谈论当前热点话题的优点和缺点是什么？这种方法在哪些方面增进或削弱了科尔作为领导者的力量？

热点话题往往没有明确的定论，很容易引起内部成员的矛盾。如果领导者本身的能力难以令组织成员信服，那么争论很有可能就会演变为毁灭性的分歧。对于科尔而言，这种争论容易偏离讨论的核心话题（战术、团队合作、个人训练），导致成员精力不集中，不听从指挥。

选择题和判断题答案

选择题答案

1. A	2. B	3. A	4. A	5. D	6. B	7. C	8. A	9. C	10. D
11. C	12. B	13. D	14. B	15. C	16. C	17. C	18. A	19. D	20. C
21. B	22. B	23. C							

判断题答案

1. √	2. ×	3. √	4. √	5. √	6. ×	7. ×	8. √	9. √	10. ×
11. ×	12. ×	13. ×	14. ×	15. ×	16. √	17. ×	18. ×	19. √	20. ×
21. √	22. √	23. ×	24. ×						

第 V 篇 管理实践

Management Practice

管理者的困境

将你自己放到格伦的位置。运用你在第 V 篇学到的有关个体行为、沟通、员工激励和领导的知识，你会如何处理这种情况?

关于这一问题没有固定的答案。通常来说，管理专家会建议格伦将旅行作为管理者福利，这样可以将他们的私人生活与员工的私人生活更好分开。如今的观念则认为管理者与员工之间可以建立一定的私人与社交关系，但当进行困难的决策时，必须避免受到这种关系的影响。学生们可以分成小组，每个小组负责分析一个维度：个体行为、沟通、员工激励和领导。可以通过询问这样一个问题——“作为管理者如何看待工作外的朋友”来促进他们的思考。

全球观

1. 你认为全球经济下行和一个国家的文化之类的外部因素在员工投入水平中起到什么作用？请详细讨论。

随着世界经济联系更加紧密，员工意识到在距离很远的地方发生的事情将会很快影响到美国。同时，也有很多员工为和国外企业合作紧密的美国企业工作。所以，自然而然地，对于这些企业来说，全球经济会对其雇用和保留员工的能力产生影响。至于文化，我们不难看出国家文化也是和经济密切相关的。欧洲几个对员工福利持家长式态度的国家已经给整体经济埋下了一颗定时炸弹，不仅会影响到它们自己，甚至会影响到欧盟的其他国家。请学生关注希腊和意大利经济接近崩盘对其他国家的影响。

2. 一个组织的激励项目在员工是否投入中起到什么作用？请详细讨论。

公司对员工的激励与员工的参与度之间确实存在很强的联系。为更好地讨论这一问题，不如从反面进行讨论——“为什么积极的激励项目不能提高员工的参与度?”，学生可以借此更好地探究较差的激励项目，并给出更好地发挥作用的建议。

3. 一个管理者的领导风格如何影响员工的投入水平？请详细讨论。

领导对于鼓励员工以及给予员工完成任务与目标的正确指导意义重大。就像学生所了解的，某些领导风格可以产生非常有效的激励效果，例如魅力型领导和变革型领导，这类风格的领导者更多依靠参照权力与权威来影响员工。交易型领导更关注额外的奖励，而且这一类领导的效果会随着奖励效果的下降以及领导分配奖励的能力的下降而降低。

4. 管理者应该如何通过沟通来影响员工的敬业度?

根据第 14 章的内容，学生可以找到一系列提升沟通效果的方法，例如减少沟通障碍，包括信息过滤、信息超载等。管理者还可以通过积极倾听与员工形成共鸣的方式来提升员工参与度。另一个沟通影响参与度的例子是企业采取何种沟通网络。传统的链式以及轮式沟通网络会导致员工满意度变低，而全通道式沟通网络则能带来最高水平的员工满意度。

5. 你认为 Y 世代员工（生于 1978—1994 年）和 Z 世代员工（生于 1995—2015 年）对工作会更加不投入吗？请讨论之。

大多数经理人都会告诉你：Y 世代员工不像其他员工那样容易激励。这一世代的员工往往不会和企业签订太长时间的合同，而且也不容易被那些无法获得快速收益的项目所影响。这一世代的员工深受社交网络影响，而且关系型的福利对他们而言更加重要。这一世代的员工更容易被与事件相关的福利而不是那些和金钱相关的事物激励。最后，灵活性也是激励这些员工的项目需要考虑的重要方面之一。Z 世代的员工对工作可能也很难全身心投入，有时他们被称为“触摸屏”一代。他们在技术的陪伴下长大，会使用技术工具来代替个人互动。可能需要不同的技术来吸引这一群体。

连续案例

星巴克——领导

1. 你认为凯文·约翰逊在“伙伴关系之旅”活动中使用了哪一种沟通功能？当他在工作场所使用内部社交媒体工具时，沟通功能有什么不同吗？讨论该问题。

该问题相对开放，不妨引导学生自由发言。但是总体应该围绕沟通对于情感、信息以及激励的作用。

2. 对于在繁忙的星巴克工作的员工来说，有效沟通的潜在障碍是什么？门店经理应该做些什么来减少这些障碍?

首先应该考虑的是员工的个体差异。个体对于不同问题的认知导致个体在沟通过程中存在诸多问题，因此很容易产生沟通噪声。门店应该尽可能塑造有助于沟通的外部环境，加强员工之间的情感联结，帮助员工构建统一的组织认知。

3. 除了通过态度调查来询问员工的意见，星巴克的管理者还能采取什么措施确保员工拥有尽可能积极的态度?

员工的积极态度来源于组织的薪酬状况、组织活动、身份认同等不同方面。可以针对不同的员工采用不同的方式进行激励，如果某些员工实在“有害”，不妨“请”他们离开。

4. 看一下对星巴克所追求的员工类型的描述。在管理这些类型的员工时，有可能产生什么样的个人行为问题？（考虑一下态度、人格等。）有可能产生什么样的团队工作问题？（考虑一下什么让团队取得成功。提示：一个人可以自我激励、充满热情以及成为优秀的团队成员吗？）

通过学习书本上与领导、管理团队相关的章节，以及第5章的章末案例，学生可以了解领导多样化员工所需的复杂技能和知识，并对团队合作流程作出有效的改善。

以下问题可以作为小组研究和讨论的话题：在今天以团队为导向的商业环境中，星巴克管理者在指导个体与工作团队时可能面临哪些挑战？将你的班级分为5～6个小组。当你在教室里走动时，你可以通过适当的倾听并问问题来促进小组讨论，鼓励学生根据自己在学校或工作场所的经验来考虑工作团队的问题。许多参加过大型团队项目的学生都会理解并对这个问题有自己的看法，他们有作为团队成员应对团队工作与组织管理挑战的第一手经验。

5. 根据不同的人格特质理论讨论一下“理想”的星巴克员工。

学生的回答可能各不相同，这取决于他们对“理想”型星巴克伙伴品质特征的界定。确保他们将答案与第15章中描述的不同的人格理论联系起来，包括迈尔斯-布里格斯类型指标的四个维度、大五人格模型中的五项人格特质以及其他的人格特质理论。

6. 用你自己的话来描述一下星巴克努力创造的工作环境。这样的工作环境对激励员工有什么作用？

为更好地改善工作环境，以保证公司使命和目标的达成，星巴克管理人员寻求通过鼓励员工来促使他们在工作的各个方面尽最大努力的领导方式。霍华德·舒尔茨知道工作环境在激发伙伴必须拥有的动机方面发挥着关键作用。星巴克的这种环境是由舒尔茨自己支持和创造的，他多次谈到了解人们的行为及其动机的重要性。

让学生以班级为整体来讨论，工作环境中的哪些因素有助于公司的成功。你可以在黑板上记录这些因素，让所有学生都看到，并讨论这些因素对星巴克伙伴动机的影响。学生的答案应该包括具体的例子：公司使用态度调查给伙伴描述自身经验的机会，通过提供薪酬体系计划来坚持公司的“整体福利”理念；星巴克的正式认可计划，例如表彰个人；公司的关心部门伙伴基金。

7. 根据图表16-6中的工作特征模型，为兼职时薪员工重新设计工作使其更有激励性。同样，为门店管理者重新设计一份更有激励性的工作。

学生可以在课上或在课下以小组合作的方式处理这个问题。你可以要求学生回忆他们在工作时缺乏动力的情形，引导他们思考通过采取怎样的方式重新设计工作可以增加动机。

向学生指出，为工作提供各种活动可以使员工更好地利用并发展他们的才能。这是激励兼职员工的关键。另外，请注意不同的工作特征对不同个体的重要性往往是不同的。

8. 描述凯文·约翰逊的领导风格。他的方法是否适用于其他类型的组织？为什么？

你可以通过向学生提出以下问题来发起关于这个问题的课堂讨论：

- 你认为优秀的领导者在他们的领导风格上有一些相同的特征吗?
- 如果是的话，你认为优秀的领导者都有哪些共同特点?
- 当一个领导者在一个特定的组织中发展出一种有效领导员工的风格时，他/她是否可以认为这种风格在他/她职业生涯后期的另一个公司的类似职位上也会有效? 为什么或为什么不?
- 员工的感知对管理者的领导风格有什么启示? 你认为成为一个有效的领导者需要终身学习吗? 证明你的答案。

9. 星巴克在领导职能方面做得对吗？他们做错了什么吗？请解释之。

当回答这个问题时，学生可能对问题的第一部分作出快速回应，并举出相关的例子。回答这个问题的第二部分则会给学生带来很大的挑战。鼓励他们在分析星巴克时，更好地运用批判性思维能力，并站在消费者或者员工的角度进行观察。

10. 公司的哪条使命与价值观（见公司网站）影响了管理的领导职能？请解释你所选择的使命与价值观内容如何影响星巴克的管理者处理以下问题：(a) 沟通问题；(b) 个人行为问题；(c) 激励技巧；(d) 领导风格或方法。

这个问题考验学生的地方在于：如何将他们学习的关于领导理论和实践的知识应用到对该案例中各个层级管理者的主要责任的分析中。你可以把这个问题作为课外作业。

如果你选择以这种方式提出此问题，请让学生在提交作业时至少写出两条指导原则。在学习了领导和星巴克案例材料之后，学生应该可以非常轻松地描述出公司的指导原则是如何影响管理者的领导职能的。通过在课堂讨论中聆听学生的答案，你可以知道他们对领导职能各个方面的理解达到了什么程度。

第 VI 篇

控　制

第18章 监管和控制

Monitoring and Controlling

学习目标

18.1 解释控制的本质和重要性。
18.2 描述控制过程的三个步骤。
18.3 解释如何控制组织绩效和员工绩效。
18.4 描述用于测量组织绩效的工具。
18.5 讨论当代的控制问题。

本章概要

在本章中，我们将探讨控制体系在确保组织成功实现目标方面的重要意义。

18.1 什么是控制？控制为什么重要？

18.1.1 什么是控制?

控制是监控、比较和纠正工作绩效的过程。

18.1.2 控制为什么重要?

控制之所以重要，主要有三个原因。

1. 控制是管理过程的最后一个环节，提供了反馈到计划的关键纽带。图表18－1展示了计划-控制链。

2. 控制对员工授权非常重要。一种有效的控制系统能够减少管理者对授权的抵制。

3. 控制能够保护组织和组织的资产。

18.2 控制过程

控制过程包括三个独立而不同的步骤：测量实际绩效；比较实际绩效和绩效标准；采取管理行动纠正偏差或不合理标准（见图表18－2）。

18.2.1 步骤1：测量实际绩效

1. 管理者通常采用五种方法来测量实际绩效。

（1）个人观察。

（2）统计报告。

（3）自我监控计算机。

（4）口头报报。

（5）书面报告。

2. 测量什么可能比我们如何测量更关键。测量什么往往决定了员工将会在哪个（些）方面努力。

18.2.2 步骤2：比较实际绩效和绩效标准

1. 通过比较可以判断实际绩效和绩效标准之间的偏差。

2. 对于控制过程来说，确定一种可接受的偏差范围至关重要。偏差范围是实际绩效和绩效标准之间可接受的偏离程度（见图表18－3）。

3. 图表18－4提供了一个例子来对实际绩效和绩效标准进行比较。

18.2.3 步骤3：采取管理行动

虽然管理者可能选择“什么都不做”，但也可能选择另外两种方案。

1. 纠正实际绩效。一旦管理者决定改变实际绩效水平，他就必须制定另一项决策。

（1）采取直接纠正行动，也就是立即纠正问题以使绩效回到正确轨道上。

（2）采取彻底纠正行动，即首先考察绩效偏差产生的原因和机制，然后纠正产生偏差的根源。卓有成效的管理者会对偏差进行认真分析，并且在可以带来足够利益的情况下，投入时间来找出和纠正产生绩效偏差的根源。

2. 修改绩效标准。如果制定的标准过高或过低，管理者可能会选择修改标准。

18.2.4 总结

控制过程是测量、比较及采取管理行动的持续循环。图表 18－5 简要总结了控制过程中的管理决策。

18.3 控制组织绩效和员工绩效

18.3.1 什么是组织绩效?

绩效是一项活动的最终结果。管理者关注组织绩效——所有组织活动的累积结果。

18.3.2 组织绩效的测量

员工需要了解他们所做的事情与所获得的结果之间的关系。最常用的组织绩效测量指标包括组织生产率、组织效力和行业及公司排名。

1. 生产率是指产品或服务的总产出除以产生这些产出的总投入。组织的管理层会设法提高这个比率。

2. 组织效力是对组织目标的合适程度及实现程度的测量。

3. 行业及公司排名是管理者衡量自己组织绩效的一种常用方法。图表 18－6 列出了一些非常流行的、可用来衡量组织绩效的行业及公司排名。

18.3.3 员工绩效控制

管理者要确保员工的工作努力有助于保质保量地完成组织目标。管理者提供有效的绩效反馈和在必要时随时准备采用纪律处罚是极其重要的（见图表 18－7）。

18.4 测量组织绩效的工具

18.4.1 前馈/同期/反馈控制

有三类基本的控制可以用来控制组织绩效：前馈控制；同期控制；反馈控制（见图表 18－8）。

前馈控制是在实际工作活动开始之前采取的控制。同期控制指的是在一项工作活动期间进行的控制。反馈控制指的是某项活动完成之后实施的控制。

18.4.2 财务控制

1. 常见的财务比率见图表18－9。通过计算本组织主要财务报表（例如资产负债表和利润表）中的数据，可以得出一些重要的财务比率。财务比率可以分为四类。

（1）流动性比率测量组织偿还短期债务的能力。

（2）杠杆率考察组织对债务杠杆的利用以及是否有能力偿还债务利息。

（3）活动性比率评估一家公司的资产有效利用程度。

（4）利润率测量了公司如何高效利用自己的资产创造利润。

2. 预算是计划和控制工具。预算也可以用于控制，因为它们为管理者提供了量化标准，用来衡量和比较资源的消耗情况。

18.4.3 信息控制

管理者以两种方式对待信息控制：作为帮助他们控制其他组织活动的工具；作为他们需要控制的组织领域。管理信息系统是信息控制的一项重要发展，可用来监控和测量一个组织的工作活动和绩效。

1. 管理信息系统是用来定期向管理者提供所需信息的系统。

2. 管理者需要信息，而不仅仅是数据。

3. 数据是原始的、未经处理的事实。信息是经过处理和分析的数据。

18.4.4 平衡计分卡

平衡计分卡是一种组织绩效测量和评估方法，通常考察对组织绩效有贡献的四大领域：财务、顾客、内部流程、人员/创新/成长性资产。

18.4.5 标杆管理

标杆管理指的是从竞争对手或其他组织中寻找让其获得卓越绩效的最佳实践。标杆指的是用来进行测量和比较的卓越标准。

1. 标杆管理可用来监测和测量组织的绩效。

2. 标杆管理可用来确定具体的绩效差距和潜在的改进领域。

3. 图表18－10简要提供了关于内部标杆管理的一些建议。

18.5 当代的控制问题

18.5.1 作为控制工具的社交媒体

20 年前，如果管理层想从顾客那里得到关于他们产品或服务质量的反馈，他们会通过邮件或电话进行调查。尽管这些调查仍在广泛使用，但今天我们可以通过监控社交媒体来获得十分明确的评论和评估。

18.5.2 控制在全球范围内的差异

1. 比较技术发达国家和技术欠发达国家时，我们可以看到技术对控制的影响。技术较发达国家对于电子化报告和分析等间接控制手段的运用更多。

2. 全球化的管理者在收集用于测量和比较的数据时面临的另一个挑战是可比性。例如，比起苏格兰工厂，柬埔寨的工厂可能是更加劳动密集型的。这种差异使得比较如单位产品的劳动力成本时很困难。

3. 全球化组织需要在全球动荡和灾难时期实施恰当的控制来保护组织的员工和其他资产。这样一旦出现危机，企业可以尽可能地保护员工和其他组织资产。

18.5.3 工作场所隐私

许多管理者会监控员工的工作。管理者这样做是出于以下原因。

1. 据估计，员工在工作时间上网娱乐每年会导致十几亿美元的生产效率损失。

2. 管理者不希望因为有攻击性的信息或者不恰当的图片出现在某位员工的电脑屏幕上而被控告营造恶意的工作环境。

3. 管理者需要确保本组织的机密没有被泄露。

18.5.4 员工偷窃

员工偷窃指的是员工未经允许就将公司财产据为己有的行为。尽管员工偷窃的原因可以归结为不同的几个方向，但是防范、减少、制止员工偷窃才是最重要的。图表 18－11 简要总结了管理者为控制员工偷窃问题而采取的一些措施。

18.5.5 公司治理

公司治理指的是用来治理一家公司以保护其所有者利益的管理系统。

1. 董事会的角色。董事会的最初目的是建立一个独立于管理层的群体，来维护没有参与组织日常管理的股东的利益。

2. 财务报告和审计委员会。《萨班斯-奥克斯利法案》要求美国的上市公司高管对本公司的财务结果进行证明。

3. 合规部门与职位。公司合规性是确保公司和员工遵循适用于该公司的法律、规章、标准和道德实践的过程。合规政策由合规官监督实施，确保公司在进行业务活动时完全遵守与该特定行业相关的所有国家和内部法规，以及专业标准、公认的业务惯例和内部标准。

选择题

1. ______的最典型形式是直接监督。

A. 前馈控制　　B. 基本控制

C. 同期控制　　D. 反馈控制

2. ______立即将出现问题的工作调整到正确轨道上。

A. 前馈控制　　B. 修改标准

C. 直接纠正行动　　D. 彻底纠正行动

3. 生产的全部产品或服务除以获得该产出所需全部投入的结果称作______。

A. 绩效　　B. 生产率

C. 流动性　　D. 效果

4. 统计报告作为信息来源的主要优点是______。

A. 统计报告可用于获取第一手资料

B. 统计报告可用于获取未过滤的信息

C. 统计报告可以有效地反映各变量之间的关系

D. 统计报告允许口头或非口头形式的信息反馈

5. 詹姆斯根据财务信息将上个季度的实际工作绩效与预期绩效进行比较，他所运用的是______。

A. 前馈控制　　B. 同期控制

C. 反馈控制　　D. 积极控制

6. ______是用于衡量组织的目标是否合适，以及目标达成情况的衡量标准。

A. 生产率　　B. 组织效力

C. 产量　　D. 效率

7. 以下绩效衡量工具中，______涉及公司绩效的四个领域。

A. 市场价值法　　B. 经济价值法

C. 信息控制法　　D. 平衡计分卡

8. 有关财务控制指标的选项是______。

A. 资产负债率　　B. 库存周转率

C. 速动比率　　D. 以上各项

9. 经过分析和处理的数据称作______。

A. 管理信息系统　　B. 信息

C. 作业控制图　　D. 销售比率

10. 在不同的国家，变化控制的工具主要体现在______。

A. 员工需要完成的任务的类型　　B. 员工应对控制措施的方法

C. 每一种工具的战略定位　　D. 控制过程的测量和纠正行为的步骤

11. ______是为获得卓越的绩效，在竞争对手和非竞争对手中寻找一种最佳实践操作方法。

A. 财务　　B. 杠杆管理

C. 顾客　　D. 内部流程

12. 下面不属于平衡计分卡关注的领域的是______。

A. 侵犯工作场所隐私　　B. 工作场所暴力

C. 计算机监控　　D. 以上各项

13. 关于工作场所的隐私问题，以下选项中正确的是______。

A. 当员工的个人评论被包括在公司的沟通中时，员工享有隐私权

B. 雇主有权监控组织所提供或支付的任何沟通设备

C. 尽管可以看到员工的电子邮件，但雇主仍无法监视员工的音频邮箱

D. 没有法院的命令，不允许雇主监控员工的电话

14.《萨班斯-奥克斯利法案》要求______。

A. 政府增加污染控制措施　　B. 公司财务信息的公开和透明

C. 董事和总裁有限的责任　　D. 在美企业的社会贡献

15. 专家认为______是造成工作场所暴力的主要原因。

A. 明确的政策和程序　　B. 独裁领导

C. 挑战性的工作　　D. 反馈

16. 服务利润链是指从员工到顾客再到利润的连续服务的过程。根据此概念，公司的战略和服务传递系统决定了______。

A. 员工的技能发展　　B. 公司短期内如何运行

C. 公司中员工的满意度　　D. 员工如何服务顾客

17. 如果组织的产品或服务非常明确，市场竞争十分激烈，______将会是有效的控制系统。

A. 同族控制　　B. 层级控制

C. 产品控制　　D. 市场控制

18. 关于组织控制，______是正确的。

A. 有效的控制系统有利于员工的授权

B. 制定组织结构对于控制活动非常关键

C. 人力资源管理属于控制职能

D. 组织的战略是在控制阶段制定的

19. 在计划-控制链中，组织的结构和人力资源管理是______。

A. 计划　　B. 组织

C. 领导　　D. 控制

20. 员工偷窃的原因可能是______。

A. 环境控制不严格　　B. 员工个人的心理问题

C. 员工深陷财务泥潭　　D. 以上各项

21. 和难以相处的人相处的方式可以是______。

A. 事事与他作对　　B. 向领导抱怨

C. 礼貌对待，控制接触　　D. 退出该部门

22. 偏差范围______。

A. 包括为评价绩效选择最恰当的衡量单位

B. 包括同期控制和前馈控制

C. 是实际绩效与绩效标准之间可接受的偏差变化范围

D. 解释了与预算之间可能出现的最大偏差

判断题

1. 同期控制是在问题发生时进行纠正。（　）

2. 彻底纠正行动是指在出现问题时立即调整到正确的轨道上。（　）

3. 彻底纠正行动是指管理者在弄清楚工作中偏差产生的原因和过程之后，再针对产生偏差的环节开展纠偏行动。（　）

4. 生产率是产品或服务的总产出除以产生这些产出的总投入。（　）

5. 系统资源模型提出用组织利用环境获取稀少但有价值的资源的能力来评价组织的有效性。（　）

6. 活动性比率衡量一个组织偿还当前债务的能力。（　）

7. 在考虑财务比率时，一项活动测试比率是流动比率，流动比率是用短期的负债除以短期的资产来得到的。（　）

8. 技术的发展对财务控制的价值十分巨大。（　）

9. 衡量绩效的平衡计分卡是从财务角度评价组织绩效的。（　）

10. 数据是指经过分析和处理后的信息。（　）

11. 标杆管理应建立在以往的绩效基础之上。（　）

12. 当使用跨越国界的系统时，公司在衡量绩效和采取纠正行动时通常不存在问题。（　）

13. 法律认为电子邮件是雇主的财产，因此雇主可以阅读员工的电子邮件。（　）

14. 工作场所的控制应该适度，过量的控制可能会导致法律问题。（　）

15. 贪污和欺诈性的费用申请属于员工偷窃。（　）

16. 工作环境的机制失调是造成工作场所暴力的主要原因。（　）

17. 顾客忠诚度有助于提高组织的收入和盈利能力。 (　　)

18. 公司治理的变革仅仅是美国现象而非全球性的问题。 (　　)

19. 行业及公司排名是衡量组织绩效的一种好方法。 (　　)

20. 员工满意度的控制标准可适用于任何管理情境。 (　　)

21. 超出可接受范围的变化偏差应引起管理者的重视。 (　　)

22. 尽管个人观察是一种有效的衡量手段，但它过于依赖数值衡量因素，而忽视了重要且更主观的因素。 (　　)

23. 由于有多种绩效衡量手段，所有的工作和活动都能够用明确的、可测量的内容来表述。 (　　)

复习和讨论问题参考答案

1. 控制过程的三个步骤是什么？请详细描述。

控制过程的三个步骤包括测量、比较与行动。测量包括如何测量以及测量哪些实际绩效的表现。比较是指判断实际绩效和绩效标准的偏差，在可接受范围之外的偏差需要受到重点关注。行动包括什么都不做、纠正实际绩效和修改绩效标准。

2. 什么是组织绩效？

组织绩效是指所有组织活动的累积结果。常用的组织绩效评价标准包括：(1) 生产率，即总产出与对应投入的比值。(2) 组织效力，衡量组织目标的适合程度以及这些目标的实现程度。(3) 行业及公司排名，由商业出版物或商学院提供。

3. 比较前馈控制、同期控制和反馈控制。

前馈控制是指在实际工作活动开始之前采取的控制；同期控制是指在一项工作活动期间进行的控制；反馈控制是指在某项工作活动完成之后实施的控制。

4. 讨论可以用来监控和测量组织绩效的各种工具。

管理者可用的财务控制手段包括财务比率（如流动性、杠杆率、活动性以及利润率）以及预算。管理者可用的信息控制手段是管理信息系统，它可以定期向管理者提供所需信息。其他手段还包括总体和安全控制，例如数据加密、系统防火墙、数据备份以及类似可以保证组织信息安全的措施。平衡计分卡提供了一种可以从四个维度衡量组织绩效的方法，而不是仅仅从财务方面。标杆管理是通过找出竞争对手、其他组织中的最佳实践来确定本组织的绩效差距以及潜在的改进领域。

5. 解释评估组织绩效的平衡计分卡方法。

平衡计分卡是不仅仅从财务角度来评估组织绩效的一种方法。根据这一方法，管理者应该在财务、顾客、内部流程以及人员/创新/成长性资产四个领域的每一个方面设立目标，然后测量目标是否实现。

6. 为什么控制对与顾客互动至关重要？

对客服质量的控制十分重要，原因在于员工服务的效率与质量会影响消费者对于公司服务价值的认知。组织需要与消费者和一线员工建立长期的互惠互利关系。

7. 在第7章，我们讨论过急流险滩变革观，指的是不可预测的变化是常规和预期中的，管理是一个持续的过程。你认为在这种情境下有可能建立和维持有效的标准和控制吗？请讨论。

在急流险滩的组织环境下，企业需要维持有效的标准与控制，以保证在持续变化的环境中能够稳定、有效地生产产品或提供服务。持续变化的环境要求组织建立和实施的控制系统应当是灵活的，并且强调测量对本组织的成功具有最重要意义的那些组织绩效。

8. “一个组织中的每个员工都在控制工作的活动中发挥作用。”你认可这个观点吗？或者你认为控制只是管理者负责的事吗？请解释。

为了控制本公司生产的产品或提供的服务的质量，每一名员工都应当发挥自己的作用，尤其是在实施员工授权的组织。即便在没有广泛实施员工授权的组织，员工也在测量、比较和纠正绩效的过程中发挥重要作用。当然，在任何组织中，管理者都需要负责制定和维持各种标准、方法和方针来测量、比较和纠正本组织的绩效。

案例应用参考答案

案例应用 1

通用汽车的漏洞众测黑客

1. 漏洞众测项目和雇用白帽黑客都是信息控制的形式。本章还提到了哪些其他形式的信息控制？

本章还提到了系统防火墙、社交媒体、数据加密和数据备份等。

2. 当发现漏洞众测项目存在缺陷时，你认为管理者更可能采取直接纠正行动还是彻底纠正行动？理由是什么？

回答这一问题需要考虑错误的类型，两种纠正措施都是有效的行为，但是需要根据具体的情况来决定纠正错误的方案。

3. 雇用黑客的危险和好处是什么？为什么企业认为通过雇用黑客来完成控制过程的好处大于危险？

黑客本身的网络技术是十分高超的，可以帮助企业发现诸多网络漏洞。但是他们之所以被称为黑客，是因为不遵守网络世界的相关法律，侵犯他人隐私。所以雇用黑客或许会导致企业的数据泄露等问题。

案例应用 2

发帖，只为另一位员工可以看见

1. 星巴克是如何使用脸书工作版作为控制工具的？

可从各个角度出发回答该问题。例如，星巴克向所有店面推送产品信息、合作制定饮品配方等。

2. 员工如何运用脸书工作版来让雇主以积极或者潜在消极的方式监管员工的工作活动?

星巴克允许员工进行工作动态分享，并针对工作中遇到的问题进行意见交换。这样公司的领导者就可以快速了解员工的工作情况。

3. 脸书工作版如何影响组织绩效?

由案例内容可知，脸书有助于提升公司内部的沟通效率。例如，以往研发上架一款产品需要经历多个步骤，但是在全新沟通情境下，步骤大大减少。而且事务性工作的效率也得到了提升，比如邮件处理更加方便。

4. 有些员工可能不喜欢使用脸书工作版，你认为管理者可能需要做什么来增加员工选择脸书工作版的机会?

最简单直接的方式就是要求员工下载并使用，可能员工的确存在抵触情绪，但是随着使用频率的上升，他们会逐渐习惯这种全新的工作模式。也可以用激励的方式，如对员工的使用行为提出表扬或者进行小奖励等。

选择题和判断题答案

选择题答案

1. C　2. C　3. B　4. C　5. C　6. B　7. D　8. D　9. B　10. D
11. B　12. D　13. B　14. B　15. B　16. D　17. D　18. A　19. B　20. D
21. C　22. C

判断题答案

1. √　2. ×　3. √　4. √　5. √　6. ×　7. ×　8. √　9. ×　10. ×
11. ×　12. ×　13. √　14. √　15. √　16. √　17. √　18. ×　19. √　20. √
21. √　22. ×　23. ×

附加模块　计划与控制技术

Planning and Control Techniques Module

模块概要

就像前面案例展示的那样，管理者使用计划工具与技术来帮助组织更有效且高效地行事，在这一模块中，我们将讨论三方面有关基础计划工具与技术的内容：环境评估技术、资源配置技术以及当代计划技术。

环境评估技术

管理者可以利用下列方法评估组织环境。

环境扫描

环境扫描是指通过筛选大量信息，对环境变化作出提前预测和说明。研究显示，拥有高级环境扫描系统的企业，不论大小，都实现了利润和收益的增长。

竞争情报是企业收集竞争对手信息的一种环境扫描活动。企业试图通过这一发展最为迅速的环境扫描活动来识别竞争对手，了解他们的进展，收集对手行为或对自己企业产生影响的相关信息。

全球扫描是指管理者通过收集关键性的全球信息来评估全球环境变化与趋势，是一种格外重要的环境监测方法。

预测

1. 环境扫描为预测论断（预测结果）的形成奠定了基础。预测技术可分为两大类。定量预测是指根据以往的数据，运用一系列数学方法来预测未来的发展变化情况。定性预测是指预测者依靠熟悉业务知识、具有丰富经验和分析能力的人，运用他们的判断和观点来预测事物的未来发展。图表 1 介绍了一些应用较为普遍的预测技术。

2. 管理者在选择预测技术时，必须考虑它们的有效性。如果环境变化不快，那么预测方法对于非季节性事件的预测精度最高。提高预测有效性的建议如下：

（1）当环境相对稳定时，预测结果最为准确。

（2）要使用尽可能简单的预测方法。

（3）让更多的人参与预测进程。

（4）将每个预测的结果与“不变”的情况做比较。

（5）不依赖于单一静态的预测。

（6）不要假设你能够准确预测一个趋势中的转折点。

（7）要记住预测是一种管理技能，因此可以通过实践加以提高。

资源配置技术

所谓资源，就是组织拥有的资产，包括金融资产、有形资产、人力资本和无形资产。

预算

预算是指关于如何为各种具体活动分配资源的财务方案。预算适用于各种类型的组织及组织内部的工作活动，因此得到广泛使用。图表 2 介绍了管理者可能用到的预算类型。图表 3 则列举了如何优化预算的 7 个建议。

排程

排程是指根据需要完成的工作活动，分配资源，确定活动的顺序、分工安排和截止日期。

1. 甘特图由弗雷德里克·泰勒的助手亨利·甘特提出，是显示一段时间内计划和实际产出的一种工作日程表（详见图表 4）。

2. 负荷图是一种改进的甘特图，它列出了各个独立部门或者具体资源，管理者可以通过负荷图对生产能力进行计划和控制（详见图表 5）。

3. PERT 网络分析就是为复杂项目制订计划并予以评价的技术。复杂项目包含诸多项目，且部分项目之间存在依赖关系。PERT 网络是显示项目中各项活动的先后顺序、活动的时间或相关成本的流程图状图表。PERT 网络的构建步骤详见图表 6，其中涉及的关键术语如下。

（1）事件，代表 PERT 网络中主要活动完成的一个节点。（示例见图表 7）

（2）活动，表示从一个事件发展到另一个事件所需的时间或资源。

（3）松弛时间，表示在不耽搁整个项目的情况下，单个活动可以推迟完成的时间量。

（4）关键路径，表示 PERT 网络中最长或最耗时的事件和活动顺序。关于 PERT 网络的例子详见图表 8。

盈亏平衡分析

盈亏平衡分析是确定项目总收入与总成本之间盈亏平衡点的一种方法（详见图表 9）。

线性规划

线性规划是一种解决资源配置问题的数学方法（详见图表 10 和图表 11）。

当代计划技术

项目管理和情景规划这两种计划方法适用于不断变化的复杂环境。

项目管理

项目是指有明确的开始和结束时间的一组活动。项目管理是在预算范围内按照有关规定准时完成项目中各项活动的过程。

1. 项目管理流程。在一个典型的项目中，项目团队成员分别在各自的工作领域完成指定的任务，并向项目经理汇报。

关于项目计划过程的框架详见图表 12。

2. 项目经理的角色。

（1）项目经理唯一能够产生实质性影响的，就是他们的沟通技巧和说服能力。

（2）团队成员很少只从属于一个项目，他们经常被分配到两三个项目中。

情景规划

情景是对未来可能情形的一贯看法。

1. 情景开发也可称作权变计划。

2. 情景规划的目的不是设法预测未来，而是根据不同的特定条件，通过对未来可能发生情形的预演来降低不确定性。

3. 预测随机事件的时候很难采用情景规划方法。

选择题

1. 对管理者来说，全球扫描的价值______。

A. 高于环境扫描的价值　　B. 通常低于环境扫描的价值

C. 难以计算　　D. 取决于组织开展全球活动的范围和深度

2. ______是定性预测技术的例子。

A. 回归模型　　B. 替代效应

C. 顾客评估　　D. 时间序列分析

3. ______是一种统计学技术，要求在相同的时间段内对多个个体数据进行分析。

A. 时间序列分析　　B. 横截面回归分析

C. 经济模型　　D. 替代效应

4. ______是管理者通过分析然后复制主要竞争对手的方式来改进自身产品质量的方法。

A. 环境扫描　　B. 预测

C. 标杆管理　　D. 预算

5. 项目经理的职能包括______。

A. 监督一条生产线或者准备每周的成本账目

B. 决定如何完成一项任务

C. 沟通团队成员

D. 以上各项

6. 标杆管理过程的第一步是______。

A. 确认可以作为标杆的公司　　B. 收集内部数据

C. 建立计划团队　　D. 扫描环境，确定主要威胁

7. ______是一种对特定活动分配资源的数字性计划。

A. 预测　　B. 预算

C. 标杆比较　　D. 定量预测

8. ______预算列出了主要的活动并为每种活动分配资金数额。

A. 费用　　B. 现金

C. 利润　　D. 收入

9. ______预算预测手头的和将要使用的现金。

A. 现金　　B. 固定

C. 变动　　D. 收入

10. ______通过条形图说明整个期间内的计划活动及其完成情况。

A. 负荷图　　B. 甘特图

C. PERT 网络　　D. 模拟

11. ______用来列出各个独立部门或者具体资源，而不是活动。这种安排便于管理者利用计划和控制产能。

A. 负荷图　　B. 甘特图

C. PERT 网络　　D. 模拟

12. ______标识了 PERT 项目网络中最长的时间。

A. 活动路径　　B. 关键路径

C. 事件的重要性　　D. PERT 网络

13. 利用 PERT 网络确定在六周内建造办公楼，为地基浇筑混凝土反映的是______。

A. 活动　　B. 关键路径

C. 事件　　D. 负荷因素

14. ______是一种确定在哪一点上全部收入正好弥补全部成本的计划技术。

A. PERT 图表　　B. 利润预算

C. 盈亏平衡分析　　D. 线性规划

15. Crossdick 公司想确定销售多少能达到盈亏平衡点。相关信息如下：固定成本 25 000 美元，变动成本每单位 4 美元，销售单价 9 美元。盈亏平衡点是______。

A. 10 000 单位　　B. 8 000 单位

C. 7 500 单位　　D. 5 000 单位

16. ______能用于解决资源配置问题。

A. 线性规划　　B. 盈亏平衡分析

C. PERT 图表　　D. 收入预算

17. 一家糖果公司用相同的配方生产了两种糖果，本周所需原料如下：500 千克巧克力、300 千克糖和 100 千克果仁。管理者必须列出______，以建立线性规划。

A. 限制条件　　B. 可行域

C. 目标函数　　D. 收入预算

18. 情景规划是______的活动。

A. 大多针对可预知事件　　B. 完全正确的

C. 定量分析　　D. 不需要任何电子信息技术

19. 使项目活动按时间进行，不突破预算和符合规范的一种管理活动是______。

A. 可能性理论　　B. 边际分析

C. 项目管理　　D. 排队理论

20. 开发“未来会如何”的情景可以描述为______。

A. 资本预算　　B. 项目管理

C. 边际分析　　D. 情景规划

21. ______是对大量的环境信息进行收集，以便预测和解释环境正在发生的变化。

A. 竞争情报　　B. 环境扫描

C. 公开情报　　D. 预测

22. 环境扫描增长较快的领域是______。

A. 竞争情报

B. 政府情报

C. 全球竞争

D. 与工作场所不断变化的性质有关的领域

23. 收集竞争者最新产品信息的环境扫描过程叫______。

A. 竞争情报收集　　B. 公司情报分析

C. 非法竞争　　D. 逆向工程

判断题

1. 经济模型利用回归方程模拟经济现象。 ( )
2. 标杆管理需要寻找领域内的优秀甚至最佳实践。 ( )
3. 研究表明，使用标杆管理的公司增长更快、生产率更高。 ( )
4. 组织资源包括财务资源、物质资源、人力资源、无形资产。 ( )
5. 预测是对特定的活动分配资源的数字性计划。 ( )
6. 所有的预算本质上都是固定的预算，因为它们一旦确定就不会改变。 ( )
7. 收入预算预测未来的销售额。 ( )
8. 固定预算假设成本都是固定的。 ( )
9. 竞争情报是指一个组织收集关于竞争对手的信息。 ( )
10. 甘特图、负荷图和 PERT 网络都是有用的排程工具。 ( )
11. 标识工作站能力改进的甘特图是 PERT 网络。 ( )
12. 在安排数量不多并且相互独立的活动时，PERT 网络分析是最有效的。 ( )
13. 关键路径是网络中占用时间最短的一系列活动顺序。 ( )
14. 固定成本是单位量不变、随产量变化而变化的成本。 ( )
15. 在盈亏平衡点，销售价格和变动成本的差值乘以销售的单位数等于固定成本。 ( )
16. 选择减少运输成本的交通路线和在各种品牌的产品间分配有限的广告预算都是对线性规划技术的运用。 ( )
17. CPFR 具体是指协同计划、预测和补货。 ( )
18. 排程就是使项目活动按时间进行、不突破预算的管理活动。 ( )
19. 项目是一次性的一组活动，它具有确定的开始时间和结束时间。 ( )
20. 项目管理始于清晰地定义项目目标。 ( )
21. 项目管理的最终步骤是将结果与初始目标相比较。 ( )
22. 情景是对“未来会如何”的一种一贯的观点。 ( )
23. 使用环境扫描的公司通常有高绩效。 ( )
24. 即使有复杂的、计算机化的在线排程工具等项目管理工具可供使用，项目经理依旧任务艰巨，因为项目经理需要管理的人员往往依旧从属于他们原来的部门。 ( )
25. 全球扫描的价值在很大程度上取决于组织的全球活动规模。 ( )

复习和讨论问题参考答案

1. 描述用来评估环境的方法。

环境扫描是指通过扫描大量的信息来预测并解读环境中的变化。该方法是产出预测的基础性方法。预测技术可以分为两类：定性预测和定量预测。定量预测通过数学手段分析一系列往期数据来预测结果，在管理者拥有充足的数据时该方法适用。定性预测则相反，运用个体的知识与判断来预测结果。标杆管理则是从竞争者或非竞争者那里寻找实例来研究是什么使它们的表现更优。

2. 描述用来配置资源的四种技术。

这四种技术分别是预算、排程、盈亏平衡分析以及线性规划。预算是指关于如何为各种具体活动分配资源的财务方案。排程则是对安排哪些活动、进行顺序、参与人员、何时进行的详细布置。盈亏平衡分析是指找出盈利刚好覆盖成本的特定点的技术。线性规划是一种解决资源配置问题的数学方法。

3. PERT 网络分析是如何工作的?

PERT 网络是一个显示计划所需活动的次序、事件、成本的流程图表。为了运用 PERT 网络，管理者必须考虑需要安排哪些活动，决定活动先后顺序，并判断可能的问题点。为了建立 PERT 网络，需要四个要素：事件代表着主要事件的结束点。活动代表着从一个事件发展到另一个事件所需的时间或资源。松弛时间是指某个个体活动可以耽搁而不影响全局的时间。关键路径是指整个网络中最长或最耗时的事件和活动顺序。

4. 为什么“灵活性”对当今的计划技术至关重要?

项目排程应当保留某种程度的灵活性，否则一次最轻微的延迟都会耽搁整个项目的完成时间。松弛时间是单个活动在不耽搁整个项目的情况下可以推迟完成的时间量。如果没有松弛时间，也就是灵活性，项目中的某些工作活动若没有及时完成，就会导致更高的成本，遭到处罚，或者失去宝贵的机遇。

5. 什么是项目管理? 规划项目时管理者要遵循哪些步骤?

项目管理是保证项目活动可以按照时间和规格的限制在指定的预算下完成的一系列管理活动。项目计划过程具体包括定义目标、明确活动和所需资源、确定各项活动的顺序、估算活动所需时间、确定结项时间、与目标相比较、确定额外的资源需求等。

6. “为一些也许永远都不会发生的情况制定复杂的情景规划，是对时间等各种资源的浪费。”你同意这种说法吗? 论证你的观点。

尽管部分方案所设想的情景可能永远不会发生，但制定这一方案的过程本身仍然是有价值的。在研究行动方案（不论是简单还是复杂）的过程中，管理者可以锻炼自身的创造性以及批判性思维能力，以便帮助自己在后续应对不相关的情景时能够更快更高效地作出反应。同时，它还可以帮助管理者增强对自身领导力的信心，并提供压力下增强决策能力的机会。

7. 直觉和创造性是否与定量的计划工具和技术存在某些相关性？请加以解释。

是的，在决定需要分析的因素或者需要开发的情景时，直觉和创造性能够发挥重要作用。计划工具和技术为管理者定量分析某种情况提供了一种方法，但是管理者在决定研究该情况的哪些构成要素时仍然需要利用自己的直觉和创造性。

8.《华尔街日报》以及其他的商业期刊经常刊登关于一些公司没有实现销售和利润预期的报道。一家公司没能实现其预期的原因有哪些呢？你有哪些提高预测有效性的建议？

很多因素造成企业未能达到预期。例如企业内部和外部的经济状况可能会经历衰退；技术的进步可能会使企业的产品完全无用；或者新的竞争者可能会进入市场。然而，这些变化也不能证明预测就是完全没有效果的。相反，针对不同的方案进行预测可以有效增加组织总体的预测效果。甚至一些简单预测技术的运用都可以提升预测的效果。此外，减少预测的时间周期也可以帮助提升企业预测的效率。

9. 管理一个项目与管理一个部门或者其他结构化的工作领域在哪些层面上不同？又在哪些层面上相似？

从本质上说，项目是一次性的，具有明确的开始和结束时间，这使得对项目的管理不同于对某个部门或其他结构化的工作领域的管理，因为后一种管理是监管一系列持续进行的工作活动，而且这些工作活动并没有确切的截止日期。工作的一次性本质使得项目经理等同于组织的一名"雇佣枪手"。不过，这两种类型的管理都必须使得工作活动在预算范围内按照有关规范准时完成。此外，这两种类型的管理都包括四种基本的管理职能：计划、组织、领导和控制。

10. 以下这些情况会出现什么样的预警信号？(a) 一个新的竞争对手正进入你所在的市场；(b) 发生一次员工停工事件；(c) 出现一种能够影响对你的产品的需求的新技术。

对组织的内外部环境保持警觉是每个管理者的责任。优秀管理者的重要素质之一是他们的亲和力与他们在员工和自己之间建立的信任。如果员工信任他们的管理者，并且在报告即将发生的负面事件时不害怕遭到报复，管理者就可以及时了解潜在的问题，以避免灾难。

选择题和判断题答案

选择题答案

1. D	2. C	3. B	4. C	5. D	6. C	7. B	8. A	9. A	10. B
11. A	12. B	13. A	14. C	15. D	16. A	17. A	18. A	19. C	20. D
21. B	22. A	23. A							

判断题答案

1. √	2. √	3. √	4. √	5. ×	6. ×	7. √	8. ×	9. √	10. √
11. ×	12. ×	13. ×	14. ×	15. √	16. √	17. √	18. ×	19. √	20. √
21. ×	22. √	23. √	24. √	25. ×					

附加模块 运营管理

Managing Operations Module

模块概要

运营管理的角色

运营管理指的是把各种资源转化为产品和服务的过程。图表 1 描述了一种简化的运营系统。

服务业和制造业

运营管理涵盖服务业和制造业。

1. 制造型组织是生产有形的物质产品的组织。

2. 服务型组织是生产以服务为形式的非物质产品的组织。

生产率管理

运营管理对有效率、有成效地管理生产率至关重要。

1. 生产率是指产品或服务的总产出除以生产这些产品的总投入。

2. 爱德华兹·戴明认为，提高生产率的原动力是管理者而非员工。戴明为管理者提高生产率提出了一些建议。

运营管理的战略作用

运营管理对组织在竞争中获得成功发挥着战略性的作用。美国在 20 世纪 70 年代失去了制造业的领导地位，但通过从 70 年代犯下的错误中吸取教训，美国的组织如今深刻意识到运营管理对自己总体战略的重要意义。

价值链管理

本部分考察价值链管理的几个方面，包括价值链管理的定义、目标、好处以及价值链战略。

什么是价值链管理?

为了理解价值链管理这个术语，学生们必须首先了解几个术语的意思。

1. 价值指的是顾客愿意通过放弃某些资源（通常是金钱）以换取的产品或服务的特色、特性、属性以及其他方面。

2. 价值链是指整个组织在从获取原材料到产出成品的每个步骤中依次能够增加产品价值的工作活动集合。

3. 价值链管理是沿着整个价值链，对一系列活动和信息进行有序管理的过程。

价值链管理的目标

价值链管理的目标是建立一种价值链战略，满足甚至超越消费者的需求和预期，并且使得价值链上所有参与者之间能够实现充分且无缝的整合。

价值链管理的好处

1. 改进采购。
2. 改进物流。
3. 改进产品研发。
4. 优化客户订单管理。

价值链战略

图表 2 展示了一个成功的价值链战略的六个要素。

1. 价值链中所有成员之间的协调与协作。

2. 技术投资。

3. 组织过程，即组织完成其工作的方式。组织过程必须改变，原因如下。

（1）借助与顾客和供应商的密切联系进行更准确的需求预测是有必要的。

（2）某些特定的功能可能需要与价值链中的其他成员协作完成。

（3）需要建立新的评估方法，对价值链上各种活动的绩效进行评估。

4. 强有力的领导对价值链管理的成功至关重要。

5. 组织中的员工也扮演着非常重要的角色。

（1）在价值链管理中，传统的职能型工作角色已经不再适用。

（2）在实施价值链管理的组织中，灵活性是工作设计的核心，因此组织必须有效设计自己的招聘流程，以找出那些能够持续学习和适应的员工。

（3）对灵活性的需要也要求组织大量投资于持续的员工培训。

6. 支持型的组织文化与态度也是非常重要的。

当代的运营管理问题

当代的六个运营管理问题是：一般技术；机器人技术；质量管理；具体的质量目标；批量定制；创建精益组织。

技术在运营管理中的作用

聪明的公司正在想方设法通过充分发掘技术力量来优化运营管理。

机器人时代来临了

机器人在工厂里无处不在，而且这并不是在遥远的未来才会发生的事情。它正在改变当前运营管理的面貌。机器人的普及主要带来了两方面的影响：首先，被取代的工作往往是体力劳动或无须脑力的工作，这类工作大多数人不愿意做。其次，在大多数情况下，机器人不会取代人类的工作。它们将承担人类一直在做的部分工作，增强人类的力量，使工作绩效更佳、更有效率。

质量管理

质量的定义是，产品或服务可靠地达到预期要求并满足顾客期望的能力。

1. 管理者必须树立质量提升目标，并且制订实现目标的计划。目标可以将每个人的注意力聚焦到主要的问题标准上来。

2. 质量计划是一份文件，它规定了与特定产品或服务相关的质量标准、行为、资源、规范和活动顺序。

3. 由于质量提升措施是由组织中的一些员工来实施的，所以很重要的一点是，管理者要思考如何才能更好地组织和领导这些员工。

4. 无论是在库存控制、故障率、原材料采购还是在运营管理的其他方面，质量控制都至关重要。

质量目标

世界上许多组织都在努力追求具有挑战性的质量目标，其中最著名的是 ISO 9001 和六西格玛。

1. ISO 9001 是由国际标准化组织建立的一系列国际质量管理标准，这些标准为制造流程制定统一的指导方针，以确保产品符合顾客的要求。

2. 六西格玛是一种被设计用来减少缺陷率以帮助降低成本、节省时间和提高顾客满意度的质量项目。六西格玛管理的目标是每 100 万个产品中残次品不超过 3.4 个。

3. 总之，实施价值链管理可以带来的核心利益是质量改进过程本身，而不是实现某个特定的质量认证。

批量定制

批量定制可以为顾客在其希望的时间和地点、以希望的方式提供某种产品。批量定制需要具备弹性的制造技术和进行持续的顾客沟通。在这两方面，技术都起着关键作用。

创建精益组织

精益组织指的是能够理解顾客需求，通过分析制造产品所需的所有工作活动来确定顾客所需的价值，然后从顾客角度来优化整个制造过程的一种组织。其目标是提高质量、消除浪费、减少生产时间以及降低总成本。而实现这些目标的关键则是对持续改进的承诺。

选择题

1. 转换过程的设计、操作和控制是______关注的焦点。

A. 质量管理　　B. 运营管理

C. 项目管理　　D. 结构重组的努力

2. 在运营管理系统中，人员、技术、资本和信息被看作______。

A. 产出　　B. 投入

C. 产品　　D. 服务

3. 以下关于运营管理的陈述，______最准确。

A. 运营管理是将资源转换为最终产品和服务的过程

B. 人员和技术是运营系统的投入，信息是产出

C. 运营管理在制造业比在服务业更重要

D. 建立有效的运营管理需要商业流程的巨大变化

4. ______是成功价值链战略的要素之一。

A. 协调与协作　　B. 组织过程

C. 组织文化与态度　　D. 以上各项

5. ______被认为是全球竞争的关键。

A. 提高生产率　　B. 理解 ISO 9001

C. 价值链管理　　D. 战略规划

6. ______是一个由人力和运营组成的变量。

A. 生产率　　B. 六西格玛

C. 运营管理　　D. 价值链

7. “提高生产率的原动力是管理者而非员工”的观点是______提出的。

A. 马斯洛　　B. 戴明

C. 泰勒　　D. 哈默

8. ______是一种特色、特性、属性，或是顾客愿意通过放弃某些资源（通常是金钱）来换取的产品或服务的任何内容。

A. 属性　　B. 保证书

C. 价值　　D. 生产率

9. 在从原材料加工到产成品到达最终用户手中的过程中，由所有增加价值的步骤组成的全部有组织的一系列活动是______。

A. 价值链　　B. 商业模型

C. 职务说明书　　D. 组织战略

10. 机器人加入工作团队带来的坏处有______。

A. 减轻工人负担　　B. 提升工作效率

C. 更新组织结构　　D. 员工失业率上升

11. 以下属于成功价值链管理的六个要素的是______。

A. 客户服务中心　　B. 协调与协作

C. 提高交货速度　　D. ISO 9001 认证

12. ______组织工作活动的整个系列，从原材料加工到产成品到达最终用户手中，每个步骤都产生增加的价值。

A. 生产周期　　B. 价值链

C. 制造周期　　D. 分销网络

13. 组织的价值链管理中工作设计的关键是______。

A. 职务说明　　B. 指挥链

C. 灵活性　　D. 可预测性

14. 价值链管理的益处包括______。

A. 优化采购　　B. 改进物流

C. 改进产品的研发　　D. 以上各项

15. 人员、能力要求和______都是价值链管理所遇到的障碍。

A. 组织障碍　　B. 物流管理

C. 销售业绩下降　　D. 国际市场份额

16. ______是价值链战略成功的关键。

A. 技术投资　　B. 严格的规则和标准

C. 非正式工作文化　　D. 团队

17. ______是产品或服务可靠地达到预期要求并满足顾客期望的能力。

A. 价值　　B. 可靠性

C. 耐用性　　D. 质量

18. 没有______，成功的价值链管理不可能实现。

A. 形式过程　　B. 强有力的领导

C. 维持现状　　D. 批量定制

19. 价值链的合作伙伴之间过分信任会产生诸多问题的原因是______。

A. 如果合作伙伴之间过分信任，信息分享会无效

B. 合作伙伴之间过分信任可能导致知识产权流失

C. 如果合作伙伴之间过分信任，价值链培训会失效

D. 合作伙伴之间过分信任会影响价值链信息流动

20. 希望拥有广泛的、成功的质量改进方案的组织会倾向于依靠______。

A. 跨职能的团队和自我领导　　B. 质量措施和价值链管理

C. ISO 9001 和六西格玛　　D. 重构组织和矩阵型组织

21. ______可以帮助企业控制预知性维修、远程诊断和设施成本等。

A. 采用传统的管理实践　　B. 采用技术解决方案

C. 雇用更多的国际员工　　D. 减少员工自制

22. ______是摩托罗拉公司推行并普及了几十年的严格质量标准。

A. 全面质量管理　　B. 六西格玛

C. 弹性生产系统　　D. 信息管理系统

23. ______是一组国际质量管理标准，为制造流程设定统一的指导方针，以确保产品满足客户需求。

A. 360 度反馈法　　B. 批量定制

C. 六西格玛　　D. ISO 9001

24. 精益组织的特点有______。

A. 能够理解顾客需求　　B. 消除浪费

C. 减少生产时间　　D. 以上各项

25. 批量定制需要______和持续的顾客沟通。

A. ISO 9001 认证　　B. 标准化

C. 弹性的制造技术　　D. 员工的增长

判断题

1. 组织都有各自的运营系统，通过其将投入转换成产出来创造价值。（ ）
2. 运营管理是将资源转换成销售给顾客的最终产品和服务的过程。（ ）
3. 服务型组织生产的是类似汽车和手机的产品。（ ）
4. 机器人将完成人类世界的各种工作。（ ）
5. 组织的高生产率导致国家的高通胀率。（ ）
6. 爱德华兹·戴明认为保持质量和提高生产率的关键在于员工。（ ）
7. 高员工生产率仅仅来自管理者对“有效的人员管理”技能的使用。（ ）
8. 随着越来越多的组织从价值链的角度来管理运营活动，运营管理对于成功组织的战略作用更加显著了。（ ）
9. 外部导向的供应链管理既聚焦于进厂原料，又聚焦于出厂产品或服务；内部导向的价值链管理聚焦于生产材料的有效流动。（ ）
10. 顾客与供应商之间紧密的合作使需求预测成为可能。（ ）
11. 价值链是企业如何从战略、过程和活动的结合中获取利润的战略设计。（ ）
12. 公开表明自己的质量目标一定程度上有助于提升组织的公信力。（ ）
13. 对技术的依赖程度低是成功价值链战略的一个主要要求。（ ）
14. 在价值链管理中，管理者应避免为激发员工的创造性而安排明确的预期目标。（ ）
15. 价值链管理的三个主要人力资源要求包括：灵活的工作设计方法、有效的招聘流程和持续的培训。（ ）
16. 组织的文化态度对成功的价值链管理没有影响。（ ）
17. 价值链管理中协调各方利益相关者是一门智慧。（ ）
18. 传统的措施可以有效评价价值链中各个活动的执行情况。（ ）
19. 当价值链中的合作伙伴之间过分信任时，它们将不愿意分享信息、能力和过程。（ ）
20. 知识产权是指公司所拥有的，对于公司高效率和高成效运作并保持竞争优势至关重要的信息。（ ）
21. 获得 ISO 9001 认证说明企业的产品在行业中是最好的。（ ）
22. 六西格玛将质量目标设定为每 1 000 个产品中的不合格品不超过 3.4 个。（ ）
23. 精益组织指的是能够理解顾客需求，通过分析制造产品所需的所有工作活动来确定顾客所需的价值，然后从顾客角度来优化整个制造过程的一种组织。（ ）

复习和讨论问题参考答案

1. 什么是运营管理?

运营管理是把各种资源转化为产品和服务的过程。

2. 你认为制造型组织还是服务型组织更需要进行运营管理？请说明理由。

制造型和服务型组织都非常需要运营管理。生产率是制造型组织和服务型组织的一个关键问题。许多已经证明在制造业中成功的概念和技术正逐步在服务型组织中实施。因为服务通常由公司生产并且几乎同时由其客户接收，所以对于服务型组织而言有效率和有成效的管理挑战性更强。

3. 什么是价值链和价值链管理？价值链管理的目标是什么？价值链管理能够带来哪些好处？

价值链是指整个组织在从获取原材料到产出成品的每个步骤中依次能够增加产品价值的工作活动集合。价值链管理是沿着整个价值链，对一系列活动和信息进行有序管理的过程。价值链管理的目标是建立一种满足甚至超越消费者的需求和预期的价值链战略，并允许链条的所有成员之间实现充分且无缝的整合。价值链管理提供四种主要好处：改进采购，改进物流，改进产品研发，优化客户订单管理。

4. 成功的价值链管理需要满足哪些要求？在追求成功的价值链管理的过程中会面临哪些障碍？

成功的价值链管理的六个要素包括：协调与协作，技术投资，组织过程，领导，员工以及组织文化与态度。障碍包括组织障碍（拒绝信息共享、不愿改变现状或者安全问题等），不支持的文化态度，缺乏必要的能力，以及员工不愿意或无法做到这一点。

5. 如何将价值链管理运用到你的日常生活中？

学生对这个问题的答案会各不相同。这个问题要求学生把理论知识应用于自己的现实生活中。在开始讨论这个问题时，你可以首先指出学生在准备和提交课外作业过程中的“价值链”，以及你评审课外作业过程中的“价值链”。

6. 技术在制造过程中扮演着怎样的角色？

公司正在寻求一种通过广泛的协作和成本控制来利用技术改善其运营管理的方法。

7. 什么是 ISO 9001 和六西格玛？

ISO 9001 是一系列国际质量管理标准，通过为制造流程制定统一的指导方针以确保产品符合顾客的要求。六西格玛是一种质量标准，确保每 100 万个产品中残次品不超过 3.4 个。

8. 请描述精益组织，并且说明为什么它很重要。

大规模定制为客户提供了他们所需要的产品。它需要灵活的制造技术和持续的顾客沟通。精益组织是能够理解顾客需求，通过分析制造产品所需的所有工作活动来确定顾客所需的价值，然后从顾客角度来优化整个制造过程的一种组织。

9. 如何将运营管理用于除控制以外的其他几项管理职能？

成功的运营管理对计划、组织、领导和控制这四项管理职能都有至关重要的作用。为了制定能够实现现有资源最大效用的战略方案和运营方案，组织中任何一个级别上的管理者都应当了解运营管理。就组织职能来说，管理者必须设计出合适的组织结构来管理本组织的运营。就领导职能来说，管理者必须考虑本组织最重要的资源——在本组织开展运营的员工——的多元化背景、文化、能力和技能。

选择题和判断题答案

选择题答案

1. B	2. B	3. A	4. D	5. A	6. A	7. B	8. C	9. A	10. D
11. B	12. B	13. C	14. D	15. A	16. A	17. D	18. B	19. B	20. B
21. B	22. B	23. D	24. D	25. C					

判断题答案

1. √	2. √	3. ×	4. ×	5. ×	6. ×	7. ×	8. √	9. ×	10. √
11. ×	12. √	13. ×	14. ×	15. √	16. ×	17. √	18. ×	19. ×	20. √
21. ×	22. ×	23. √							

第 Ⅵ 篇 管理实践

Management Practice

管理者的困境

假如你是该公司管理团队的一员。根据你在监管与控制这一部分所学的知识，你会建议团队关注哪五件事情？请仔细考虑你对该团队提出的建议。

这种情况是应用组织和员工绩效控制的好机会。使用书中的方法，宜家的管理者可以实现以下目标：

1. 组织生产率——管理者必须控制组织生产率，增加销售收入对于投入的比例，从而提高效率。在这段时间提高产品价格是非常危险的，所以宜家的唯一选择是降低成本。

2. 组织效力——管理者必须评估当前目标是否适当，并制定实现这些目标的策略。在这个案例中，针对质量制造和采购的目标似乎是最合适的。

3. 行业及公司排名——管理者应该提高公司业绩，努力提高在行业内和整个市场上的排名。

4. 提供有效的绩效反馈——管理者必须为员工制定标准，并根据这些标准监督和评估员工。为了达到这一点，公司可以定期设定目标，并进行绩效评估。

5. 纪律处分——案例中的产品质量问题不能继续存在。绩效低于标准的员工必须接受包括离职等纪律处分。

全球观

1. 离岸外包和外包有哪些相似之处？又有哪些不同？

离岸外包和外包类似，因为除了公司正常运作的部分外，它们都让生产过程离开公司本体。外包是由外部供应商完成的，这些供应商可能来自远离公司的那部分区域。公司可以将离岸外包作为其直接投资战略的一部分。

2. 反对者使用了哪些论据来说明离岸外包和外包的坏处？

对离岸外包和外包的一些批评是，它们减少了组织内的工作。离岸外包经常减少本地的工作，并用海外低薪工作取代。工厂关闭和裁员等措施将对当地社区造成恶劣的影响。其他人批评离岸外包和外包使得公司无法控制质量标准，并可能导致质量问题。

3. 支持者使用了哪些论据来说明离岸外包和外包的好处？

离岸外包和外包是一个组织在全球化环境中保持竞争力的关键因素。将低技能的工作转移到海外将可以创造更多高报酬的在家工作。离岸外包和外包使公司能够专注于它们的核心竞争力，如专注于设计、工程、营销和其他职能。

4. 关于离岸外包和外包的决策，会如何影响监督与控制活动？

由于关键流程脱离了组织而由合伙人执行，对生产的监督和控制变得更具挑战性，在离岸外包的情况下尤其如此。所以在这些情况下，管理者必须与他们的合伙人会面，并设计和商定控制生产和远程协作的方法。

5. 是否只有生产商会面临这些决策/事务？请详细讨论。

这些问题不仅出现在制造业，而且出现在服务业。公司必须作出决定性的决策，通过外包来将部分价值转移，以便专注于核心竞争力。

连续案例

星巴克——控制

1. 在星巴克的控制过程中，由于它在门店中增加了更多的免下车窗口，可能需要作出什么改变？对于与店内销售无关的免下车服务，需要哪些具体的绩效衡量标准？星巴克需要解决哪些与店外配送相关的控制问题？

首先，店面的设计应该发生一些变化，要预留出可以行车的道路与售卖的岗亭。其次，应该对员工进行有针对性的培训，帮助员工尽快适应工作岗位的要求。最后，企业应该对店面的餐品进行更新，保证能够适应行车购买的要求。关于业绩，可以用问卷来衡量。但是需要监控的指标有很多，不仅要关注顾客的满意度与反馈，也要记录员工的工作时间、工作效率等信息，以做到尽善尽美。

2. 星巴克如何利用社交媒体来进行有效的前馈控制、同期控制和反馈控制？

在回答问题之前，如果你认为学生应该回顾一下前馈控制、同期控制和反馈控制的概念的话，让他们复习《管理学（第 15 版）》中关于控制的相关内容。请他们用生活中和工作中的例子来解释这些控制是如何使用的。然后，让学生重新审视第Ⅵ篇末尾的连续案例，并列下他们发现的所有与控制有关的内容，再将这些内容按照前馈控制、同期控制和反馈控制的方式进行重新组织，把他们认为对星巴克有用的其他控制方式也划分到这三种类别当中。

3. 哪些公司可能成为星巴克的标杆？为什么？哪些公司有可能想要以星巴克为标杆？为什么？

为了帮助学生回答这些问题，与他们一起复习《管理学（第 15 版）》中标杆管理的概念。当学生回答这些问题时，你可能建议他们考虑星巴克的竞争优势。让他们思考其他公司需要做些什么才能获得这些竞争优势，以及这些公司如何在每个竞争优势方面以星巴克为标杆。

4. 什么样的“红色等级预警”也许暗示，实际的运行情况偏离了以下相关人员的标准？(a) 一位小时工；(b) 一位门店经理；(c) 一位区域经理；(d) 财务执行副总裁；(e) 首席执行官。它们之间有何相似之处？为什么？

学生应该记得，只有对偏差进行仔细分析之后，组织各个级别的管理人员才能作出判断，以在采取纠正措施之前确定可接受的变化范围。学生可以组成5~6人为一组的小组，每个小组担任问题中列出的星巴克职员之一。

在小组工作之后，每个小组的代表都报告其小组对整个班级确定的“红色等级预警”。鼓励各成员向每个小组提供的列表中添加“红色等级预警”。

5. 使用该公司最新的财务报表，计算下列财务比率：流动性比率、资产负债率、库存周转率、总资产周转率、销售利润率和投资回报率。这些提示管理者什么信息？

学生的计算结果将有所不同，取决于学生获取公司最新的财务报表的具体时间。

学生最好带着他们的计算器来上课，两个或三个学生组成一个小组来计算这些财务数据。向学生提问关于《管理学（第15版）》中“常用的财务比率”问题。让学生在他们的答案中简要解释每个比率的意义，以及星巴克可以从这些计算结果中学到关于公司财务状况的哪些知识。

6. 星巴克是否能够对价值链上的不确定性实施管理？如果能，应该怎样管理？如果不能，为什么？

在回答这个问题时，学生可能会提到价值链的相关知识。由于价值链管理是外部导向的——与内部导向的供应链管理相反，管理者必须同时专注于输入的原材料和输出的产品和服务。在公司努力实现有效性并为其客户创造最大可能的价值时，可能会面临一系列外部因素中的不确定性。星巴克致力于满足甚至超越顾客的期望，所以需要对顾客需求和想法进行积极的研究。在当今这个充满活力且竞争激烈的商业环境中，星巴克不断寻找新的方法来管理其价值链中的不确定性。请学生讨论星巴克如何更好地预测需求，与价值链中的其他合作伙伴合作，以及实施新的措施，从而创造出价值，并将价值传递给客户。

译后记

自 1984 年问世以来，罗宾斯教授等人撰写的《管理学》一书已经更新至第 15 版，每一版都成为风靡世界的管理学著作，在全球范围内具有广泛的影响力。这一著作已被译成汉语、西班牙语、俄语、德语、捷克语、泰语、印度尼西亚语等多种语言，中国和菲律宾发行了英文的影印版，加拿大、澳大利亚和印度发行了英文的改编版。自 20 世纪 90 年代引进中国以来，这一著作广受欢迎，成为国内采用率最高的管理学引进版图书。

自问世以来，该著作一以贯之地以深入浅出的方式阐述了丰富的管理理论，并及时反映获得普遍认可的最新管理学研究成果以及丰富多彩的管理实践，让读者受益颇丰。为了让读者更好地掌握管理学的相关理论、原理与方法，该著作还配套出版了相应的学习指导用书。为了更好地服务中国读者，我们专门翻译了第 15 版的学习指导用书，具体内容包括学习目标、各章概要、配套的习题及参考答案。

本书的译者，除郑云坚（闽江学院新华都商学院）之外，均来自中国人民大学商学院，具体分工如下：第 1～8 章由刘刚翻译，第 9～15 章由唐寅、费少卿翻译，第 16～18 章及第Ⅰ～Ⅵ篇管理实践由郑云坚翻译。全书由刘刚统稿，唐寅参与了部分统稿工作。

本书的顺利出版，得益于中国人民大学出版社各位编辑的大力支持，对于他们耐心细致的编辑工作和认真精心的出版组织工作，我们表示由衷的感谢！

由于译者水平有限，书中如有翻译不妥之处，敬请各位读者批评指正！

刘　刚

于中国人民大学商学院

图书在版编目（CIP）数据

罗宾斯《管理学（第 15 版）》学习指导/（美）斯蒂芬·罗宾斯，（美）玛丽·库尔特著；刘刚等译．--北京：中国人民大学出版社，2023.6

（工商管理经典译丛）

ISBN 978-7-300-31818-9

Ⅰ.①罗… Ⅱ.①斯… ②玛… ③刘… Ⅲ.①管理学 Ⅳ.①C93

中国国家版本馆 CIP 数据核字（2023）第 123930 号

工商管理经典译丛

罗宾斯《管理学（第 15 版）》学习指导

［美］斯蒂芬·罗宾斯 玛丽·库尔特 著

刘 刚 郑云坚 唐 寅 费少卿 译

Luobinsi Guanlixue Dishiwuban Xuexi Zhidao

出版发行 中国人民大学出版社			
社　址 北京中关村大街 31 号		**邮政编码** 100080	
电　话 010－62511242（总编室）		010－62511770（质管部）	
010－82501766（邮购部）		010－62514148（门市部）	
010－62515195（发行公司）		010－62515275（盗版举报）	
网　址 http://www.crup.com.cn			
经　销 新华书店			
印　刷 北京七色印务有限公司			
开　本 787 mm×1092 mm 1/16		**版　次** 2023 年 6 月第 1 版	
印　张 18.75 插页 1		**印　次** 2023 年 6 月第 1 次印刷	
字　数 424 000		**定　价** 65.00 元	

尊敬的老师：

您好！

为了确保您及时有效地申请培生整体教学资源，请您务必完整填写如下表格，加盖学院的公章后以电子扫描件等形式发我们，我们将会在 2～3 个工作日内为您处理。

请填写所需教辅的信息：

采用教材			□ 中文版 □ 英文版 □ 双语版
作　者		出版社	
版　次		ISBN	
课程时间	始于　年　月　日	学生人数	
	止于　年　月　日	学生年级	□ 专科　□ 本科 1/2 年级 □ 研究生　□ 本科 3/4 年级

请填写您的个人信息：

学　校			
院系/专业			
姓　名		职　称	□ 助教 □ 讲师 □ 副教授 □ 教授
通信地址/邮编			
手　机		电　话	
传　真			
official email（必填） （eg：×××@ruc. edu. cn）		email （eg：×××@163. com）	
是否愿意接受我们定期的新书讯息通知： □ 是 □ 否			

系/院主任：＿＿＿＿＿＿＿＿（签字）

（系 / 院办公室章）

＿＿年＿＿月＿＿日

资源介绍：

——教材、常规教辅资源（PPT、教师手册、题库等）：请访问 www. pearsonhighered. com/educator。（免费）

——MyLabs/Mastering 系列在线平台：适合老师和学生共同使用；访问需要 Access Code。（付费）

地址：北京市东城区北三环东路 36 号环球贸易中心 D 座 1208 室（100013）

Please send this form to：copub. hed@pearson. com

Website：www. pearson. com

中国人民大学出版社　管理分社

教师教学服务说明

中国人民大学出版社管理分社以出版工商管理和公共管理类精品图书为宗旨。为更好地服务一线教师，我们着力建设了一批数字化、立体化的网络教学资源。教师可以通过以下方式获得免费下载教学资源的权限：

★ 在中国人民大学出版社网站 www.crup.com.cn 进行注册，注册后进入"会员中心"，在左侧点击"我的教师认证"，填写相关信息，提交后等待审核。我们将在一个工作日内为您开通相关资源的下载权限。

★ 如您急需教学资源或需要其他帮助，请加入教师 QQ 群或在工作时间与我们联络。

中国人民大学出版社　管理分社

教师 QQ 群： 648333426（工商管理）　114970332（财会）　648117133（公共管理）
教师群仅限教师加入，入群请备注（学校＋姓名）

联系电话： 010-62515735，62515987，62515782，82501048，62514760

电子邮箱： glcbfs@crup.com.cn

通讯地址： 北京市海淀区中关村大街甲 59 号文化大厦 1501 室（100872）

管理书社　　人大社财会　　公共管理与政治学悦读坊